경 매 박 사 와 함 께 하 는 부 동 산 경 매

경매박사와 함께하는 부동산 경매

경매박사와 함께하는 부동산 경매

경매박사와 함께하는 부동산 경매

경매박사와 함께 하는
부동산 경매

저자소개 | 박 정 기

부동산학 박사
전주대학교 대학원
전주대학교 부동산학과(객원교수)
목원대학교 부동산대학원(외래교수)
주)대전재테크 투자컨설팅 연구소 소장
전주대학교 평생교육원(부동산 경·공매 전담교수)
전주대학교 평생교육원(학점은행제 부동산학과 교수)
대전시민대학(재테크 경·공매 실무교수)
충청남도 지방공무원교육연수원(자산관리투자분석 강사)
매일경제신문 부동산 정책(강사)
한국경제신문 부동산 정책(강사)
경·공매 실무경력 19년
cafe.daum.net/jaetechco/(운영자)
박정기교수랑 함께하는 부동산경매·공매

www.dnjk.co.kr
ppp1007kiss@hanmail.net

경매박사와 함께 하는 부동산 경매

2014년 4월 5일 1판 1쇄 발행
2014년 7월 5일 1판 2쇄 발행
2015년 9월 15일 1판 3쇄 발행

지은이 박 정 기
펴낸이 강 찬 석
펴낸곳 도서출판 미 세 움
주 소 150-838 서울시 영등포구 도신로51길 4
전 화 02-703-7507 팩스 02-703-7508
등 록 제313-2007-000133호

ISBN 978-89-85493-84-0 93330

정가 17,000원

경매박사와 함께 하는
부동산 경매

박 정 기 지음

美세움

머 리 말

과연 경매란 무엇인가?

필자는 단호하게 이렇게 말한다.

"경쟁매매!" 그리고 "부동산시장에서 취득하는 절차일 뿐"이라고.

일반매매·경매·공매·분양·교환 등 그냥 취득하는 절차일 뿐이다. 어떤 이들은 경매라고 하면 처음부터 부정적이고 색안경을 쓰고 보면서 재수 없는 물건이라고 말한다.

경매란 국가 경제발전에 이바지한다고 생각하면 된다. 누군가는 그 물건을 사주어야 하고, 실타래처럼 얽혀 있는 많은 권리들을 하나씩 풀어가며 새롭게 태어나기 때문이다. 그리고 20년 가까이 현장을 누비면서 몸소 겪은 다양한 이야기들은 실전에서 다시 하기로 한다.

이번 책은 산책하는 기분으로 읽어 주었으면 한다. 그리고 경매초보자들에게 많은 도움이 되었으면 한다.

경매의 시작은 권리분석이고, 그 끝은 명도이다.

어떤 이는 부동산 경매투자로 인하여 엄청난 부를 축적기도 하지만 자신만 부자가 되기 위해 부동산 투자를 해서는 안 된다. 그리고 부동산 투자를 할 때는 자신의 욕구만을 채우려고 하면 더욱더 안 된다.

그리고 순리에 따라야 한다. 부동산은 물건마다 주인이 있는 듯하다. 경매란 남보다 싸게 취득하여 좋은 가격에 매도하려는 것이다. 인내하지 못하고 불안해하면서 무리하게 투자를 해서는 안 된다. 불확실성 앞에서 물건을 믿고 기다리는 것이 경매다.

전체적인 면에서 보면 투자란 인내하면서 기다리는 것이라는 생각이 든다. 분명히 누군가는 부동산 투자로 부자가 될 수 있으며, 누군가는 그렇게 될 수밖에 없었을 것이다.

이 책을 내면서 필자는 자신의 부족한 면을 절실히 느끼고 있다. 더욱더 노력하여 더 좋은 책을 만들기를 약속하며, 진심으로 여러분들에게 고개 숙여 감사드린다.

언제나 내 맘 가슴 한켠 자리한 영원한 스승님 박창수 교수님, 동문수학한 노영학 교수님, 나의 친구 문태현 교수, 우리 연구소 직원들과 새만금 개발연구소 권원석 연구원, 제자 용환이 그리고 미세움 출판사 강찬석 대표님, 사랑하는 딸들과 나의 가족, 모든 분들에게도 감사드린다.

2014년 3월
대전연구소에서
저자 박정기

부동산경매

차 례

제1장 경매진행절차 및 개념과 종류 ·················· 15

제1절 경매진행절차 ·· 15

제2절 경매의 개념 ··· 16

제3절 민사집행법 ··· 17

제4절 경매의 종류 ··· 17

    1. 강제경매 ·· 17

    2. 임의경매 ·· 17

    3. 광의의 형식적 경매 ·· 18

    4. 협의의 형식적 경매 ·· 18

    5. 형식적 경매의 의의 ·· 18

    6. 형식적 경매의 종류 ·· 19

제2장 입찰절차 및 매각허가결정 ······················· 23

제1절 제출과 마감 ··· 23

제2절 개찰 및 최고가 매수신고인 결정 ······················· 23

    1. 최고가 매수신고인 결정 ··· 23

    2. 차순위 매수신고인 결정 ··· 23

제3절 매각허가 결정 ·· 24

제3장 물권과 채권······31

제1절 물권과 채권의 개념 ······31

제2절 물권과 채권의 구분 ······32

제3절 물권과 채권의 혼재 ······33

제4절 채권 상호간의 순위 ······33

제4장 등기부상 권리 ······35

제1절 표제부 ······35

  1. 토지 ······36

  2. 건물 ······36

  3. 지번 ······37

  4. 지목 ······37

제2절 갑구(소유권에 관한 사항) ······37

  1. 소유권 보존 ······37

  2. 소유권 이전 ······38

  3. 압 류 ······38

  4. 가압류 ······38

  5. 가등기 ······38

  6. 가처분 ······39

  7. 환매권 ······40

  8. 예고등기 ······40

제3절 을구(소유권 이외의 사항) ······41

  1. 지상권 ······42

  2. 지역권 ······49

  3. 전세권 ······51

  4. 저당권 ······58

  5. 근저당 ······60

  6. 임차권 ······61

제5장 등기부 이외의 권리

제5장 등기부 이외의 권리 ················· 69

제1절 법정지상권 ················· 69

  1. 법정지상권의 종류 ················· 69
  2. 성립요건 ················· 69
  3. 법정지상권의 존속기간 ················· 70
  4. 법정지상권 만료 ················· 70
  5. 지료 ················· 70
  6. 법정지상권의 범위 ················· 71
  7. 법정지상권의 처분 ················· 71
  8. 법정지상권의 소멸 ················· 71
  9. 법정지상권의 포기 ················· 71
  10. 법정지상권유형별 문제 ················· 72
  11. 계약의 갱신 ················· 73

제2절 저당권에 의한 법정지상권 ················· 73

  1. 무허가건물 ················· 74
  2. 현재건축중인건물 ················· 74

제3절 전세권과 법정지상권 ················· 74

  1. 전세권설정 당시 토지와 건물이 동일인 소유 ················· 74
  2. 전세권설정 후 매매 등으로 대지소유권의 변동 ················· 74
  3. 건물에 관하여 전세권설정 ················· 75

제4절 가등기 담보법상 법정지상권 ················· 75

제5절 입목법상 법정지상권 ················· 75

제6절 관습법상 법정지상권 ················· 76

  1. 의 의 ················· 76
  2. 성립요건 ················· 76
  3. 등 기 ················· 77
  4. 법정지상권의 성립시기 ················· 77

제7절 분묘기지권 ················· 78

  1. 분묘기지권 의의 ················· 78
  2. 성립요건 ················· 78
  3. 분묘기지권의 특징 ················· 79

4. 분묘기지권의 존속기간 ·································· 79
5. 법정지상권과 분묘기지권 차이점 ················· 80
6. 분묘기지권이 미치는 범위 ·························· 80
7. 분묘기지권이 성립하지 않는경우 ················ 81
8. 무연고분묘 처리방법 ································· 81
9. 무연고분묘 개장절차 ································· 82

제8절 유치권 ·· 83
1. 유치권 의의 ··· 83
2. 유치권 성질 ··· 83
3. 유치권의 성립요건 ································· 84
4. 유치권의 존속기간 ································· 84
5. 유치권자 우선변제권 ······························ 85
6. 유치권은 명도소송 ································· 85
7. 유치권의 효력 ······································ 85
8. 유치권이 성립하지 않는경우 ····················· 86
9. 등기한 부동산에 유치권행사 불가 입법예고 ······· 86

제6장 권리분석개념 ······························· 91
제1절 개념 ·· 91
제2절 권리분석(말소기준권리) 사례분석 ··········· 93
제3절 가등기가 말소기준권리가 되는경우 ········· 96

제7장 주택임대차보호법 ························· 97
제1절 주택임대차보호법의 의의 ····················· 97
제2절 적용범위 ··· 97
1. 주거용 건물 여부의 판단 기준 ···················· 97
2. 주거용 건물 여부의 판단 ·························· 97
3. 주거용 건물인지 여부가 문제되는 경우 ·········· 98
4. 판단시점 ·· 99
제3절 주택임대차보호법의 대항력 ·················· 100
1. 대항력의 의의 ······································ 100

   2. 대항요건 ··· 100

제4절 우선변제 임차인 ··· 100

   1. 요점 ··· 100
   2. 확정일자란 ··· 101
   3. 확정일자를 받는 곳 ·· 101
   4. 확정일자를 받았다가 분실한 경우 ··· 101
   5. 배당요구의 종기까지 우선변제권 갖추고 종기일까지 배당 ················· 102

제5절 우선변제권의 확정일자 ··· 103

   1. 최선순위 담보권이 있고 그 금액이 예상매각가를 넘지 않을 때 ········· 103
   2. 최선순위의 대항력 있는 왕 순위의 지위를 가질 때 ·························· 104

제6절 최우선변제임차인 ··· 104

   1. 소액보증금제도란 ·· 104
   2. 요 건 ··· 104
   3. 미등기주택 ··· 106
   4. 담보물권이 있는 경우 설정된 시점으로 소액차인 여부를 판단 ·········· 106
   5. 매각가액의 1/2의 범위 내에서만 우선변제 ······································· 106
   6. 소액임차인은 전부 동일한 순위 ·· 107

제8장　상가임대차보호법 ··· 109

제1절 상가건물임대차보호법의 제정 ·· 109

   1. 적용범위 ·· 109
   2. 보증금 관련 주택임대차와 상가건물 차이점 ····································· 109
   3. 대통령이 정하는 보증금액 범위 ··· 110
   4. 법인의 경우에도 적용 ·· 110

제2절 상가임대차보호법의 대항력 ·· 110

   1. 대항력의 의미 ·· 110
   2. 대항력의 효력발생 시기 ··· 111

제3절 우선변제 임차인 ··· 111

   1. 우선변제권 효력발생 시기 ·· 111
   2. 확정일자를 받는 곳 ··· 111

3. 배당요구 종기까지 배당요구 ……………………………………………… 111
4. 확정일자부 임차인이 경매 시 배당신청 …………………………… 112
5. 확정일자부 임차인은 환가대금에서 …………………………………… 112

제4절 최우선변제임차인 ………………………………………………………… 112
1. 최우선 변제요건 …………………………………………………………… 112
2. 소액보증금 제도란 ………………………………………………………… 112
3. 매각대금의 1/2의 범위 내에서만 우선변제 ……………………… 113
4. 소액임차인 사이는 전부 동일한 순위 ……………………………… 113

제5절 상가건물임대차보호법과 보호대상 ……………………………… 113
1. 5년간 계약기간 보장 …………………………………………………… 113
2. 보증금 인상 제한 및 월세 전환 시 제한 ………………………… 114
3. 이 법 시행 전에 물권을 취득한 제3자 …………………………… 114

제6절 상가임대차 사례분석 ……………………………………………………… 117
1. 상가임대차 사례분석 (광역시) 무한대 …………………………… 117
2. 상가임대차 사례분석 (타, 시도) 무한대 ………………………… 117

제9장 매각 이후 배당절차 ……………………………………………………… 119

제1절 배당순위 ………………………………………………………………………… 119

제2절 배당절차의 의의 …………………………………………………………… 120

제3절 배당을 받을 수 있는 채권자 ……………………………………… 120
1. 배당요구를 하지 않아도 배당받을 수 있는 채권자 …………… 120
2. 배당을 요구한 채권자 …………………………………………………… 120

제4절 배당요구의 절차 …………………………………………………………… 121

제5절 배당요구의 철회 …………………………………………………………… 122

제6절 배당요구의 종기 …………………………………………………………… 122

제7절 채권계산서 제출 …………………………………………………………… 123
1. 제출의 최고 및 효과 …………………………………………………… 123

제8절 배당표의 확정 ……………………………………………………………… 123

제9절 대위변제 ·· 124

1. 대위변제의 가능성 여부확인 ·· 124

제10장 공동소유 ·· 129

제1절 공유 ··· 129

1. 의의 ··· 129
2. 공유물의 분할청구 ··· 130
3. 분할의 방법 ··· 130
4. 분할의 효과 ··· 130

제2절 합유 ··· 131

1. 합유의의의 ··· 131
2. 합유의성립 ··· 131
3. 합유관계 ·· 131

제3절 총유 ··· 132

1. 의의 ··· 132
2. 총유관계 ·· 132

제11장 조 세 ·· 135

제1절 당해세 우선원칙 ··· 135

제2절 당해세가 아닌 조세법정기일 ····················· 137

제12장 명 도(집 비우기) ····································· 143

제1절 개요 ··· 143

제2절 부동산 인도명령 ··· 143

1. 신청인 ·· 144
2. 대상자 ·· 144
3. 인도명령 절차 ··· 145

제3절 명도소송 ··········· 146
  1. 점유이전금지가처분을 하는 이유 ········· 146
  2. 점유이전금지가처분 신청방법 및 법원 ········ 147
  3. 명도소송의 신청 ·········· 147

제13장 공 매 ··········· 151

제1절 공매의 의의 ··········· 151

제2절 공매 물건의 분류 ··········· 151
  1. 압류재산 ·········· 152
  2. 국유재산 ·········· 152
  3. 수탁재산 ·········· 152
  4. 유입자산 ·········· 152

제3절 온비드 입찰참가 시 절차 ··········· 154
  1. 온비드 회원가입 ·········· 154
  2. 공인인증서 등록 ·········· 154
  3. 입찰대상 물건확인 ·········· 154
  4. 인터넷입찰서 작성 ·········· 155
  5. 입찰서 제출완료 ·········· 155
  6. 보증금납부 ·········· 155
  7. 낙찰자선정 및 결과확인 ·········· 156

제4절 KAMCO에서 부동산을 구입 시 주의사항 ··········· 156
  1. 유입자산 및 수탁재산 구입 ·········· 156
  2. 압류재산 구입 ·········· 156
  3. 물건종류별 주요 주의사항 ·········· 157
  4. 공매입찰 시 입찰자격의 제한 ·········· 157

제14장 경매 용어 ··········· 163

제15장 민 법 ··········· 187

제16장 부 록 ··········· 263

제1장
경매진행절차 및 개념과 종류

제1절 경매진행절차

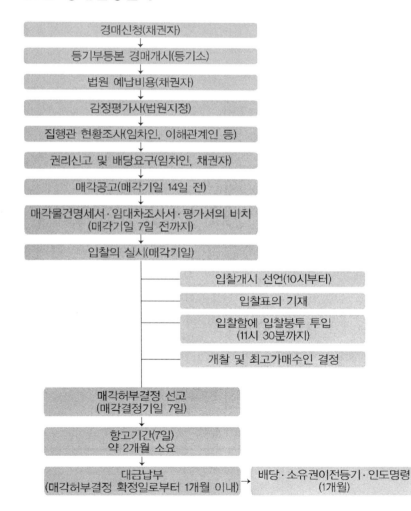

제2절 경매의 개념

경매란 채무자가 채무를 상환할 수 없는 경우에 채권자가 채권을 회수하는 가장 대표적인 방법으로 채무자 소유 또는 물상보증인(예컨대, 채무자인 친구를 위하여 그 친구 대신 본인 소유의 부동산을 채권자에게 담보로 제공한 자) 소유의 담보재산을 강제로 환가하여 만족을 얻는 절차이다.

경매는 채권자가 채무자와의 관계를 증명할 수 있는 서류를 첨부하여 경매 비용과 함께 신청서를 법원에 제출함으로써 진행된다. 경매에 붙인 부동산(물론 동산 및 부동산과 동일시할 수 있는 권리에 대해서도 경매가 행하여진다)이 경쟁 입찰을 통해 낙찰되면 채권자는 그 낙찰자가 납부한 매각대금 중에서 채권을 회수할 수 있게 된다. 즉, 경매는 채권·채무 관계를 최종적으로 정리하는 귀결점이라고 할 수 있다. 그러나 채권자가 경매를 실행했다고 하더라도 모두다 채권의 만족을 얻을 수 있는 것은 아니다. 만약 경매 부동산이 한 번에 매각되지 않고, 여러 번 유찰되면 채권의 일부밖에 회수하지 못하는 경우도 있고, 더 나아가 가격이 계속 떨어져 경매신청 채권자에게 배당될 가능성이 없으면 경매절차가 취소되는 경우도 있다.

또한 낮은 가격으로 매각되거나 경매신청 채권자가 배당받는 순위가 경매설정권자보다 앞선 선순위 채권자가 있다면 후순위인 경우에는 채권의 일부밖에 만족을 얻지 못하는 경우도 있다. 물론 배당을 받지 못한 채권이라도 채권 자체가 소멸되는 것은 아니지만, 사실상 채무자의 재산이 경매되는 경우에 보면 당분간은 채권회수가 어려워지게 된다. 따라서 채권자가 최후수단으로 경매신청을 했더라도 경매부동산이 매각되지 않거나 낮은 가격으로 매각되면 채권자는 채권을 회수하지 못하거나 채권액의 일부밖에 회수하지 못하기 때문에 경매로 모든 문제가 해결되는 것은 아니다.

또한 경매가 되면 채무자의 재산가치가 감소하게 되고, 세입자 등 이해관계인은 불안한 지위가 장기화되는 등 사회적·경제적 피해가 커지는 경우도 있다.

제3절 민사집행법

부동산경매는 민사집행법에 의하여 진행된다. 민사집행법은 2002. 1. 26.에 제정되어 2002. 7. 1.부터 시행되고 있다. 종전 민사소송법상 강제집행절차에 관한 규정은 1960년에 민사소송법이 제정된 이후 1990년에 경매법을 흡수하기 위하여 민사소송법을 개정한 것을 제외하고는 약 40년간 개정이 이루어지지 아니하여 사회·경제적 발전에 따른 신속한 권리구제의 필요상에 부응하지 못하고 있다는 지적이 있었다. 이에 따라, 채무자 등의 제도남용에 의한 민사집행절차의 지연을 미연에 방지하고 불량채무자에 대한 철저한 책임추궁을 통하여 효율적이고 신속한 권리규제 방안을 마련함으로써 정의로운 신용사회를 이룩하는 한편, 법률용어를 국민의 법 감정에 맞도록 순화하고, 통일적이며 일관된 법 진행을 위하여 민사집행부분을 민사소송법에서 분리하여 별도로 민사집행법을 제정한 것이다. 경매가 개시되어 첫 매각기일에 매각되는 경우도 있지만, 어떤 경우에는 몇 년씩 경매가 진행되는 사건도 있다. 또한 경매 진행 도중에 채무자가 청구이의를 제기하고 집행정지신청을 하여 정지된 상태로 몇 년씩 경매가 진행되지 않고 있는 경매사건도 있다.

제4절 경매의 종류

1. 강제경매

강제경매는 확정된 이행판결, 가집행 선고부판결, 확정된 지급명령, 화해조서, 조정조서, 공증된 금전채권문서 등을 가지고 있는 채권자가 그 채무명의에 표시된 이행청구권의 실현을 위하여 채무자 소유의 부동산을 압류한 후 매각시켜 그 매각대금에서 금전채권의 만족을 얻는 강제집행 방법이다.

2. 임의경매

임의경매는 저당권, 질권, 유치권, 전세권, 담보가등기 등 담보물권이 가지고 있는 경매권에 의하여 실행되는 경매이다. 이러한 경매는 담보물권이 설정된 후에 실행되므로 예견된 경매라고 할 수 있다.

3. 광의의 형식적 경매

형식적 경매는 민법, 상법, 기타 법률의 규정에 의해서 재산의 보관, 정리, 가격보존 등의 목적으로 행해지는 경매를 말한다. 광의의 형식적 경매는 협의의 경매로 유치권에 의한 경매까지 포함해서 광의의 형식적 경매라고 한다. 유치권은 우선변제를 받을 수 없는 권리다. 그런데 임의 경매신청 절차에 준하여 경매를 신청할 수 있도록 해서 형식적으로 경매가 진행되는 것이 형식적 경매라 한다. 실질적인 경매에서는 저당권, 근저당, 가압류 등은 모두 말소되지만, 유치권에 의한 형식적인 경매는 근저당, 저당권, 가압류 등은 말소되지 않고 낙찰금액을 유치권자에게 모두 배당을 하고 경매절차를 종결한다.

4. 협의의 형식적 경매

협의의 형식적 경매에는 공유물 분할을 위한 경매, 자조매각, 청산을 위한 경매를 말한다. 공유물 분할은 공유물을 그 가치에 의하여 분할하기 위하여 현금화하는 것을 목적으로 하는 경매로 민법상 현물로 분할할 수 없거나 분할로 인해 현저히 그 가액이 감손될 염려가 있는 때에는 법원은 물건의 경매를 명할 수 있다.

자조매각은 특정물의 인도 의무를 부담하는 자가 그 인도 의무를 벗어나기 위해 물건을 금전으로 현금화하는 것을 목적으로 경매를 신청하는 경우이다. 청산을 위한 경매는 어떤 범위의 재산을 한도로 하여 각 채권자에 대해 채권액을 비율에 따라 일괄변제하기 위해 청산을 목적으로 당해 재산을 현금화하는 것을 말한다.

5. 형식적 경매의 의의

경매는 집행권원에 의해 행하는 강제경매와 담보권실행을 위한 임의경매, 그리고 오로지 특정재산의 가격보존 또는 정리를 위하여 하는 형식적 경매 이렇게 3가지로 나눌 수 있다. 이중 강제경매와 담보권실행을 위한 임의경매는 채권자가 자기 채권의 만족을 얻기 위하여 실행한다는 의미에서 실질적 경매라고 부르고 이에 대응하여 재산의 가격 보전 또는 정리를 위한 경매를 보통 형식적 경매라고 부른다. 민사 집행법 274조는 유치권에 의한 경매와 민법, 상법 그 밖의 법률이 규정한 바에 따른 경매는 담보권실행을 위한 경매의 예에 따라 실시한다고 규정하고 있다. 민법, 상법, 그 밖에 법률이 규정하는 바에 따른 경매를 흔히 협의의 형식적 경매라 부르고 여기에 유치권에 의한 경매를 포함시켜 광의의 형식적 경매라고 부른다.

6. 형식적 경매의 종류

(1) 유치권에 의한 경매

유치권에는 민사유치권(민법 320조), 상사유치권(상법 58,91,111조 등)이 있다. 현행법은 유치권에 의한 경매의 성질은 현금화를 위한 경매의 일종으로 규율하고 있다. 유치권자는 채권의 변제를 받을 때까지 그 목적물을 유치할 권리가 있을 뿐 매각대금에서 우선변제를 받을 권리는 없다. 그러나 유치권에 기한 경매는 본래 유치물을 금전으로 현금화하는 그 자체를 목적으로 하여 행해지는 것인 만큼 유치권자는 그 이후 매각대금 위에 유치권을 행사할 수 있다고 해석하여야 할 것이고 또 달리 매각대금을 공탁하여야 한다는 근거 규정도 없으므로 매각대금을 신청인에게 교부하는 것까지 부정할 수는 없다. 여기서 유치권자가 교부받은 매각대금을 본인의 채권에 충당할 수 있는가가 다시 문제가 되나 학설은 부정설이 다수설이다. 그러나 부정설에 의하더라도 본인의 채권이 금전채권이고 또 그 채무자가 위 유치물의 소유자인 경우에는 위 교부받은 매각대금과 본인의 채권을 대금액에서 상계할 수 있다고 해석되므로 결국 이 경우에는 실질상으로는 우선변제를 받는다.

(2) 공유물분할을 위한 경매

공유물을 그 가치에 의하여 분할하기 위하여 현금화하는 것을 목적으로 하는 경매로서 민법 269조 2항, 278조, 1013조 2항에 의한 경매가 그 예이다.

(3) 자조 매각

특정물의 인도의무를 부담하는 자가 그 인도의무를 면하기 위하여 물건을 금전으로 현금화하는 것을 목적으로 경매를 신청하는 경우가 있는데 이것을 일반적으로 자조 매각이라고 부른다(민법 490조, 민사집행법 258조 6항 참조).

(4) 단주의 경매

주식회사는 여러 가지 경우에 단주를 경매하여 그 대금을 주주에게 교부할 의무를 부담한다. 그러나 실제로는 경매 이외의 방법이 주로 사용되므로 경매가 신청되는 경우는 거의 없다.

(5) 타인의 권리를 상실시키는 경매

어떤 물건에 대한 타인의 권리를 상실시키는 것 자체를 직접 목적으로 하여 그 권리에 대한 경매를 인정하는 경우이다. 상법 757조 1항, 집합건물의 소유 및 권리에 관한 법률 45조 1항의 경매가 그 예인데 이는 경매에 모적 재산에 대한 권리가 이전되는 효과를 이용하는 것이다.

(6) 청산을 위한 경매

어떤 범위의 재산을 한도로 하여 각 채권자에 대하여 채권액의 비율에 따라 일괄적으로 변제하기 위하여 청산을 목적으로 당해 재산을 현금화하는 것이다. 민법 1037조, 1051조 3항, 1036조 2항이 그 예이다.

(7) 형식적 경매와 실질적 경매의 차이

1) 소멸주의와 인수주의 적용 여부

형식적 경매와 실질적 경매의 가장 큰 차이는 소멸주의와 인수주의의 적용 여부라 할 것이다. 실질적 경매에 있어서는 부동산 위에 존재하는 제한물권 등의 부담은 매수인이 인수하는 것(인수주의)이 아니라 매각에 의하여 소멸하는 것(소멸주의)이 원칙이다. 그러나 형식적인 경매의 경우에도 위 소멸주의가 적용되는가에 관하여는 견해가 나뉜다.

2) 잉여주의 적용 여부

실질적 경매에 있어서는 절차비용 및 우선변제권을 변재하고 잉여가 생기지 않으면 경매를 실시할 수 없다는 잉여주의가 적용되는데(민사집행법 268조 91조 1항) 형식적 경매에 있어서도 잉여주의가 적용되는가에 대하여는 견해가 나뉜다. 매각 조건에 관하여 소멸주의의 적용을 긍정하는 입장에서는 우선권자를 해하지 않기 위하여 잉여주의를 채택함은 당연하다. 그러나 인수주의를 택하는 입장에서는 견해가 대립되는데 일설은 형식적 경매는 채권의 만족을 얻기 위한 강제적 매각이 아니고 다른 채권자가 채권의 만족을 얻기 위하여 담보권을 실행하든가 강제집행을 하면 그 절차가 우선하게 되므로 형식적 경매에까지 잉여주의를 요구할 필요가 없다고 하고 다른 일설은 집행 비용도 나오지 않는 경매를 행하는 것은 적당하지 않으므로 형식적 경매의 경우에도 역시 그 범위에서 잉여주의를 택하여야 할 것이라고 한다.

3) 형식적 경매에 있어서의 배당요구

형식적 경매에 있어서는 집행력 있는 정본을 가진 채권자 및 경매결정이 등기된 후에 가압류를 한 채권자, 즉 일반 채권자의 배당요구는 허용되지 아니한다. 민사 집행법 88조 배당요구 채권 중 민법, 상법, 기타 법률에 의하여 우선변제청구권이 있는 채권자의 배당요구에 대하여는 우선변제청구권이 있는 채권자도 스스로 집행권원을 얻어 경매를 신청하든가 또는 선박우선특권과 같이 담보권실행을 할 수 있는 경우에는 그 담보권에 기하여 스스로 경매신청을 하는 방법에 의하여 만족을 얻으면 족하고 배당요구를 인정할 필요가 없다.

제2장
입찰절차 및 매각허가결정

제1절 제출과 마감

입찰표 작성 및 봉투 제출은 10시에서 11시 30분까지이나 제출자가 많아 차례를 기다리며 줄을 서 있을 경우에는 시간이 조금 지체되어도 형성된 줄 까지는 받아주므로 마감이 다소 늦어질 수 있다.(10시부터 시작하나 마감시 간은 법원마다 약간의 차이가 있으므로 법원에 확인을 해야 한다)

제2절 개찰 및 최고가 매수신고인 결정

입찰함에 접수된 입찰봉투들을 사건번호별로 분류하여 정리한 다음 집행 관은 진행사건별로 입찰자가 있는 사건과 없는 사건, 즉 유찰된 사건을 분 류·호명하여 매각된 사건을 진행하게 된다.

1. 최고가 매수신고인 결정

집행관은 사건번호별 해당 물건에 입찰한 자들을 호명하여 법대에 나오 게 한 다음 누가 최고가를 쓴 입찰자인가를 확인하고 결정한다. 또한 최고 가 매수신고인이 둘 이상 경합될 경우 그들만이 다시 입찰해야 하는데 그 금액은 기존 입찰가격 이상으로 써야만 한다.

2. 차순위 매수신고인 결정

최고가 매수신고인이 결정되면 집행관은 차순위 매수신고인을 정하는데 차순위 매수신고인은 그 신고액이 최고가 매수신고액에서 그 보증금을 뺀

금액을 넘을 때에만 인정된다. 최저매각가격이 1억원이고 최고가 매수신고액이 2억원이었다면 입찰보증금은 최저가격의 10%이므로(1,000만원) 적어도 1억 9,000만원(최고가 매수신고액 2억원 - 입찰보증금 1,000만원＝1억 9,000만원) 이상 응찰한 사람만이 차순위 매수신고인이 될 수 있다.

이러한 차순위 매수신고인은 최고가 매수신고인이 잔금납부를 못한 경우에만 차순위 매수신고인이 잔금납부를 함으로써 소유권을 취득할 수 있는데 최고가 매수신고인의 잔금납부가 결정되기 전까지는 보증금을 찾을 수 없으므로 차순위 매수신고인으로 신고하는 것을 신중히 결정해야 한다.

제3절 매각허가 결정

매각기일로부터 7일 이내에 매각결정기일이 지정된다. 매각결정기일에는 이해관계인이 매각허가에 관한 의견을 진술할 수 있으며, 농지를 매각받은 사람은 매각허가 여부를 결정할 때까지 농지취득자격증명원을 제출하여야만 한다. 즉, 경매목적물이 전, 답, 과수원인 경우에는 농지취득자격증명원을 제출하여야만 매각허가가 결정된다. 농지취득자격증명원을 받기 위해서는 우선 집행관 사무실에서 발급해주는 매각사실확인원을 발급받아 부동산 소재지 읍·면사무소 담당계에 제출하여야 농지취득자격증명원을 받을 수 있다.

농지취득자격증명원은 5일 정도 소요가 되므로 늦게 제출하여 불이익을 당하지 않도록 하여야 한다. 그 밖에 매수인은 매각결정기일까지 대위변제한 것 등이 있는지를 확인하여 불이익이 되지 않도록 하여야 한다. 그리고 배당에 의견이 있을 시는 배당기일에 출석하여 의견 진술을 하여야 한다. 매각허가는 결정으로 하고 법정에서 선고하며 별도로 송달은 하지 않는다. 따라서 매각허가결정에 대해서 법원에 직접 확인하거나 전화로 확인하여야 한다. 매각허가결정이 나고 7일이 지나도록 이해관계인들의 즉시항고가 없으면 확정된다. 매각허가결정이 확정되면 잔금납부기일이 정해진다.

기 일 입 찰 표

○○지방법원 집행관 귀하   입찰기일 : 20   년   월   일

사 건 번 호		타 경 호		물 건 번 호	※물건번호가 여러 개 있는 경우에는 꼭 기재	
입 찰 자	본인	성 명		(인)	전화번호	
		주민(사업자) 등록번호	-		법인등록 번 호	-
		도로명 주 소				
	대리인	성 명		(인)	본인과의 관 계	
		주민등록 번 호	-		전화번호	-
		도로명 주 소				

입찰 가격	천 억	백 억	십 억	억	천 만	백 만	십 만	만	천	백	십	일	원	보 증 금 액	백 억	십 억	억	천 만	백 만	십 만	만	천	백	십	일	원

보증의 제공방법	□ 현금·자기앞수표 □ 보증서	남은 보증을 반환 받았습니다. 입찰자(대리인) (인)

※주의사항.

1. 입찰 표는 물건마다 별도의 용지를 사용하십시오. 다만, 일괄 입찰 시에는 1매의 용지를 사용하십시오.

2. 한 사건에서 입찰물건이 여러 개 있고 그 물건들이 개별적으로 입찰에 부쳐진 경우에는 사건번호 외에 물건번호를 기재하십시오.

3. 입찰자가 법인인 경우에는 본인의 성명 란에 법인의 명칭과 대표자의 지위 및 성명을, 주민등록 란에는 입찰자가 개인인 경우에는 주민등록번호를, 법인인 경우에는 사업자등록번호를 기재하고, 대표자의 자격을 증명하는 서면(법인의 등기부 등·초본)을 제출하여야 합니다.

4. 주소는 주민등록상의 주소를, 법인은 등기부상의 본점소재지를 기재하시고, 신분확인상 필요하오니 주민등록증을 꼭 지참하십시오.

5. 입찰가격은 수정할 수 없으므로, 수정을 요하는 때에는 새 용지를 사용하십시오.

6. 대리인이 입찰하는 때에는 입찰자란에 본인과 대리인의 인적사항 및 본인과의 관계 등을 모두 기재하는 외에 본인의 위임장(입찰 표 뒷면을 사용)과 인감증명을 제출하십시오.

7. 위임장, 인감증명 및 자격증명서는 이 입찰 표에 첨부하십시오.

8. 일단 제출된 입찰 표는 취소, 변경이나 교환이 불가능합니다.

9. 공동으로 입찰하는 경우에는 공동입찰신고서를 입찰 표와 함께 제출하되, 입찰 표의 본인 란에는"별첨 공동입찰자목록 기재와 같음"이라고 기재한 다음, 입찰 표와 공동입찰신고서 사이에는 공동입찰자 전원이 간인 하십시오.

10.입찰자 본인 또는 대리인 누구나 보증을 반환 받을 수 있습니다.

11.보증의 제공방법(현금·자기앞수표 또는 보증서)중 하나를 선택하여 ☑표를 기재하십시오.

위 임 장

대 리 인	성 명		직 업	
	주민등록번호	-	전화번호	
	주 소			

위 사람을 대리인으로 정하고 다음 사항을 위임함.

다   음

○○지방법원   타경   호 부동산
경매사건에 관한 입찰행위 일체

본 인 1	성 명	(인감 인)	직 업	
	주민등록번호	-	전화번호	
	주 소			
본 인 2	성 명	(인감 인)	직 업	
	주민등록번호	-	전화번호	
	주 소			
본 인 3	성 명	(인감 인)	직 업	
	주민등록번호	-	전화번호	
	주 소			

* 본인의 인감 증명서 첨부
* 본인이 법인인 경우에는 주민등록번호란에 사업자등록번호를 기재
* 본인의 인감으로 날인

20   년   월   일

○○지방법원   귀중

입 찰 보 증 금 봉 투

(앞면)

○ ○ 지방법원

입찰보증금 봉투

사건번호	타경 호
물건번호	
제 출 자	

※수표뒷면에 사건번호와 입찰자 (본인)의 성명을 기재하십시오.

입 찰 봉 투 (앞면)

─── 197mm ───

입찰자용 수취증
○○지방법원(연결번호-
번)

주의: 이 부분을 절취하여 보관
하다가 매수신청보증을 반환받을
때 제출하십시오.

분실시에는 매수신청보증을 반환
받지 못할 수가 있으니 주의하십
시오.

· · · · · 절 · · · 취 · · · 선 · · · · · · · · ·

· · · · · · 접 · · · 는 · · · 선 · · · · · · ·

※타인이 사건번호를 볼 수 없도록 위 접는 선을 접어서 지
철기(호치키스)로 봉하여 제출하십시오.

입 찰 봉 투

| 제출자성명 | 본 인 | 외 ㉑ |
| | 대리인 | ㉑ |

※ 사건번호 및 물건번호는 뒷면 상단에
기재하십시오.

◈ 주 의 사 항 ◈

1. 입찰대상이 아닌 경매사건에 응찰한 경우에는 즉시
매수보증금을 반환받을 수 없고 개찰이 모두 완료한 후에
매수 보증금을 반환받을 수 있습니다.

2. 매수신청보증봉투와 입찰 표를 넣고 사건번호를
타인이 볼 수 없도록 접어서 지철기(호치키스)로
봉하십시오.

3. 위 입찰자 성명 란을 기재하고, 입찰봉투 제출 시 신분
증을 제시하십시오.

4.입찰자용 수취증의 절취선에 집행관의 날인을
받으십시오.

입찰봉투와 일련번호를 기재한다.

─── 217mm ───

입 찰 봉 투 (뒷면)

이곳에는 절대로 풀칠을 하지 마십시오.

·············· 절···· 취···· 선··························

사건번호	20 타경 호
물건번호	

※물건번호가 2개 이상 있는 경우에는 물건번호를 꼭기재하여야 함.

㊞

㊞

표시가 있는 부분
꼭 날인하시기
바랍니다.

㊞

【입찰시 준비서류】

본 인

1. 주민등록증 또는 신분증
2. 도장
3. 입찰보증금(최저매각금액의 10% 또는 20%)
4. 자기앞 수표 및 현금

대리인

1. 본인 인감증명서 1통
2. 위임장(본인의 인감이 날인된 것)
3. 보증금 수령인 도장
4. 입찰보증금

법 인

1. 법인등기부 등본
2. 대표자의 위임장
3. 법인 인감증명서
4. 보증금 수령인 도장

물권과 채권

제1절 물권과 채권의 개념

　물권은 물건을 직접 배타적으로 지배하여 사용·수익 처분을 할 수 있는 것을 내용으로 하는 권리이다. 물권의 대표적인 것은 소유권이며 지상권, 지역권, 전세권과 같은 용익물권, 유치권, 질권 등을 말한다. 즉, 특정한 물건을 직접 지배하여 이익을 얻는 배타적인 권리를 말하는 것으로서, 재산권이고 지배권이며 절대권이다. 물권은 일정한 재화를 직접적, 배타적으로 지배할 수 있는 권리이며(사람 대 물건, 사람 대 모든 다른 사람), 채권과 밀접한 관계를 갖는 재산권이다. 그러나 채권과 달리 물권법(실질적 의미)에 의하여 법정된 것에 한한다. 채권은 특정인의 행위를 그 객체로 하지만, 물권은 물건을 객체로 하는 재산권이라는 점에서 물권은 채권과는 달리 대물권이라 일컫는다.

　물권의 본질은 사람(또는 법인)이 스스로 직접적, 배타적으로 객체를 지배하는 것이므로 물권은 가장 전형적인 지배권이다. 또한 물권은 특정한 상대방이라는 것이 없고, 모든 사람에게 주장할 수 있는 절대권이다. 이에 대하여 채권은 특정인에 대한 청구권에 불과한 상대권이다(채무자 대 채무자, 특정인 대 특정인). 민법상 물권은 점유권과 본권으로 나누어지고, 본권은 다시 소유권과 제한물권으로 분류된다. 제한물권은 용익물권과 담보물권으로 구분되는데, 용익물권에는 지상권, 지역권, 전세권이 있으며, 담보물권으로는 유치권, 질권, 저당권이 있다.

【용어정리】

권리	법이 주는 힘 또는 이익을 말한다.
권한	법이 주는 지위 또는 자격을 말한다.(대리권)
권능	권리의 내용을 이루는 개개의 사실을 말한다.
권원	어떠한 행위를 정당하게 하는 원천을 말한다.

제2절 물권과 채권의 구분

물권은 재산권이고, 지배권으로서 직접적, 배타적으로 객체(물건 등)를 지배하는 권리이며, 절대권이다. 이 절대권은 물권과 채권을 구분하는 가장 큰 특징으로 모든 자에게 주장할 수 있는 권리이다. 이에 반하여 채권은 특정인에게 요구할 수 있는 권리에 불과하다. 물권법의 특징은 강행법규성, 고유법성, 공공성을 갖는다. 이러한 측면에서는 조세채권 역시 계약자유원칙이 배제되고, 세법에 의하여 당연히 성립·소멸하며, 발생이나 확정절차가 법정되어 있고, 조세채권은 이러한 점에서는 법정담보와 유사한 점이 있다.

구 분	물 권	채 권
대 상	특정 물건	특정 사람
특 성	절대권, 대세권, 배타성 (물권의 공시원칙의 기본)	상대권, 대인권
내 용	물권법정주의	계약자유의 원칙
효 력	(채권에 대한)우선적 효력 물권적 청구권	채권자평등의 원칙 채권적 청구권
집행절차상 권리실현	담보권에 기한 임의경매	집행권원(판결문 등)에 의한 강제경매
법의 성질	지역적, 습속성(고유법성)	국제적, 보편적
지배 원리	권리남용의 금지원칙	신의칙
법규의 성격	강행규정성	임의규정성
사적 자치	제한적	광범위

제3절 물권과 채권의 혼재

동일 물건 위에 물권과 채권이 성립한 경우 원칙적으로 그 성립순위와 관계없이 물권이 우선하지만 다만 예외로서 부동산임차권이 등기를 갖추면 제3자에 대하여 대항력이 있으므로, 그 후에 성립하는 물권에 우선하고, 부동산의 물권변동을 청구하는 채권의 순위가 가등기에 의하여 보전되었다가 후일 본등기가 된 경우 그 부동산의 물권변동의 효력은 가등기 시의 순위를 기준으로 한다. 즉, 물권변동의 순위는 가등기 시로 소급하나 물권변동은 본 등기 시에 일어난다. 유치권은 담보물권이지만 우선 변제적 효력이 없으므로 담보권 실행 시 저당권(질권)과의 우열의 문제는 없으나, 유치권은 그 유치적 효력에 의하여 사실상 우선변제를 받는다.

제4절 채권 상호간의 순위

채권 상호간에는 채권자평등주의원칙이 적용되므로 그 성립시기에 따라 우열이 없이 평등하다. 따라서 경매나 공매의 배당(배분)에서 채권액에 비례한 안분배당을 받는다. 즉, 먼저 빌려주었다고 하여 또는 많이 빌려주었다고 하여 우선하는 것은 아니다. 다만, 채권 중에는 물권화된 권리가 있음에 유의해야 한다.

제4장
등기부상 권리

표제부 (부동산 표시)	갑 구 (소유권에 관한사항)	을 구 (소유권 이외의 사항)
● 토지 ● 건물 ● 지번 ● 지목	● 소유권 보존 ● 소유권 이전 ● 압류 ● 가압류 ● 가등기 〈소유권이전청구가등기, 담보가등기〉 ● 가처분 〈처분금지가처분, 점유이전 가처분〉 ● 환매권 ● 예고등기 2011년 10월 13(폐지)	● 용익물권 - 지상권 　　　　　- 지역권 　　　　　- 전세권 ● 담보물권 - (근)저당권 ● 임차권

제1절 표제부

　　표제부는 표시란과 표시번호란으로 구성된다. 표시란에는 토지 또는 건물의 현황(토지는 소재지·지번·지목·지적, 건물은 소재지·지번·건물의 종류·구조·건평 등)과 그 변경에 관한 사항이 기재되며, 표시번호란에는 표시란에 기재된 등기사항의 순서를 기재한다. 따라서 표제부 등기에 의하여 당해 부동산의 동일성이 표시된다(등기법 제16조 제1항, 제3항). 판례도 등기의 표제부에 표시된 부동산에 관한 사실관계의 표시가 유효한 것이 되기 위해서는 우선 그 표시가 실제의 부동산과 동일하거나 사회 관념상 그 부동산을 표시하는 것이라고 인정될 정도로 유사하여야 하고, 그 동일성 내지 유사성 여부는 토지의 경우에는 지번과 지목, 지적에 의하여 판단하여야 한다고 한다(대판 2001.3.23, 2000다51285, 공 2001.5.15, 964).

1. 토지

일정한 범위에 걸친 지면에 정당한 이익이 있는 범위 내에서 그 수직의 상하(공중과 지하)를 포함하는 것을 말한다. 따라서 지중의 암석·토사·지하수 등은 토지의 구성 부분이다. 그러나 미채굴의 일정한 광물은 광업개발의 정책적인 목적에서 국가가 그 채굴·취득의 권능을 유보하고 있기 때문에 그 한도 내에서 토지로부터 제외된다. 토지는 원래 연속되어 구분성을 갖지 않기 때문에, 인위적으로 그 지표에 선을 그어서 경계로 삼고 구획되며, 지적공부인 토지대장·임야대장에 등록된다. 등록된 각 구역은 독립성이 인정되며, 한 필마다 지번을 붙이고, 그 개수는 [필]로서 계산된다. 한 필의 토지를 여러 필로 분할하거나 여러 필의 토지를 한 필로 합병하려는 경우에는 분필 또는 합필의 절차를 밟아야 한다.

한 필의 토지의 일부 만에 대해서는 분필절차를 밟기 전에 그것을 양도하거나 제한물권을 설정하거나 시효취득하지 못한다. 물권변동에 관하여는 형식주의를 취하는 현행 민법 하에서는 등기를 하여야만 물권변동이 생기는데, 토지의 일부에 대한 등기는 인정되지 않기 때문이다. 그러나 분필절차 없이 용익물권의 설정은 일필의 토지의 일부 위에도 설정할 수 있다.

2. 건물

토지 위에 기둥, 벽, 바닥으로 구성하여 일정한 형상을 갖추거나 업무, 영업 등의 용도에 쓸 수 있도록 만든 건조물로 상당한 수명이 있어야 독립된 부동산으로 등기할 수 있는 구조체를 말한다. 집합건물(아파트, 다세대, 연립주택, 상가 등)에서 1동의 건물을 구분한 경우에는 표제부가 1동의 건물의 표제부(1동 전체에 대한 표제부로, 각 층의 면적·구조·종류를 기재하고 대지권에 목적이 되는 토지의 소재·면적·지목 등을 표시한다)와, 구분건물(전유부분)의 표제부(각 구분된 세대별 부분의 구조·종류·면적)를 기재하고 대지권의 종류 및 지분권을 기재를 한다.

3. 지번

토지를 일정한 구역으로 나누어서 표시한 번호이다.

4. 지목

토지의 주된 사용목적에 따라 토지의 종류를 구분·표시하는 명칭으로써 전, 답, 과수원, 목장용지, 임야, 광천지, 염전, 대, 공장용지, 학교용지, 도로, 철도용지, 하천, 제방, 구거, 유지, 수도용지, 공원, 체육용지, 유원지, 종교용지, 사적지, 묘지, 잡종지, 양어장, 주차장, 주유소용지, 창고용지 등이 있다.

제2절 갑구(소유권에 관한 사항)

갑구란은 사항란과 순위번호란으로 구분되어, 사항란에는 소유권에 관한 등기상황을, 순위번호란은 사항란의 등기사항을 순서대로 기재한다.

1. 소유권 보존

미등기된 부동산을 그 소유자의 신청에 의하여 처음으로 소유권을 공시하는 것으로 보존등기라고 한다. 즉, 토지의 매립이나 건물의 신축으로 소유권을 원시취득하게 되면 그 소유권을 보존하기 위하여 보존등기를 신청한다. 소유권보존의 등기는 아직 소유권의 등기가 되지 아니한 특정의 부동산에 관하여 최초로 하는 등기로서 새로이 등기용지를 개설하여 표제부에는 "부동산의 표시에 관한사항"을 갑구에는 해당 부동산의 "소유권에 관한 사항"을 기재하는 방법으로 행하여진다. 그 부동산에 관한 이후의 등기는 이를 기초로 하여 이루어지는 것이므로, 실체관계에 부합됨이 다른 어느 등기보다도 한층 더 강력하게 요청된다. 따라서 신청서에는 소유권을 증명하는 서면을 첨부토록 규정하고 있다.

2. 소유권 이전

부동산 소유자가 변동되는 경우에 이를 부동산등기부에 등기하는 것을 말한다. 부동산의 소유권 변동을 위해서는 등기를 해야 효력이 발생한다. 소유권 이전등기는 법률행위를 원인으로 하는 것과 법률규정에 의한 것으로 구분할 수 있다. 법률행위를 원인으로 하는 소유권 이전등기는 매매, 증여, 사인증여, 재산분할, 양도담보, 교환, 계약의 해제, 현물출자, 대물변제 등을 원인으로 하며, 법률규정에 의한 소유권 이전등기는 공익사업법에 의한 토지 등의 수용, 자산유동화에 관한 법률에 의한 유동화자산의 양도 등의 설정, 상속, 판결, 경매를 원인으로 한다.

3. 압 류

사실상 또는 법률상의 처분을 제한하는 국가기관에 의한 강제적 행위를 말하나 좁은 의미에서 금전채권에 대한 강제집행의 1단계로서 집행기관이 채무자 재산을 확보하고 처분권을 제한하는 잠재적 행위의 의미를 말한다.

4. 가압류

가압류란 금전채권이나 금전으로 환산할 수 있는 채권의 집행을 보전할 목적으로 잠정적으로 채무자의 재산을 확보하는 보전처분이다. 따라서 가압류가 집행되면 가압류 목적물에 대하여 채무자가 매매, 증여, 질권 등의 담보권설정 등 일체의 처분을 금지하는 효력을 생기게 한다.

5. 가등기

가등기란, 본등기, 종국등기가 형식적 또는 실질적 요건을 갖추지 못한 경우에 장래에 하게 될 본등기의 순위를 보전하기 위해 미리 해두는 등기를 말한다. 원칙적으로 가등기의 근거가 되는 본등기가 가능한 경우에만 가등기를 할 수 있으며, 가등기 의무자와 함께 신청하든가 가등기의무자의 승낙서를 첨부하여 가등기권리자가 단독으로 신청하여야만 한다.(부동산등기법 제37조)

가등기를 하게 되면 나중에 본등기를 할 때에는 그 등기순위는 가등기의 순위에 의한다(부동산등기법 제6조 제2항). 따라서 가등기 이후에 등기된 다른 등기는 가등기에 의해 본등기를 한 자에게 우선할 수 없다.

(1) 가등기의 종류

가등기에는 담보가등기와 소유권이전청구권보전의 가등기라는 두 가지 종류가 있는데 담보가등기는 말소기준권리가 된다.

(2) 본등기 후의 효력

가등기에 기해 본등기를 하면, 본등기의 순위는 가등기의 순위에 의한다(부동산등기법 제6조 제2항).

이와 같이 가등기에는 후에 행해지는 본등기를 위하여 순위를 보전하는 효력이 인정하는데, 이를 순위보전의 효력이라 한다.

(3) 본등기 전의 효력

가등기가 본등기의 요건을 구비하고 있다고 할지라도 본등기를 행하지 아니하고 있는 한 가등기 설정자의 처분행위를 저지할 수 없으며 이에 의한 제3취득자에 대하여 대항할 수 없다. 따라서 가등기는 본등기가 없는 동안은 그 자체로서는 아무런 실체법상의 효력이 없다. 다만 가등기가 가등기권리자의 의사에 의하지 않고 위법하게 말소된 경우에는 가등기명의인은 위법하게 말소된 가등기의 회복등기를 청구할 수 있고, 그 가등기가 가졌던 순위보전의 효력을 상실하지 않는다.

6. 가처분

(1) 처분금지 가처분

소유물 반환청구권, 임차물 인도청구권, 부동산권리관계에 대한 분쟁이 있을 경우 가처분 채권자가 미리, 매매나 양도 등을 못하게 하도록 채무자의 부동산에 등기를 한 다음 채무자를 상대로 소송을 제기하겠다는 의사표시를 하는 등기를 말한다.

(2) 점유이전 가처분

낙찰 후 명도단계에서 낙찰자가 온전한 재산권을 행사하기 위해하는 조치를 말한다. 제3자에게 점유를 이전시키지 못하게 하는 가처분을 말한다.

(3) 말소되지 않는 가처분

말소기준권리 앞에 대항력을 갖추었다면 당연히 인수해야 하지만 말소기준권리 뒤에 오면 원칙적으로 전부 말소된다. 하지만 말소되지 않는 후순위 가처분도 있으므로 주의를 요한다.(토지인도 및 건물철거소송)

7. 환매권

채무자가 채권자에게 금전 및 담보물을 차용하면서 채무자의 부동산을 채권자에게 이전시킨 다음 차후 본 부동산을 채권자가 채무자에게 다시 이전하는 것을 말한다.

[채권자 - 환매의무자] [채무자 - 환매권리자]

(1) 환매특약은 매매계약과 동시에 하여야 한다.
(2) 강행규정으로서 부동산은 5년을 넘지 못하며 기간 내에 행사하여야 한다.
(3) 환매기간 내에 의사표시를 했더라도 소유권이전등기를 하지 않고 있다가 환매기간이 도과되었다면 환매권은 소멸한다.
(4) 환매권은 배당문제가 발생되지 않는다.
(5) 환매권 행사로 발생한 소유권이전등기 청구소송에서 환매대금의 증액청구권의 선이행을 동시이행의 항변으로 주장할 수 없다.
(6) 환매권은 말소기준권리보다 선순위일 경우 경매가 진행되면 낙찰자에게 인수된다.

8. 예고등기

등기원인의 무효나 취소로 인한 등기의 말소 또는 회복의소가 제기된 경우, 이를 제3자에 경고하기 위하여 수소법원에서 촉탁으로 행하여지는 등기를 말한다.

【(2011년 10월 13일 폐지)】

예고등기는 가등기와 함께 예비등기에 속한다. 예고등기는 제3자에게 경고를 할 목적으로 행하여지므로 특정등기에 대한 소송제기의 사실을 공시하여 경고적 효력을 가질 뿐이고, 처분제한 등의 물권변동의 효력이나 등기원인의 무효 또는 취소의 사유가 존재한다는 추정의 효력을 갖지 않는다. 그리고 예고등기는 당사자의 이해관계가 얽혀 있지 않으므로 등기권리자, 등기의무자가 인정될 여지가 없다. 예고등기가 성립하려면 등기원인의 무효 또는 취소에 의한 등기의 말소 또는 회복의 소가 제기되어야 하며, 그 무효 또는 취소를 가지고 선의의 제3자에게 대항할 수 있는 경우이어야 한다. 여기에서 등기의 말소 또는 회복은 등기부의 갑구, 을구 사항란의 등기를 말하고, 표제부 표시란의 등기는 해당되지 않으며, 회복은 말소회복등기만을 의미하고 멸실회복등기는 포함하지 않는다.

그리고 무효 또는 취소를 가지고 선의의 제3자에게 대항할 수 있는 경우란 대부분의 원인에 의한 무효와 행위무능력에 의한 취소의 경우를 말하며, 진의 아닌 의사표시와 통정허위표시의 무효, 착오에 의한 의사표시와 사기·강박에 의한 의사표시의 취소 등의 경우에는 그 규정에 의하여 제3자의 보호가 이루어지므로 별도로 제3자의 보호를 위한 예고등기가 필요 없다.

예고등기는 등기원인의 무효 또는 취소에 의한 등기의 말소 또는 회복을 구하는 소를 수리한 수소법원이 직권으로 지체 없이 소장의 등본 또는 초본을 첨부하여 등기소에 촉탁하여서 이루어진다. 예고등기의 말소는 그 소가 원고의 불이익으로 끝나는 경우에는 수소법원이 예고등기의 말소를 등기소에 촉탁하고, 그 소가 원고의 이익으로 끝나는 경우에는 원고승소의 판결 등에 의한 말소 또는 회복의 등기가 행하여진 때에 등기관이 예고등기를 직권으로 말소하여서 이루어진다.

제3절 을구(소유권 이외의 사항)

을구란은 사항란과 순위번호란으로 구분되어, 사항란에는 소유권 이외의 권리, 즉 지상권·지역권·전세권·저당권·권리질권·임차권에 관한 등기사항을 기재하며, 순위번호란은 위 사항을 기재한 순서이다.

1. 지상권

(1) 지상권의 의의

지상권이란 건물 기타 공작물 또는 수목을 소유하기 위하여 타인의 토지를 사용하는 권리를 말한다. 현행 민법은 토지의 정착물을 토지와 별개의 독립된 물건으로 취급하고 있는 결과 토지 위의 정착물을 보호하기 위해 법정지상권을 인정하고, 토지이용의 극대화를 위하여 토지의 지상 또는 지하에 구분지상권을 설정할 수 있음을 인정하고 있다.

타인 토지의 전부 또는 일부에 설정할 수 있으나 지분에는 설정할 수 없다. 그리고 이중의 지상권을 설정할 수 없다. 지상권 설정 후 기존의 공작물이나 수목이 멸실하더라도 지상권은 존속할 수 있다. 또한 소멸되지 않는 지상권이 있다면 지상권자가 지상권 만료시점에서 기간에 대한 갱신을 청구할 수 있으며, 토지소유자가 이를 거절한다면 토지소유자는 지상권자의 소유건물 등을 매수하여야 한다.

(2) 지상권의 법적 성질

1) 타인의 토지를 사용하기 위한 용익물권

지상권은 타인의 토지를 사용하기 위한 물권이다. 지상권의 목적물인 토지는 일필의 토지의 전부가 아니라 그 일부라도 무방하다. 가등기담보에 기한 본등기가 행하여진 경우에는, 그 건물의 소유를 목적으로 그 토지 위에 지상권이 설정된 것으로 본다.

2) 입목에 관한 법률 제6조의 법정지상권

토지와 입목이 동일한 소유자에게 속하는 경우에, 경매 기타의 사유로 토지와 입목이 각각 다른 소유자에게 속하게 되는 경우에는, 토지소유자는 입목소유자에 대하여 지상권을 설정한 것으로 본다.

3) 관습법에 의한 법정지상권

판례는 이 이외에도 관습법상의 법정지상권과 분묘기지권을 인정하고 있는데, 이에 대해서는 차후 설명하기로 한다.

(3) 지상권의 존속기간

1) 최단기간

지상권의 존속기간을 약정한 경우에는 그 기간은 다음의 연한보다 단축하지 못한다.

강행규정(단축특약무효)

- 석조·석회조·연와조 또는 이와 비슷한 견고한 건물이나 수목의 소유를 목적으로 하는 때에는 30년
- 그 밖의 건물(목조건물)의 소유를 목적으로 하는 때에는 15년
- 건물 이외의 공작물의 소유를 목적으로 하는 때에는 5년

> **✎ 민법 제280조 제2항**
> 설정행위로 위와 같은 기간보다 짧은 기간을 정한 때에는 그 존속기간을 위의 최단기간까지 연장한다.

2) 최장기간

지상권의 존속기간에 대하여 민법은 최단기간에 대하여서만 정하고 있을 뿐 최장기간에 대하여는 정하고 있지 않으므로, 지상권의 존속기간을 영구무한으로 할 수 있는지 문제될 수 있다. 지상권의 존속기간을 영구무한으로 정하는 것은 소유권을 침해하는 것이므로 부정하는 것이 다수설이나, 최근의 판례는 이를 인정한다.

> **✎ 참고판례**
> 민법상 지상권의 존속기간은 최단기만이 규정되어 있을 뿐 최장기에 관하여는 아무런 제한이 없으면, 존속기간이 영구인 지상권을 인정할 실제의 필요성이 있고, 이러한 지상권을 인정한다.

(4) 권리의 내용

1) 지상권은 용익물권(사용권만 목적)으로서 담보물권인 저당권의 경우처럼 피담보채권을 담보하는 효력은 없다. 따라서 지상권에 기한 경매 신청은 할 수 없다.

2) 지상권은 비록 부동산 자체는 아니지만 부동산을 목적으로 하는 권리
로서 등기의 대상이 되고 그 자체가 경매의 대상이 된다.

3) 건물에 대한 저당권의 효력은 그 건물에 딸린 권리인 건물의 소유를
목적으로 하는 지상권에도 미친다.

따라서 건물에 대한 저당권 실행이 진행되어 매수인이 그 건물의 소
유권을 취득한 경우, 매각 후 건물을 철거한다는 등의 특별한 사정이
없는 한 매수인은 건물소유를 위한 지상권도 민법 187조의 규정에 따
라 등기 없이 취득한다.

4) 지상권은 말소기준권리가 아니며 다만 말소기준권리 선후에 따라 인
수와 소멸 여부가 가려질 뿐이다.

5) 선순위 저당권자가 저당권 효력을 강화하기 위하여 지상권을 동시에
설정해 그 기본이 되는 저당권의 매각으로 소멸하면 지상권도 소멸하
게 된다.

(5) 지상권의 등기사항

등기필증 멸실 시의 등기는 의무자에 대하여 통지하여야 한다. 등기관이
지상권설정등기를 할 때에는 제48조(등기사항)에서 규정하는 사항 외에 다
음 각 호의 사항을 기록하여야 한다. 다만, 제3호부터 제5호까지는 등기원인
에 그 약정이 있는 경우에만 기록한다.

⇒ 등기관이 〈갑구〉, 〈을구〉 권리에 관한 등기를 할 때에는 각 호 사항을
기록하여야 한다.

① 지상권 설정의 목적

② 범위

③ 존속기간

④ 지료와 지급시기

⑤ 민법 제289조의 2(구분지상권) 제1항 후단의 약정(지상권의 행사를
위하여 토지의 사용을 제한하는 특약)

⑥ 지상권 설정의 범위가 토지의 일부인 경우에는 그 부분을 표시한 도
면의 번호

※ 부동산등기법

제48조 (등기사항)

1) 등기관이 갑구 또는 을구에 권리에 관한 등기를 할 때에는 다음 각 호의 사항을 기록하여야 한다.

　① 순위번호

　② 등기목적

　③ 접수연월일 및 접수번호

　④ 등기원인 및 그 연월일

　⑤ 권리자

2) 제1항 제5호의 권리자에 관한 사항을 기록할 때에는 권리자의 성명 또는 명칭 외에 주민등록번호 또는 부동산등기용등록번호와 주소 또는 사무소 소재지를 함께 기록하여야 한다.

3) 제26조에 따라 법인 아닌 사단이나 재단 명의의 등기를 할 때에는 그 대표자나 관리인의 성명, 주소 및 주민등록번호를 함께 기록하여야 한다.

4) 제1항 제5호의 권리자가 2인 이상인 경우에는 권리자별 지분을 기록하여야 하고 등기할 권리가 합유인 때에는 그 뜻을 기록하여야 한다.

1) 지상권 설정등기 필요적 기재사항

① 목적

건물소유 목적으로 하는 경우 최단기간 차이 - '철근콘크리트 건물소유', '목조건물소유'

② 범위

"토지의 전부" 토지의 일부 동남쪽 330㎡ 일부는 지적도 첨부

2) 임의적 기재사항

① 존속기간

존속기간으로 불확정 기간을 정할 수 있으므로 '철탑존속기간으로 한다.'는 정함도 허용된다.

② 지료와 지급시기

그 액을 제공하여 그 공작물이나 수목의 매수를 청구한 때에는 지상권자는 정당한 이유 없이 이를 거절하지 못한다.

③ 지상권자의 지상물매수청구권

지상권자의 갱신청구권의 행사에 대하여 지상권설정자가 계약의 갱신을 원하지 않을 경우, 지상권자는 상당한 가액으로 지상의 공작물이나 수목의 매수를 청구할 수 있다.

(6) 유익비상환청구권

지상권자가 토지의 객관적 가치를 증가시키는 유익비의 지출이 있는 경우에 지상권자는 유익비상환청구권을 갖는다. 유익비상환청구는 지상권 소멸 시에 토지소유자의 선택에 따라 지상권자가 그 토지에 관하여 지출한 금액 또는 현존하는 증가액을 상환하게 할 수 있다. 이 경우에 법원은 토지소유자의 청구에 의하여 상당한 상환기간을 허용할 수 있다.

(7) 강행규정

제283조와 제285조는 강행규정으로써, 이에 위반되는 것으로서 지상권자에 불리한 약정은 무효이다.

(8) 지상권과 토지임차권의 차이

구분	지상권(물권)	토지임차권(민법상)
권리 성질	토지를 직접지배, 물권으로서 배타성	임대인에게 대하여 토지의 사용, 수익 청구
대항력	제3자에게 대항할 수 있다.	대항할 수 없다.
양도성	임의로 양도, 임대, 담보제공할 수 있다.	임대인 동의 없이 양도·전대할 수 없다.
존속기간	사용목적에 따라 견고한 건물(30년), 목조건물(15년), 공작물(5년). 기간을 정하지 않은 경우 최단 존속기간으로 한다.	최장기간의 제한(원칙적으로 20년을 넘지 못한다). 기간을 정하지 않은 경우 각 당사자는 언제든지 계약의 해지통고를 할 수 있다.
대가관계	지료는 지상권의 요소가 아니다. 2년 이상 지료지급 연체 시 지상권 소멸청구를 할 수 있다.	차임연체액이 2기의 차임액에 달하면 계약해지할 수 있다.
토지소유자의 의무	토지의 사용을 방해하지 않을 소극적 인용의무를 부담한다. 필요비는 지상권자의 부담.	토지를 사용에 적합한 상태로 유지해 줄 적극적인 의무를 부담한다. 필요비는 임대인의 부담.

(9) 특수지상권

1) 구분지상권

일반의 지상권이 토지의 상하 전체를 대상으로 하는 것이나 구분지상권은 제289조의 2 제1항이 나타내는 바와 같이 공중이나 지하의 일정 부분을 지상권의 대상으로 할 수 있음을 규정한 것이다.[1]

토지이용에 관한 각종 제도는 종래 오로지 토지의 평면적 이용만을 전제로 하여 만들어졌다. 그러나 토목, 건축기술이 진보하고, 더불어 지가가 강등함에 따라 토지의 이용은 공중 및 지하의 입체적인 이용을 필요로 하게 된 것이다.

> **✍ 민법 제289조의 2 제1항**
> 지하 또는 지상의 공간은 상하의 범위를 정하여 건물 기타 공작물을 소유하기 위한 지상권의 목적으로 할 수 있다. 이 경우 설정행위로써 지상권의 행사를 위하여 토지의 사용을 제한할 수 있다.

2) 구분지상권의 법적성질

구분지상권은 지상권의 한 종류이며, 토지의 어느 층만을 객체로 하는 점에서 모든 층을 객체로 하는 통상의 지상권과 다를 뿐이고, 양자의 사이에는, 양적인 차이가 있을 뿐이지 질적인 차이는 없다고 할 수 있다.[2] 따라서 양자의 관계는 1필의 토지의 수평면적인 일부에 설정된 지상권과 2필의 토지 전부에 설정된 지상권과의 관계가 본질적으로 동일하다고 할 것이다.

구분지상권이나 보통의 지상권 모두가 타인의 토지를 직접, 배타적으로 사용하는 것을 내용으로 하는 용익물권이고 이 물권은 타인의 토지 위에 공작물을 소유할 것을 목적으로 설정되는 것이므로 양자는 본질적으로 차이가 없다. 그러나 보통의 지상권은 지표 내지 지상에 한하지 않고 지하 등의 전부에 걸쳐 사용하는 것을 내용으로 하고 구분지상권은 토지의 어느 일정 층만을 그 대상으로 하는 점에서 둘 사이의 약정 차이만 있을 뿐이며, 구분지상권은 기존의 보통지상권의 범위가 축소된 지상권이라고 볼 수 있다.

따라서 제279조를 제외하고 보통의 지상권에 관한 규정은 구분지상권에

---

1) 박준서, 주석물권법(3), 한국사법행정학회, 2001. 3, p.74.
2) 곽윤직, 민법주석, 물권(3), 박영사, 2005, p.89.

관하여도 원칙적으로 준용된다(민법 제290조 제2항, 제280조-제290조 제1
항). 또한 상린관계에 관한 규정도 구분지상권자와 토지소유자 또는 기존이
용권자가 각각 목적으로 하는 객체가 서로 수직적으로 인접하고 있기 때문
에 보통의 지상권과 동일하게 준용된다.(민법 제290조 제1항, 제216조-제
244조 참조)

3) 구분지상권의 효력

구분지상권자는 설정 행위에서 정하여진 범위에서 토지를 사용할 권리를
갖고 구분지상권이 미치지 못하는 토지부분에 관하여는 토지소유자가 사용
권을 가지게 된다. 그러나 설정행위에서 구분지상권의 행사를 위하여 토지
소유자의 사용권을 제한하는 특약을 할 수 있다.(민법 제289조의 2, 제1항
후단)

4) 구분지상권의 소멸의 효력

구분지상권의 소멸 사유 중에는 물권 일반에 걸쳐 공통되는 사유와 지상
권에만 특유한 사유인 구분지상권설정자의 소멸청구, 구분지상권소멸에 대
한 약정사유의 발생이 있다. 구분지상권설정자는 정기의 지료를 지급하여야
하는 구분지상권자가 2년 이상의 지료를 지급하지 않은 때는 구분지상권의
소멸을 청구할 수 있다.

이때 "2년 이상의 지료를 지급하지 아니한 때"라 함은 "연체된 지료액의
합이 2년 이상의 지료액이 되었을 때"라는 의미이므로 계속해서 2년의 지
료를 연체하는 경우뿐만 아니라, 1년의 지료를 연체한 뒤 다시 몇 년 후에
또 1년의 지료를 연체했을 때에도 이 경우에 해당한다.

그 밖의 소멸사유로서는 구분지상권의 포기와 당사자 간에 약정한 사유의
발생이 있는 바, 구분지상권자는 그 권리를 언제든지 포기할 수 있으나 포기로
인하여 토지소유자에게 손해가 생긴 때 유상정기급 지료의 약정이 있을 때에
는 구분지상권의 포기로 인해 발생한 손해를 배상하여야 하며, 구분지상권이
저당권의 목적인 때에는 저당권자의 동의 없이 포기하지 못한다.

2. 지역권

(1) 지역권 의의

타인의 토지를 자기 토지의 이익에 이용하는 권리이다. 편익을 제공하는 토지를 "승역지"라 하고 편익을 얻는 토지를 "요역지"라 한다. 즉, 타인의 토지를 이용하지 않으면 먼 길로 돌아가야 하는 불편함이 있는 경우에 남의 토지를 빌려 쓰는 것이 지역권이다. 등기관이 승역지 설정, 직권으로 요역지의 등기기록 사항 등을 기록하여야 한다.

① 물권이니 등기 기록된다.

② 사람이 편익을 받는 것이 아니라 토지가 편익을 받는다.

③ 수리는 요역지 사람이 아니라 "승역지" 사람이 수리를 해준다.

④ 등기법상으로는 두 당사자가 "승역지" 토지에 등기를 하고(제한물권이니 제한되는 토지에 하는 것) 등기관이 알아서 직권으로 "요역지" 토지에 등기를 한다.

⑤ 지역권은 유상이든 무상이든 무방하다.

⑥ 지역권은 요역지 소유권으로부터 분리할 수 없다. 이에 딸린 권리이므로 요역지 처분과 동시이전 하여야 한다.(분리 및 처분 안 됨)

(2) 지역권의 등기사항

등기관이 승역지의 등기기록에 지역권설정의 등기를 할 때에는 제48조 제1항 제1호부터 제4호까지에서 규정한 사항 외에 다음 각 호의 사항을 기록하여야 한다. 다만 제4호는 등기원인에 그 약정이 있는 경우에만 기록한다.

① 지역권 설정의 목적

② 범위

③ 요역지

④ 민법 제292조 제1항 단서, 제297조(용수지역권) 제1항 단서 또는 제298조의 약정

⑤ 승역지의 일부에 지역권 설정등기를 할 때에는 그 부분을 표시한 도면의 번호

> ✍ **민법 제292조 제1항**
>
> 지역권은 요역지 소유권에 부종하여 이전하며 또는 요역지에 대한 소유권 이외
> 의 권리의 목적이 된다. 그러나 다른 약정이 있는 때에는 그 약정에 의한다.
>
> **제2항**
>
> 지역권은 요역지와 분리하여 양도하거나 다른 권리의 목적으로 하지 못한다.
>
> ✍ **민법 제298조(승역지 소유자의 의무와 승계)**
>
> 계약에 의하여 승역지 소유자가 자기의 비용으로 지역권의 행사를 위하여 공작
> 물의 설치 또는 수선의 의무를 부담한 때에는 승역지 소유자의 특별승계인도 그
> 의무를 부담한다.

(3) 지역권의 존속기간

지역권의 존속기간은 당사자가 자유로이 정할 수 있고, 지역권의 성질상 영구의 지역권을 설정하는 것도 가능하다.

(4) 지역권의 취득과 소멸

1) 일반적 취득사유

지역권은 지역권설정계약과 등기에 의하여 취득하는 것이 보통이지만, 그 밖에 유언·상속·양도 등에 의해서도 취득할 수 있다. 지역권의 양도는 요역지의 소유권 기타의 이용권과 분리하여 할 수는 없으며, 요역지의 소유권 기타의 이용권이 이전되면 지역권도 이에 수반하여 이전된다.

2) 지역권의 시효취득

취득시효의 대상이 되는 것은 표현되고 계속되는 지역권에 한정된다. 통행지역권은 요역지 소유자가 승역지 위에 도로를 설치하여 승역지를 사용하는 객관적 상태가 민법 제245조의 기간 동안 계속된 경우에 한하여 그 시효취득을 인정할 수 있다.(대판 1995.6.13, 95다1088)

통로의 개설이 없이 일정한 장소를 오랜 시일 통행한 사실이 있다거나 또는 토지의 소유자가 다만 이웃에 사는 교분으로 통행을 묵인하여 온 사실이 있다고 하더라도 이것만으로는 통행지역권을 시효취득하였다고 볼 수 없다.(대판 1966.9.6, 66다2305)

3) 지역권의 소멸

지역권은 요역지 또는 승역지의 멸실, 지역권자의 지역권 포기, 혼동, 존속기간의 만료, 약정소멸사유의 발생, 요역지의 수용 등으로 소멸한다. 승역지가 제3자에 의해서 시효취득되는 경우에는 지역권은 소멸하는 것이 원칙이다. 그러나 이 시효취득의 기초가 된 점유가 지역권의 존재를 인용한 경우에는 지역권의 제한을 받는 소유권을 취득하므로 지역권은 소멸하지 않는다.

3. 전세권

(1) 전세권 개념

전세권자는 전세금을 지급하고 타인의 부동산을 점유하여 그 부동산의 용도에 따라 사용·수익하며, 그 부동산 전부에 대하여 후순위권리자 기타 채권자보다 전세금의 우선변제를 받을 권리를 말한다. 이는 종래관계로서 관행적으로 이루어지던 이른바 전세를 물권인 전세권으로 규정한 것으로 우리나라에만 있는 물권이다. 또한 전세권은 특약으로 전세계약 시에 이를 금지한 때에는 그러하지 아니한다.

전세권 양수인은 전세권 설정자에 대하여 전세권 양도인과 동일한 권리의무가 있고, 전세권의 목적물을 전전세 또는 임대한 경우에는 전세권자는 전전세 또는 임대하지 아니하였을 때 면할 수 있는 불가항력으로 인한 손해에 대하여 그 책임을 진다.

전세권자는 목적물의 현상을 유지하고, 그 통상의 관리에 속하는 수선을 하여야 할 의무를 지나, 목적물을 개량하기 위하여 지출한 금액이나 기타 유익비에 관하여는 그 가액의 증가가 현존한 경우에 한하여, 소유자의 선택에 따라 그 지출액이나 증가액의 상환을 청구할 수 있다. 전세권자가 전세계약 또는 그 목적물을 성질에 의하여 정하여진 용법으로 이를 사용, 수익하지 아니한 경우에는 전세권 설정자가 전세권의 소멸을 청구할 수 있고, 원상회복 또는 손해배상을 청구할 수 있다. 전세권의 존속기간을 약정하지 아니한 때에는 각 당사자는 언제든지 상대방에 대하여 전세권의 소멸을 통고할 수 있고, 상대방에게 이를 통고받은 날부터 6개월이 경과하면 전세권은 소멸한다.

(2) 전세권자의 권리

1) 유익비 상환청구권

전세권자가 목적물을 개량하기 위하여 지출한 금액 기타 유익비에 대해서 그 가격의 증가가 현존하는 경우에 한하여 소유자의 선택에 따라 그 지출액이나 증가액의 상환을 청구할 수 있다. 그러나 전세권자에게는 수선유지 의무가 있기 때문에 필요비 상환청구권은 인정되지 않는다.(민법 제310조 제1항)

2) 경매청구권 및 우선변제권

전세권자가 전세금의 반환을 보장하도록 하기 위하여 전세권 설정자가 전세금의 반환을 지체한 때 전세권자는 전세목적물의 경매를 청구할 수 있고(민법 제318조), 그리고 전세권자는 그 부동산 전부에 대하여 후순위 권리자 기타 채권자보다 전세금의 우선변제를 받을 권리가 있다.(민법 제303조 제1항 후단)

3) 목적부동산의 사용수익권

전세권자는 목적부동산을 점유하여 그 부동산의 용도에 따라 사용·수익할 권리가 있다. 전세권자가 이를 위반하여 사용·수익하는 경우에는 전세권 설정자는 전세권의 소멸을 청구할 수 있고 원상회복 또는 손해배상을 청구할 수 있다.

4) 전세금 증감청구권

전세금이 목적부동산에 관한 조세, 공과금 기타 부담의 증감이나 경제사정의 변동으로 인하여 상당하지 않으면 당사자는 장래에 대하여 그 증감을 청구할 수 있다. 그러나 증액의 경우에는 대통령령이 정하는 기준에 따른 비율을 초과하지 못한다.

5) 점유권·물권적 청구권

전세권은 점유를 수반하는 권리이므로 점유를 침해당한 때에는 전세권자는 점유보호청구권을 행사할 수 있다. 한편 전세권 내용의 실현이 방해된 때에는 소유권의 경우에 준해 물권적 청구권이 발생한다.

(3) 전세권자의 의무

1) 전세권자의 수선·유지의무

전세권자는 목적물의 현상을 유지하고 그 통상의 관리에 속한 수선을 하여야 한다. 따라서 전세권자가 목적부동산의 통상적 유지 및 관리를 위하여 필요비를 지출한 경우에도 그 비용의 상환을 청구하지 못한다.

2) 원상회복·손해배상의무

전세권자가 전세권 설정계약 또는 그 목적물의 성질에 의하여 정하여진 용법으로 이를 사용, 수익하지 않으면 전세권 설정자는 전세권의 소멸을 청구할 수 있고, 이러한 경우에 전세권 설정자는 전세권자에 대하여 원상회복 또는 손해배상을 청구할 수 있다. 전세권이 존속기간의 만료로 인하여 소멸하면 전세권자는 그 목적부동산을 원상으로 회복하여야 하고, 그 목적부동산에 부속시킨 물건은 이를 수거할 수 있다.

(4) 전세권의 처분

1) 전세권의 양도

전세권 양도는 합의와 등기가 있어야 한다. 그 대금은 자유이나, 양수인은 원래의 전세금만 반환 청구할 수 있을 뿐이다. 매매에 관한 규정이 준용되는데 이는 전세권의 매매이다.

2) 처분의 자유

전세권자는 전세권을 타인에게 양도 또는 담보로 제공할 수 있고, 그 존속기간 내에서 그 목적물을 타인에게 전전세 또는 임대할 수 있다. 그러나 설정행위로 이를 금지한 때에는 그렇지 않다(민법 제306조). 전세권의 처분은 원칙적으로 자유이나, 당사자가 설정행위로써 이를 금지할 수 있다. 그러나 이 처분금지의 특약은 이를 등기하여야만 제3자에게 대항할 수 있다.(부동산등기법 제139조 제1항)

3) 전세권의 담보제공

전세권에는 담보 및 저당권 설정이 가능하다.

4) 전세권의 임대

전세권자는 반대의 특약이 없는 한 존속기간 범위 내에서 전세권의 임대가 가능하다. 그러나 책임이 가중되어 전전세하지 않았으면 면할 수 있었을 불가항력으로 인한 손해에 대해서도 그 책임을 부담한다.

5) 전전세

① 의의

전세권자의 전세권은 그대로 존속하면서 그 전세권을 목적으로 하는 전세권을 다시 설정하는 것이 전전세다. 설정행위로 금지되지 않은 경우에 전세권의 존속기간 내에서 설정가능하다.

② 요건

물권적 합의와 등기가 있어야 한다. 전전세의 당사자는 원전세권자와 전전세권자로 원전세권 설정자는 당사자가 아니다. 따라서 그의 통지나 승낙은 필요하지 않다. 존속기간은 원전세권의 존속기간 내이어야 한다.3)

전세권자의 사용수익권	• 타인의 토지 위에 있는 건물에 전세권을 설정한 경우에는 효력이 그 건물의 소유를 목적으로 한 지상권이나 임차권에도 미침 • 이를 위해 전세권 설정자는 지상권이나 임차권을 전세권자의 동의 없이 소멸시키지 못함
전세권설정자의 소멸청구권	전세권자가 설정계약 또는 그 부동산의 성질에 의해 결정되는 용법에 따라서 사용·수익하지 않은 경우에는, 전세권 설정자는 전세권의 소멸을 청구할 수 있다.
전세권의 처분	• 전세권자는 전세권을 양도, 담보제공, 전전세, 임대 가능

---

3) 정기영. 전게서. pp.108~109.

(5) 전세권의 소멸

1) 전세권의 소멸사유

전세권은 물권 일반의 소멸원인에 대하여 소멸한다(예: 존속기간의 만료·소멸시효 등). 그 밖에 전세권의 특유한 소멸원인으로서 다음과 같다.

2) 전세권의 소멸통고

전세권의 존속기간을 약정하지 않은 경우, 각 당사자는 언제든지 상대방에 대하여 전세권의 소멸을 통고할 수 있다. 이때에는 상대방에게 그 통고가 도달한 날로부터 6개월이 경과하면 전세권은 소멸한다. 이것도 말소등기를 함으로써 비로소 소멸한다.

3) 전세권 설정자의 소멸청구

전세권자가 설정계약 또는 그 목적물의 성질에 의하여 정하여진 용법으로 목적물을 사용·수익하지 않으면 전세권 설정자는 전세권의 소멸을 청구할 수 있다. 설정행위로써 전세권의 양도 등을 금지하였는데도 전세권자가 양도 등을 하거나, 전세권자가 목적물의 유지·수선의무를 이행하지 않는 경우 등이 이에 해당한다.

> ✒ **민법 제311조 제2항**
> 이 경우 전세권 설정자는 전세권자에 대하여 원상회복 또는 손해배상을 청구할 수 있다.

4) 목적부동산의 멸실

불가항력으로 인하여 목적부동산의 전부가 멸실한 때에 전세권이 소멸함은 물론이고, 그 일부가 멸실한 때에도 그 멸실된 부분의 전세권은 소멸한다. 다만, 일부 멸실의 경우에 전세권자가 그 잔존부분만으로는 전세권의 목적을 달성할 수 없을 때에는 전세권 설정자에 대하여 전세권 일부의 소멸을 통고하고 전세금의 반환을 청구할 수 있다.

5) 전세권의 포기

전세권도 원칙적으로 자유로이 포기할 수 있다. 그러나 전세권이 제3자의 권리의 목적으로 되어 있는 경우에는 그 제3자의 동의 없이는 포기할 수 없다. 다만, 전세권을 포기한다고 하여 그것이 전세금 반환청구권까지 포기한 것으로 볼 수는 없다. 전세권의 포기는 물권적 단독행위이므로, 그 등기를 하여야 효력이 생긴다.

【전세권의 소멸】

일반적 소멸사유		목적 부동산의 멸실, 존속기간의 만료, 혼동, 소멸시효, 토지수용, 전세권에 우선하는 저당권의 실행에 의한 경매
특유한 소멸 사유	소멸통고	존속기간을 약정하지 않은 때
	설정자의 소멸청구	설정계약 또는 목적 부동산의 용법에 따라 사용·수익하지 않은 때에 설정자는 전세권의 소멸을 청구할 수 있다.(형성권)
	목적부동산의 일부 멸실	일부 멸실에 있어서 잔존부분만으로는 목적을 달성할 수 없을 경우 설정자에게 전세권 전부의 소멸을 통고할 수 있음
전세권 소멸의 효과	동시이행	• 전세권자 : 목적 부동산을 인도하고 전세권 말소 등기에 필요한 서류를 교부 • 전세권 설정자 : 전세금 반환
	전세금의 우선변제	• 일반채권자(전세권, 저당권, 가등기담보, 주택임대) • 임차보증금(국세, 지방세, 보증금 중의 일정액)
	부속물 매수청구권	• 전세권 설정자 : 부속물 매수를 청구할 수 있음 • 전세권자 : 부속물 매수청구권(동의를 얻어 부속시켰거나 설정자로부터 매수한 때)
	유익비 상환청구권	• 전세권자는 증가액 또는 지출액의 상환을 청구할 수 있다. ※ 필요비 청구는 불가

【임차권과 전세권의 차이점】

구분	임 차 권	전 세 권
권리의 성질	채권. 제3자에 대한 대항력은 없다.	물권. 제3자에 대한 대항력 있다.
목 적 물	물건(비소비물). 농경지도 가능	부동산(토지와 건물)
존속기간	최장기간(20년)의 제한(제651조) 민법상 최단기간의 제한은 없다.	최장기간(10년)의 제한(제312조) 단, 건물의 경우 최단기간 1년
기간의 정함이 없는 경우	각 당사자는 해지통고할 수 있음. 6월·1월(부동산). 5일(동산) 경과 후 소멸	각 당사자는 소멸통고할 수 있음 통고 후 6월 경과시 소멸
묵시의 갱신	임대차 기간 만료 후 임차물의 사용·수익을 계속하는 경우에 상당한 기간 내에 임대인의 이의가 없을 때(제639조)	건물 전세권자가 기간만료 전 6월-1월 사이에 갱신거절 또는 조건변경의 통지를 하지 않은 경우(제312조 제4항)
갱신청구권 지상물매수 청구권	토지임차인 : 갱신청구권·매수청구권(제643조) 토지전차인 : 임대청구권·매수청구권(제644조)	643조의 규정은 성질상 토지의 전세권에도 유추 적용될 수 있다.(판례)
부속물매수 청구권	건물 기타 공작물의 임차인에게 인정(제646조) 건물 기타 공작물의 전차인에게 인정(제647조)	전세권설정자의 매수청구권(제316조 제1항, 제2항)
비용상환 청구권	임대인에게 수선의무 있음(제623조) 필요비·유익비 모두 상환청구할 수 있음(제626조)	전세권자에게 수선의무 있음(제309조). 유익비상환청구만 할 수 있음(제310조).
권리자의 파산	임차인의 파산은 해지통고 사유(제637조)	전세권자의 파산은 소멸사유가 아님

4. 저당권

(1) 저당권의의

채권자가 채무자 또는 제3자 물상보증인으로부터 점유를 옮기지 않고 그 채권의 담보로 제공된 목적물(부동산)에 대하여 일반 채권자에 우선하여 변제를 받을 수 있는 약정담보물권(당사자 간 약정에 의하여 성립하는 물권)이다.(민법 제356조 이하)

저당권은 약정담보물권이므로 당사자 간의 저당권설정을 목적으로 하는 합의와 등기에 의하여 성립한다. 즉, 등기는 대항요건이 아니라 성립요건이다. 민법상의 규정으로 채무자가 담보로 제공한 물건을 담보제공자가 점유·이용할 수 있도록 하고 채무가 이행되지 않을 때 그 물건에서 우선적으로 변제를 받을 수 있는 채권자의 권리를 말한다. 동산과 양도할 수 있는 권리(채권, 주식, 특허권 등)에는 경매권과 우선변제권이 있으며 질권과는 달리 유치효력을 가지고 있지 않기 때문에 변제기간까지 채무자가 목적물을 점유하게 된다.[4]

(2) 저당권의 목적물

목적물을 설정자의 수중에 남겨두므로 등기·등록을 공시방법으로 하고 있으며, 등기등록의 대상이 될 수 있는 것에 대하여 저당권의 목적물이 되는 것이다.

(3) 저당권의 성질

1) 약정담보물권

당사자의 합의와 등기에 의하여 성립하는 약정담보물권이다.

2) 교환가치 지배권

목적물이 가지는 교환가치를 직접적, 배타적으로 지배하는 교환가치 지배권이다.

---

[4] 부동산은(저당권설정) 예)동산→시계(질권을 산정하려면 목적물을 채권자에게 인도해야 하기 때문)

3) 우선변제권

목적물의 경매로 인하여 그 교환가치로부터 다른 채권자보다 우선변제를 받는 효력을 본체로 하는 권리이다.

4) 담보물권

담보물권으로서의 타물권, 부종성, 수반성, 불가분성, 물상대위성을 가진다.

(4) 저당권의 성립

저당권 설정계약	계약의 당사자 : 저당권자(채권자)와 저당권 설정자(채무자, 물상보증인)
설정등기	등기사항 : 채권자, 채무자, 채권액, 변제기, 이자, 이자의 지급시기, 원본
저당권의 객체	부동산(토지, 건물) 부동산 물권(전세권, 지상권)
피담보 채권	금전채권에 한정되지 않는다.(금전채권 이외의 채권 : 채권가액을 등기함) 채권의 일부를 피담보채권으로 할 수도 있고 수개의 채권을 합하여 피담보채권으로 할 수도 있다. 현재의 채권뿐 아니라 장래에 증감하는 다수의 채권을 위하여 그 최고액을 한정하여 저당권을 설정할 수도 있다.(근저당)

(5) 저당권의 처분과 소멸

1) 저당권의 처분

> ✍ 민법 제361조
> 저당권은 그 담보한 채권과 분리하여 타인에게 양도하거나 다른 채권의 담보로 하지 못한다.

2) 저당권의 소멸

① 피담보채권의 소멸

피담보채권이 소멸하면 저당권도 소멸한다. 그러나 저당권만이 독립하여 소멸시효에 걸리는 일은 없다.

② 지상권 · 전세권을 목적으로 한 저당권

지상권 또는 전세권을 목적으로 한 저당권을 설정한 자는 저당권자의 동의 없이 지상권 또는 전세권을 소멸하게 하는 행위를 하지 못한다. 지상권 또는 전세권이 소멸하면 그것을 목적으로 한 저당권이 소멸하기 때문이다.

5. 근저당

(1) 근저당 의의

장래의 채권의 담보이기는 하나 특정된 단일의 채권을 담보하는 것이 아니라, 증감 변동하는 일단의 불특정채권을 최고한도 내에서 담보하는 점에 특색이 있다. 저당권의 채권자는 저당권을 설정한 후, 부동산을 처분하여 후순위 권리자에 우선하여, 채권의 변제를 받을 수 있는 권리(담보물권)이다.

> ✍ 민법 제357조(근저당)
> 저당권은 그 담보할 채무의 최고액만을 정하고 채무의 확정을 장래에 보류하여 이를 설정할 수 있다. 이 경우에는 그 확정될 때까지의 채무의 소멸 또는 이전은 저당권에 영향을 미치지 아니한다.

(2) 효력

1) 피담보채권의 범위

근저당의 효력은 설정계약으로 정해진 채권의 최고액을 한도로 현존하는 채권액의 전부에 미친다. 이자는 최고액에 포함된 것으로 본다.

2) 피담보채권의 확정

피담보채권이 확정되고 변제기가 도래하면 저당권을 실행하여 우선변제를 받을 수 있다. 근저당의 기본계약에서 정한 결산기의 종료시, 근저당의 존속기간을 정한 때는 그 기간의 만료시, 제3자의 당해 부동산에 대한 경매신청, 설정계약 내지 기본계약의 해제나 해지 등으로 채권은 확정된다.

6. 임차권

(1) 개 요

1) 임대차는 당사자의 일방(임대인)이 상대방에게 목적물을 사용·수익하게 할 것을 약정하고, 그 상대방(임차인)이 이에 대하여 차임을 지급할 것을 약정함으로써 성립하는 채권계약을 말한다.

2) 임차권은 채권이므로 계약만으로 그 효력이 발생하지만, 이를 등기하면 제3자에게도 대항할 수 있다.

3) 한편 주택임대차보호법이 적용되는 주거용건물의 임대차에 있어서는 등기를 하지 아니하여도 임차인이 그 주택의 인도와 주민등록(전입신고)을 마친 때에는 그 익일부터 제3자에 대하여 대항력이 생긴다. 이는 상가건물임대차의 경우에도 그러하다.

4) 건물의 소유를 목적으로 하는 토지임대차는 이를 등기하지 아니한 경우에도 임차인이 그 지상 건물을 등기한 때에 제3자에 대하여 임대차의 효력이 생긴다.

(2) 규칙 제130조 [임차권설정등기의 신청]

1) 임차권설정 또는 임차물 전대의 등기를 신청하는 경우에는 법 제74조 제1호부터 제5호까지의 등기사항을 신청정보의 내용으로 등기소에 제공하여야 한다.

2) 임차권설정 또는 임차물 전대의 범위가 부동산의 일부인 경우에는 제128조 제2항을 준용한다.

3) 임차권의 양도 또는 임차물의 전대에 대한 임대인의 동의가 있다는 뜻을, 또는 등기가 없는 경우에는 임차권의 이전 및 임차물의 전대의 등기를 신청할 때에는 임대인의 동의가 있음을 증명하는 정보를 첨부하여 등기소에 제공하여야 한다.

(3) 임차권에 관한 등기

【임차권설정】

순위 번호	등기목적	접 수	등기원인	권리자 및 기타사항
	[을 　구] (소유권 이외의 권리에 관한 사항)			
2.	임차권설정	2010년 3월 5일 제3005호	2010년 3월 4일 설정계약	임차보증금 금 20,000,000원 차임 월 금 50,000원 차임 지급시기 매월 말일 존속기간 2010년 3월 5일부터 2012년 3월 4일까지 임차권 이몽룡 ******-******* ○○시 ○○구 ○○동

① 임차보증금, 존속기간 및 차임 지급시기는 이에 관한 약정이 있는 경우에 등기한다.

② 임차권의 이전 또는 임차물의 전대를 허용하는 특약을 한 때에는 이를 기록하여야 한다.

③ 부동산의 일부가 임대차의 목적인 경우에는 제출된 도면편철장의 책과 면수를 기록하여야 한다.

【처분능력(또는 권한)없는 자의 임차권설정】

순위 번호	등기목 적	접 수	등기원인	권리자 및 기타사항
	[을 　구] (소유권 이외의 권리에 관한 사항)			
2.	임차권설정	2010년 3월 5일 제3005호	2010년 3월 4일 설정계약	임차보증금 금 5,000,000원 차임 월 금 50,000원 차임 지급시기 매월 말일 존속기간 [처분능력 (또는 권한)없는 자에 의한 단기 임대차] 2010년 3월 5일부터 2012년 3월 4일까지 임차권자 홍길동 ******-******** ○○시 ○○구 ○○동

주: 처분능력 (또는 권한) 없는 자에 의한 임차권 설정등기의 경우에는 존속기간 다음에 ( ) 안에 '처분 능력 (또는 권한) 없는 자에 의한 단기 임대차'라고 기록한다.

(4) 임차권등기명령 제도

1) 신청요건 의의

임차권등기명령은 임대차가 종료된 후 보증금이 반환되지 않은 경우 임차인만이 이를 신청할 수 있다. 즉, 계약기간의 만료로 임대차가 종료된 경우는 물론, 해지통고에 따라 임대차가 종료되거나 합의 해지된 경우에도 임차권등기명령을 신청할 수 있다. 임차인을 보호하기 위해 1999. 3. 1. 시행된 주택임대차보호법에서 이 제도를 신설한 것이다.(주택 및 상가임대차보호법 대상)

2) 임차권등기명령제도의 효력

① 대항력 및 우선변제권의 유지

임차인이 임차권등기명령 이전에 이미 대항력이나 우선변제권을 취득한 경우에, 그 대항력이 그대로 유지되며, 임차권등기 이후에 대항요건을 상실하더라도 이미 취득한 대항력이나 우선변제권을 상실하지 않는다. 따라서 임차인이 임차권등기 이후에 이사를 가더라도 여전히 종전의 임차건물에 대한 대항력과 우선변제권은 유지되므로 보증금을 우선하여 변제받을 수 있다. 또한, 임차권 등기자는 주택임대차보호법 제3조의 제5항에 의한 우선변제권이 있고 등기된 임차권은 민사집행법 제91조 제4항에 의한 경매에 의해 소멸되므로 경매절차에서 당연히 배당요구를 한 것으로 보고 배당을 한다.

② 대항력 및 우선변제권의 취득

임차인이 임차권등기명령제도 이전에 대항력이나 우선변제권을 취득하지 못한 경우에, 임차권등기가 마쳐지면 대항력과 우선변제권을 취득하게 된다. 다만, 임차권등기를 마치면, 그 등기 시점을 기준으로 대항력과 우선변제권의 취득 여부를 판단하기 때문에 임차권등기 이전에 주택, 상가건물에 대한 저당권 등의 담보권이 설정된 경우에는 담보권실행을 위한 경매절차에서 매각허가를 받은 매수인에게 대항하거나 그 담보권보다 우선하여 배당을 받을 수는 없게 된다.

③ 소액보증금의 최우선변제권 배제

임차권등기가 끝난 주택 및 상가건물 그 이후에 임차한 임차인은 소액보증금의 최우선변제를 받을 수 없게 된다. 이것은 임차권등기 후의 소액임차인에 의한 최우선변제권의 행사로 임차권등기를 한 임차인이 입을지 모르는 예상하지 못한 손해를 방지하기 위한 취지이다.

3) 임차권 등기명령 절차

① 임차기간이 끝난 임차인이 청구할 것.(단독으로 청구 가능)
② 임차주택의 주소지를 관할하는 법원에 청구할 것.
③ 신청서에는 신청취지 및 이유, 주택 및 상가의 특정, 임차권등기의 원인이 된 사실 등을 기재할 것.
④ 법원에서 이유가 있다고 판결하면 법원은 즉시 관할 등기소에 그 등기의 촉탁을 한다.

【주택임차권등기신청】

주택임차권등기명령신청서

신 청 인(임차인) 성   춘   향 (123456 - xxxxxxx)

서울 강남구

T. 010 - 1111 - 1111

피시청인(임대인) 이   몽   룡 (123456 - xxxxxxx)

서울 강남구

임차권 등기할 부동산의 표기

별지목록도면과 같음

신   청   취   지

별지목록기재 건물에 관하여 아래와 같은 주택임차권등기를 명한다는 결정을 구합니다.

아   래

1. 임대차계약일자 : 2011. 10. 23.

2. 임차보증금액 : 금 90,000,000원

3. 주민등록일자 : 2011. 10. 24.

4. 점유개시일자 : 2011. 10. 24.

5. 확 정 일 자 : 2011. 10. 24.(확정일자 제000호)

6. 계약종료일자 : 2013. 10. 22.

신   청   이   유

1. 신청인은 2011. 10. 23. 피신청인 소유의 본건 부동산을 임차보증금 90,000,000원, 임대차기간만료일 2013. 10. 22. 까지 정한 후 이 보증금은 임대차계약이 종료됨으로서 신청인에게 반환하기로 약정하였습니다.

2. 이에 따라 신청인은 2011. 10. 24. 자로 동 건물에 입주하여 거주하였고, 2011. 10. 24. 자로 임차주택 소재지의 관할 동사무소에 전입신고를 하여 주민등록을 마쳤으므로 주택임대차보호법 제3조 제1항 소정의 대항력을 취득하였습니다.

3. 위 임대기한도 다 되었을 뿐만 아니라, 사정에 의하여 동 임대계약만료를 기회로 다른 곳으로 이사를 가고자 임대보증금 반환을 해줄 것을 수차 요구하였으나, 차일피일 미루기만 할 뿐 이에 응하고 있지 아니하여 부득이 본 신청에 이르렀습니다.

첨   부   서   류

1. 임대차계약서사본   1통
2. 건물등기부등본   1통
3. 주민등·초본   1통
4. 위임장   1통

20   .   .

위 신청인   성 춘 향   (인)

○○지방법원 ○○지원   귀중

문제 1.

임차인이 대항력을 갖춘 날은?

2009. 1. 1.	2009. 2. 1.	2011. 2. 1.	2012. 5.
A. 근저당	B. 임차인 (전입/확정)	C. 임차권등기	D. 경매개시

※ 임차권등기자의 대항력은 등기일이 아닌 전입일을 기준하여 판단함.

문제 2.

2010. 1. 15.	2010. 2. 16.	2012. 3. 15.	2013. 1. 1.
A. 임차인 (전입+확정)	B. 근저당	C. 임차권등기	D. 근저당에 의한 경매개시

※ 경매에서 임차권등기명령제도는 권리신고 및 배당요구를 하지 않아도 권리신고 및 배당요구를 하는 것으로 본다.

제5장
등기부 이외의 권리

제1절 법정지상권

  토지와 건물이 동일 소유자에 속하여 있다가 경매 등의 이유로 소유자가 달라진 경우에 잠재적인 토지이용권을 법률상 당연히 인정시켜 준 제도로서 법률의 규정에 의한 지상권의 취득이므로 등기를 필요로 하지 않는다고 볼 수 있다.

1. 법정지상권의 종류

  (1) 저당권 실행으로 인한 법정지상권(민법 제366조 1항)
  (2) 전세권을 위한 법정지상권(민법 제305조 1항)
  (3) 가등기 담보권의 실행으로 인한 법정지상권(가등기담보등에 관한 법률 제10조)
  (4) 입목에 관한 법정지상권(입목에 관한 법률 제6조)
  (5) 관습법상법정지상권
  (6) 분묘기지권

2. 성립요건

  법정지상권은 동일인 소유에 속하였던 토지와 건물이 경매로 각각 그 소유자를 달리하게 된 때에 건물소유자를 위하여 법률의 규정에 의하여 당연히 성립하는 지상권을 말한다.
  (1) 최초 저당권설정 당시 토지 위에 건물이 존재할 것.
  (2) 토지와 건물이 동일인 소유일 것.

(3) 경매결과 토지와 건물 소유자가 다르게 될 것.

(4) 토지와 건물 한쪽 또는 양쪽에 근저당권이 설정되어야 한다.

3. 법정지상권의 존속기간

법정지상권의 존속기간은 판례는 기간의 약정을 하지 않은 지상권으로 보며, 기간의 약정을 하지 않은 지상권의 존속기간은 민법 제280조 제1항 규정에 의해,

① 최단기간은(석조, 석회석, 연와조, 수목) : 30년
   - 그 외 건물은 : 15년
   - 공작물은 : 5년
② 기간을 정하지 않는 경우 최단기간으로 적용한다.
③ 설정당시 공작물의 종류와 구조를 정하지 않은 경우에는 15년이다.
④ 설정 행위로 정하는 경우 최장기간의 제한은 없다.

4. 법정지상권 만료

법정지상권이 만료되는 경우 토지 주인은 계약을 종료하거나 갱신할 수 있다. 법정지상권 계약이 갱신되는 경우 새로운 계약기간은 최초의 설정기간과 같거나 그 이상이어야 한다. 지상권 계약이 갱신되지 않고 만료될 때에는 법정지상권자는 매수청구권을 행사할 수 없으며, 또한 법정지상권자가 지료를 2기 이상 연체하여, 지상권설정자가 "지상권소멸 청구권"을 행사한 경우에는 법정지상권자는 지상물의 매수청구권을 행사할 수 없다.

5. 지료

지료는 당사자 간의 협의에 의해 결정하는 것이 원칙이나, 협의가 안 되는 경우 당사자의 청구(지료청구소송)로 법원이 결정하는데 통상적으로 시가의 5-7% 내외이다.

6. 법정지상권의 범위

법정지상권자의 토지사용권 범위는 건물의 대지에만 한정되지 않고 건물의 유지 및 사용에 필요한 범위 내에서 건물의 대지 이외에도 미친다. 지상의 창고가 법정지상권을 가진다면, 창고로 이용하는데 필요한 주변 토지에까지 그 효력이 미친다.

7. 법정지상권의 처분

법정지상권은 등기를 필요로 하지 않으나, 법정지상권을 제3자에게 처분하려면 등기가 필요하다.

8. 법정지상권의 소멸

법정지상권자가 2년 이상 지료지급을 연체하였을 경우, 토지소유자는 법정지상권의 소멸을 청구할 수 있다. 여기에서 2년 이상이란 연체된 지료액이 2년분 이상인 것을 말하는 것이지 계속해서 2년 동안 연체해야 하는 의미는 아니다. 그러나 지료가 정해지지 않는 경우, 즉 당사자 사이에 지료에 관한 협의가 없다거나 또는 법원에 의하여 지료가 결정된 바가 없다면, 지료를 2년간 지체했다고 볼 수 없어, 결국 토지소유자는 "법정지상권"을 청구할 수 없다.

9. 법정지상권의 포기

법정지상권을 취득한 건물소유자가 토지소유자와 임대차 계약을 체결한 경우에는 법정지상권자의 포기로 간주되므로 주의해야 한다.
→ 건물소유자 갱신 : 30년 이상 이하
→ 토지소유자 : 지상물 매수청구권(지료 2기 연체하지 않았을 때)

10. 법정지상권유형별 문제

(1) 공동저당권설정 당시 존재하던 건물을 멸실시킨 후, 신축

판례는 과거 구 건물과 신축건물과의 통일성 인정을 불문하고, 법정지상권을 인정하였으나, 최근 입장을 바꾸어 원칙적으로 신축건물을 위한 법정지상권은 성립하지 않는다고 하였다. 토지건물공동저당-토지소유 외, 신축건물이 다른 소유자에게 속하게 되더라도 그 신축건물을 위한 법정 지상권은?

(2) 법정지상권 성립 후, 증·개축

법정지상권이 성립한 후 건물이 증축되거나 개축되는 경우?

(3) 무허가 건물이나 미등기 건물

무허가 건물이나 미등기 건물일지라도 건축물로서, 일정한 요건을 갖추었다면?

(4) 건축 중인 건물

건물이 사회관념상 독립된 건물로 볼 수 있을 정도에 이르지 않았다 하더라도, 건물의 규모, 종류가 외형상 예상할 수 있는 정도까지 진전된 경우?

(5) 토지소유자 甲이 토지에 근저당한 후 乙이 신축

토지소유자 甲이 토지에 근저당한 후 乙이(근저당권자) 신축했다. 이후 근저당권자 乙이 어떤 이유인지는 모르지만 경매 실행하여, 丙이 낙찰을 받았다. 이 후 건물소유자 甲은 丙에게 법정지상권을 주장할 수 있는가?

✍ 법정지상권 유형별 문제 제안 설명

(1) 성립하지 않는다. 처음부터 지상 건물로 인하여 토지이용 제한 없음. 토지와 건물가치를 반영한 것이다.(×)
(2) 상관없다. 단, 새로운 건물의 법정지상권은 구 건물의 잔존기간 동안이다. (○)
(3) 법정지상권은 성립한다. 단, 임시적으로 지어진 건물이어서는 안 된다.(×)
(4) 법정지상권 성립될 수 있다.(○)
(5) 법정지상권을 주장할 수 없다.(×)

---

11. 계약의 갱신

(1) 당사자의 계약으로 갱신할 수 있다.
(2) 지상권자의 갱신 청구권지상권이 존속기간의 만료로 소멸한 경우에 건물 기타의 공작물이나 수목이 현존하고 있는 경우 지상권자는 일방적으로 계약의 갱신을 청구할 수 있다.
(3) 지상권자의 지상 물 매수청구권지상권설정지가 지상권자의 계약갱신 청구를 거절하는 경우에는 지상권자는 상당한 가액으로 지상물의 매수를 청구할 수 있다.(이때 토지소유주는 받아들여야 한다)
(4) 지상권의 존속기간과 지상물매수청구권 등은 강행규정이므로 이 규정들을 위반하여 지상권자에게 불리한 약정을 하여도 그것은 무효이다.

제2절 저당권에 의한 법정지상권

저당권의 경매로 인하여 토지와 그 지상건물이 다른 소유자에 속한 경우에는 토지소유자는 건물소유자에 대하여 지상권을 설정한 것으로 본다. 성립요건으로는 저당권설정 당시 토지와 건물의 소유자가 동일해야 하며 저당권설정 당시에 동일인에 속하고 있었으면 족하고, 그 후 계속하여 동일인 소유여야 하는 것은 아니다.

1. 무허가건물

토지에 저당권 설정당시 미등기의 무허가 건축물이 존재하는 경우 경매
실행되면 법정지상권이 성립하게 된다. 여기서 말하는 무허가란 미완성 건
물을 뜻한다.

2. 현재건축중인건물

토지에 저당권 설정당시 완성된 건물은 존재하지 않았으나 건물공사가
진척되어 통념상 건물로 볼 수 있는 경우 토지만 경매되면 법정지상권이 발
생하게 되는 것이다.

제3절 전세권과 법정지상권5)

1. 전세권설정 당시 토지와 건물이 동일인 소유

전세건물의 보호를 위한 전세권에 대한 법정지상권은 전세권설정 당시
토지와 건물이 동일인 소유여야 한다. 토지와 건물의 소유자가 다른 경우,
이러한 사정을 알고 전세권을 설정한자까지 보호할 필요도 없을 뿐만 아니
라 또 이들 사이에는 대지이용관계의 약정이 있을 것으로 이러한 경우까지
법이 보호할 필요가 없기 때문이다.

2. 전세권설정 후 매매 등으로 대지소유권의 변동

대지소유권이 변경된 때 그 대지소유권의 특별승계인은 전세권설정자(건
물소유자)에 대하여 지상권을 설정한 것으로 본다. 특별승계인이란 대지소
유권의 매수인이거나 경매에서의 매수인을 불문한다.

---

5) 곽용진, 『부동산권리분석론』, 부연사, 2006, pp.606~610.

3. 건물에 관하여 전세권설정

건물에 관하여 전세권설정이 되어있어야 하므로 미등기건물일 경우에는 전세권설정을 할 수 없으므로 법정지상권성립은 성립하지 아니한다.

제4절 가등기 담보법상 법정지상권

토지 및 그 지상의 건물이 동일인에 속하는 동안, 그 토지 또는 건물에만 가등기담보(양도담보)가 설정된 후 담보권의 실행(귀속청산)으로 토지와 건물의 소유자가 다르게 된 경우에는 그 건물의 소유를 목적으로 그 토지 위에 지상권이 설정된 것으로 보며, 그 존속기간 및 지료는 당사자의 청구에 의하여 법원이 정한다(가등기 담보법 제10조). 따라서 판례는 채권을 담보하기 위하여 나대지 상에 가등기가 경료된 후 대지소유자가 그 지상에 건물을 신축하였고, 그 후 그 가등기에 기한 본등기가 경료되어 대지와 건물의 소유자가 달라진 경우, 관습법상 법정지상권을 인정하면 대지 위에 채권담보를 위한 가등기를 경료한 사람의 이익을 크게 해하게 되기 때문에 특별한 사정이 없는 한 건물을 위한 관습법상 법정지상권이 성립한다고 할 수 없고, 또 건물에 대한 강제경매절차가 진행 중 그 이전 대지에 대하여 설정된 채권담보를 위한 가등기에 기한 본등기가 경료된 경우 건물매수인은 대지에 관하여 건물을 위한 관습법상 법정지상권을 취득할 수 없다고 한다.

제5절 입목법상 법정지상권

입목법은 입목저당권의 독립성 유지를 위하여 민법상 법정지상권과 같은 취지의 입목법 제6조의 법정지상권을 규정하고, 저당권을 기초로 된 권리를 포기할 수 없도록 한다. 입목소유자는 입목이 저당권의 목적으로 된 경우에는 당사자 간에 협정한 시업방법에 따라 그 입목을 조성 · 육림하여야 하고, 벌채한 경우 저당권의 효력은 토지로부터 분리된 수목에 미친다.

따라서 불법벌채는 저당권의 침해로 되며, 저당권자는 채권의 기한이 도래하기 전이라도 불법 벌채된 수목을 경매할 수는 있지만, 그 매각대금은 공탁하여야 한다. 입목이 토지소유자에 속하는 경우에도 토지 또는 입목만을 저당권의 목적으로 한때 저당권설정자(소유자)는 경매의 경우에는 지상권을 설정한 것으로 보며, 이 경우 입목법은 지료에 대해서만 당사자의 약정에 따른다고 하고, 존속기간 기타의 내용은 규정이 없으나 당사자의 약정에 의하고, 약정되지 아니한 경우에는 당사자의 청구에 의하여 법원이 정한다고 본다. 이는 민법상 법정지상권과 같은 취지이기 때문이다. 입목이 지상권자나 임차인에 속하는 경우, 지상권자 또는 임차권은 저당권자의 승낙 없이 그 권리를 포기하거나 계약을 해지할 수 없다.(동법7조)

제6절 관습법상 법정지상권

1. 의 의

관습법상의 법정지상권이라 함은 동일소유자의 소유에 속하는 토지와 건물 중 어느 하나가 매매 또는 기타의 원인으로 인하여 양자의 소유자가 다르게 되더라도 그 건물을 철거한다는 약정이 없는 경우에 당연히 건물소유자가 관습에 의해 당연히 취득하는 지상권을 말한다.

2. 성립요건

(1) 매매 등이 있을 당시 토지와 건물이 동일인에게 귀속하고 있어야 한다. 강제경매의 경우는 낙찰 당시 소유자가 같으면 된다.

(2) 적법한 원인에 의하여 토지 건물의 소유주가 달라져야 한다. 적법한 원인: 강제경매, 매매, 증여, 귀속재산의 귀속, 공유의 분할, 공매 등이 있다.

(3) 관습상법정지상권 건물을 철거한다는 합의가 없어야 한다.

(4) 적법한 원인에 의해서 토지와 건물의 소유자가 달라져야 한다.
적법한 원인으로는(강제경매, 증여, 공유물분할, 매매, 국세징수법에 의한 공매 등을 들 수 있는 바, 원인이 법률행위인 경우에는 소유권

이전등기 시, 강제경매 경우에는 낙찰허가가 확정될 때를 기준으로 법정지상권이 성립된다).

(5) 건물 철거약정 또는 임대차계약이 없어야 한다.

다른 네 가지 경우에는 철거약정이 있어도 법정지상권이 성립하지만 관습법상의 법정지상권은 당사자 간의 철거약정이 있으면 성립하지 않는다. 당사자 사이에 건물을 철거한다는 합의가 없어야 하고, 건물가격 등 여러 사정을 종합해 볼 때 묵시적인 건물철거 합의가 있었다고 해석되는 경우도 있다. 토지소유자가 건물을 건축할 당시 이미 토지를 타인에게 매도하여 소유권을 이전하여 줄 의무를 부담하고 있었다면, 토지의 매수인이 그 건축행위를 승낙하지 않는 이상 그 건물은 장차 철거되어야 하는 운명에 처하게 될 것이고, 토지소유자가 이를 예상하면서도 건물을 건축하였다면, 그 건물을 위한 관습법상의 법정지상권은 생기지 않는다.(대판 1994.12.22, 94다41072)

당사자 사이에 임대차 계약이 체결된 경우에도 법정지상권을 인정할 필요가 없을 것이다.

3. 등 기

법정지상권은 법률의 규정에 의한 물권의 취득이므로 등기 없이 취득한다. 즉, 법정지상권 성립 후 토지가 양도된 경우 법정지상권자는 지상권 등기 없이도 토지양수인에게 대항할 수 있다. 단, 법정지상권자가 지상권을 처분하기 위해서는 등기를 해야 한다.

> **✍ 판례**
> 법정지상권은 법률의 규정에 의한 부동산에 관한 물권취득이므로 등기를 필요로 하지 아니하고 지상권취득의 효력이 발생하고 이를 취득할 당시의 토지소유로부터 그 토지소유권을 전득한 제3자에 대하여도 등기 없이 지상권을 주장할 수 있되, 다만 법정지상권자가 이를 등기하지 아니하면 그 지상권을 처분할 수 있을 뿐이다.(대판 1965.9.23, 65다1222)

4. 법정지상권의 성립시기

① 법정지상권의 성립시기는 토지나 건물이 경매로 그 소유권이 이전하

는 때이다. 따라서 '매수인'이 낙찰대금을 완납한 때 법정지상권은 성립된다.

② 법정지상권은 법률의 규정에 의한 물권의 취득이므로 등기를 필요로 하지는 않는다.

③ 법정지상권을 취득한 사람은 토지소유자에 대하여 지상권 등기를 청구할 수 있다.

④ 법정지상권을 제3자에게 처분하려면 등기를 하여야 한다.

⑤ 등기 없이 건물을 처분한 경우 판례는 법정지상권부 건물의 양수인은 그 양도인이 토지소유자에 대하여 가지고 있던 지상권설정등기 청구권을 대위 행사할 수 있으며 따라서 토지소유자가 토지소유권에 기한 건물철거를 요구하는 것은 신의 측상 허용되지 않는다고 판결하고 있다.

제7절 분묘기지권

1. 분묘기지권 의의

타인의 토지에 분묘를 설치한자가 그 분묘를 소유하기 위하여 분묘의 기지 부분인 토지를 사용할 수 있는 권리이다. 관례상 인정되는 법정지상권의 일종으로 타인의 토지 위에 있는 분묘기지라도 마음대로 사용하거나 훼손할 수 없는, 지상권과 유사한 일종의 관습법상 법정용익 물권을 말하며 등기를 요건으로 하지 않는다.(민법 제187조)

2. 성립요건

① 토지소유자의 승낙을 얻어 분묘를 설치한 경우

② 토지소유자의 승낙 없이 분묘를 설치하고, 20년간 평온, 공연하게 점유하여, 시효취득을 한 경우6)

---

6) 시효취득 의미는 분묘의 기지권을 취득했다는 의미로 분묘의 보존, 관리에 필요한 범위 내에서 타인의 토지를 점유하는 권리이지 그 토지소유권을 취득했다는 의미는 아니다.

③ 본인 소유의 토지에 분묘를 설치한자가 분묘에 관해서는 별도 특약 없이 토지만을 타인에게 처분할 때, 그 분묘 소유자는 분묘기지권을 취득한다.

3. 분묘기지권의 특징

① 사용대가가 무상이다.
② 봉분의 형태가 분명해야 한다.
③ 가묘(예장)는 포함하지 않는다.
④ 평장되어 있거나 암장되어 있어 객관적으로 인식할 수 있는 외형을 갖추고 있지 아니한 경우에는 분묘기지권이 인정되지 않는다.

4. 분묘기지권의 존속기간

(1) 2001년 1월 12일까지 설치한 분묘

① 약정기간-토지소유자의 승낙을 얻어 분묘를 설치했거나 존속기간을 약정한 경우에는 그 약정기간 동안 존재한다.
② 영원히 존속 - 약정을 정하지 않고 토지소유자의 승낙 없이 분묘를 설치하고 시효를 취득한 경우 분묘권리자가 수호와 봉사를 계속하고 그 분묘가 존속하는 한 분묘기지권은 영원히 존속한다.

(2) 2001년 1월 13일 이후 설치한 분묘

① 토지소유자의 승낙 없이 당해 토지에 설치한 분묘
② 묘지 설치자 또는 연고자의 승낙 없이 당해 묘지에 설치한 분묘의 연고자는 당해 토지의 소유자, 묘지 설치자 또는 연고자에 대하여 토지 사용권 기타 분묘의 보존을 위한 권리를 주장할 수 없다.(장사 등에 관한 법률 제23조 제3항)
③ 공설묘지 - 사설묘지에 설치된 분묘의 기간은 15년으로 하고 그 기간이 경과하여, 시, 도지사, 시장, 군수, 구청장 등에게 설치기간을 15년씩 3회(60년까지)에 걸쳐 연장할 수 있다(장사관한법률 제17조). 기간

의 산정에 있어 합장분묘의 경우에는 합장된 날을 기준한다.

5. 법정지상권과 분묘기지권 차이점

(1) 존속기간

법정지상권은 최소 30년 동안 존속기간을 보장을 받는 반면, 분묘기지권은 제사를 계속하는 한 영원하다.(단 2001년 1월 13일 이후 설치한 분묘는 기간의 제한이 있음)

(2) 지료

법정지상권은 소정의 지료를 받을 수 있는 반면 분묘기지권은 무상으로 지료가 없다.

6. 분묘기지권이 미치는 범위

① 분묘가 직접 설치된 기지에 한하는 것이 아니고, 분묘의 수호와 제사를 지내기 위해 필요한 주위의 빈 땅까지도 일정 부분 그 효력이 미치며 그 확실한 범위는 각각의 구체적인 경우에 개별적으로 정해야한다는 점을 주의해야 한다.
   그러나 사성이7) 조성되어 있다 하여, 반드시 그 사성부분까지 분묘기지권의 효력이 미치는 것은 아니다.
② 부부 중 1명이 먼저 사망하여 이미 그 분묘가 설치되고 그 분묘기지권이 미치는 범위 내에서 그 후에 사망한 다른 일방의 합장을 위하여 쌍분 형태의 분묘를 설치하는 것은 허용되지 않는다.
③ 장사 등에 관한 법률 제16조에 의하면 공설묘지, 가족묘지, 종중, 문중묘지, 또는 법인 묘지 안의 분묘 1기 및 당해 분묘의 상석, 비석 등 시설물의 설치구역 면적은 10㎡(합장은 15㎡(4.5평))를 초과하여서는 아니 되고 개인 묘지는 30㎡(9평)을 초과하여서는 아니 된다.
   문중묘지 : 1,000㎡(303평), 법인묘지 : 100,000㎡(3,003평)

---

7) 무덤 뒤를 반달모형으로 둘러쌓은 둔덕

7. 분묘기지권이 성립하지 않는경우

① 수도법 규정에 의한 상수원보호구역
② 문화재보호법 규정에 의한 문화재보호구역
③ 국토의 계획 및 이용에 관한 법률 규정에 의한 주거지역, 상업지역 및 공업지역
④ 농지법 규정에 의해 지정된 농업진흥지역
⑤ 산림법 규정에 의해 지정 고시된 채종림(질 좋은 조림용＝씨앗을 널기 위하여), 보안림(풍수해, 풍치를 보존하기 위하여 국가에서 보존하는 숲), 요존 국유림(특별히 마련한 숲. 공부상 국유지 보존 필요한 산림)
⑥ 군사시설 보호법 규정에 의하여 설정된 군사시설 보호구역(군사시설 보호법) 등, 분묘 설치금지 지역이므로 분묘기지권이 성립되지 않는다.

8. 무연고분묘 처리방법

토지소유자의 승낙 없이 설치한 분묘와 묘지 설치자 또는 연고자의 승낙 없이 설치된 분묘는 분묘기지권이 성립하지 않는 경우로 분묘를 관할하는 시장, 군수, 구청장의 허가를 받아 개정할 수 있다.

(1) 연고자를 알 수 있는 경우(유연분묘)

토지소유자 등은 개장을 하고자 할 때에는 미리 3개월 이상의 기간을 정하여 분묘의 설치자 또는 연고자에게 통보하여야 한다.

(2) 연고자를 알 수 없는 경우(무연분묘)

연고자를 알 수 없는 무연분묘의 경우 중앙일간지 신문 포함한 그 이상의 일간신문에 광고한다.
① 묘지 또는 분묘의 위치 및 장소
② 개장사유, 개장 후 안치장소 및 기간
③ 공설 묘지 또는 사설 묘지 설치자의 성명, 주소 및 연락방법
④ 그 밖에 개장이 필요한 사항의 내용을 2회 이상 공고하되, 두 번째 공

고는 첫 번째 공고일로부터 1개월이 지난 다음에 하여야 한다. 이장 비용은 분묘 1기당 비용은 약 200만원에서 300만원이다.

9. 무연고분묘 개장절차

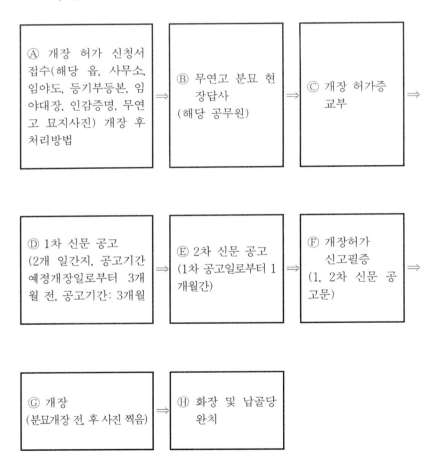

ⓐ 개장 허가 신청서 접수(해당 읍, 사무소, 임야도, 등기부등본, 임야대장, 인감증명, 무연고 묘지사진) 개장 후 처리방법 ⇒ ⓑ 무연고 분묘 현장답사 (해당 공무원) ⇒ ⓒ 개장 허가증 교부 ⇒

ⓓ 1차 신문 공고 (2개 일간지, 공고기간 예정개장일로부터 3개월 전, 공고기간: 3개월 ⇒ ⓔ 2차 신문 공고 (1차 공고일로부터 1개월간) ⇒ ⓕ 개장허가 신고필증 (1, 2차 신문 공고문) ⇒

ⓖ 개장 (분묘개장 전 후 사진 찍음) ⇒ ⓗ 화장 및 납골당 완치

"주의사항"
- 설치위반, 1년 이하 징역 또는 500만 이하의 벌금
- 매장, 개장 하장의 신고 위반 : 과태료 100만원
- 개인묘지 설치신고, 납골 시신, 설치위반: 과태료 300만원 이하의 벌금

제8절 유치권

1. 유치권 의의

유치권이라 함은 타인의 물건을 점유한 자가 그 물건에 관하여 생긴 채권 또는 유가증권에 관하여 생긴 채권이 변제기에 있는 경우에는 변제를 받을 때까지 그 물건 유가증권을 유치할 권리가 있다고 규정한다(민법 제320조 1항). 채권의 변제를 받을 때까지 그 물건을 유치할 수 있는 법정담보물건을 말한다.

예컨대, 시계나 자동차 등 타인의 물건을 수선한 자는 그 수선대금채권을 변제받을 때까지 그 물건의 인도를 거절할 수 있고, 임차인은 자신의 임차물에 필요로 하는 불가분의 필요비 지출이 있었다면 그 비용을 상환받을 때까지 임차물을 그대로 유치할 수 있다.

이와 같이 유치권은 목적물을 유치함으로써 심리적 압박에 의해 채무자의 변제를 간접적으로 강제하게 된다. 이렇게 함으로써 목적물의 점유자의 채권이 담보되는 것이다. 물론 유치권에는 우선변제력은 없으나 경매청구권이 인정되어 있고, 경우에 따라서는 목적물로써 직접 변제에 충당할 수 있을 뿐만 아니라 유치권자는 목적물의 낙찰인에 대하여서도 변제를 받을 때까지 그 목적물의 인도를 거절할 수 있으므로 실질적으로 우선변제를 받는 것과 다를 바 없다. 이것은 유치권이 담보물권의 일정으로서 특정 채권을 담보하는 효력을 가진다는 것을 의미한다.

2. 유치권 성질

예) A. 공사업자(점유) ⇒ B. 사업주
공사금액 10억 = 3억(지불)　　　　C. 경매
7억(미지급)　　　　⇓
미지급액 7억 유치권(건물)　　↖　D. 낙찰

※ 위와 같이 낙찰자는 유치권자에게 미지급 금액 7억을 지불해야만 온전한 재산권 행사를 할 수 있다.
　(1) 등기부 기재(×)
　(2) 우선변제권 (×) 배당 참여(×)
　(3) 유치권 항상 인수(○)

3. 유치권의 성립요건

(1) 채권은 유치하고 있는 목적물에 생긴 것이어야 한다.
    다른 채권을 이유로 해당 목적물을 점유하고 유치권을 주장할 수 없다.
(2) 목적물을 점유(공시)하고 있어야 하고, 또 점유가 계속되어야 한다.
    간접 점유도 무방하여 불법에 의한 점유가 아니어야 한다.(민법 제
    320조 2항)
    유치권에 있어서 점유는 바로 제3자에 대한 공시방법과 같다.
(3) 채권을 변제기(청구할 권리가 있는 시기)에 있어야 한다.
    변제기가 도래하지 않으면 유치권은 성립하지 않는다.
    다만, 변제기에 대한 약정이 없으면 점유와 함께 유치권은 성립한다.
(4) 유치권 발생을 배제하는 특약이 없어야 한다.

4. 유치권의 존속기간

유치권은 채무자가 채무를 변제하지 않는 한, 즉 유치권자가 유치물을 점유하고 있는 동안 계속 진행된다. 단, 목적물을 유치하고 있더라도 그것만으로 채권의 소멸시효의 진행을 막지 못한다. 공사대금시효가 3년인 채권의 경우 판결을 받아놓으면 10년으로 연장된다. 유치권자는 낙찰자에게 채무에 변제가 있을 때까지 공사비 등, 채권변제를 청구할 수 없다. 그러나 낙찰자는 유치권자에게 점유권을 넘겨받기 위해서는 유치권자에게 채권을 변제해야 한다.

유치권자 : 경매신청(○) 우선변제권(×)

유치권 신고가 된 부동산을 낙찰받았을 경우 낙찰자가 유치권 신고금액을 공탁하고 명도를 청구할 수 없다. 그러나 낙찰자가 명도 청구 시 해당부동산의 잔금납부일 기준으로 임차인이 부동산을 사용할 때 임대인에게 지급해야 되는 임료(부당이득금)와 유치권 금액을 상계처리할 수 있다.

5. 유치권자 우선변제권

유치권자에 기한 채권은 우선변제권이 없어 배당절차에 참여는 할 수 없으나 유치권자의 채권액은 낙찰자가 인수하여야 하기 때문에 결론적으로는 우선변제권이 있는 것과 같은 효력이 발생하는 것이다.

(민사집행법 제91조 제5항 : 매수인은 유치권자의 그 유치권으로 담보하는 채권을 변제할 책임이 있다.)

6. 유치권은 명도소송

유치권은 명도소송의 대상이다. 그러나 경매개시 이후 유치권은 인도명령이 가능하다.

【유치권의 4가지 의미】

1. 진정한 유치권으로 실제 공사업자 등이 공사비를 받기 위해 신청하는 경우
2. 명도협상 시, 유리한 카드
3. 유찰을 유도해 저가 낙찰을 받기 위해
4. 경매진행을 지연시키기 위해 유치권신고(채무자, 소유자)공사 관련

7. 유치권의 효력

(1) 채권을 변제받을 때까지 목적물을 유치할 수 있다.
(2) 채권의 일부가 양도된 경우 한 개의 유치권을 공동으로 가지게 된다.
(3) 공평의 원칙에 의하여 예외의 판결도 있다.
    (대법원판결 67다2786에서는 임야의 개간한 부분만 인정했다.)
(4) 유치물을 경매할 수 있다.
(5) 정당한 이유 있을 때에는 절차에 따라 유치물을 직접변제에 충당할 것을 법원에 청구할 수 있다 .
    ① 정당한 이유가 있을 것.
    ② 미리 채무자에게 통지할 것.
    ③ 청산 금액을 정산할 것.

8. 유치권이 성립하지 않는경우

(1) 임차보증금
(2) 상가권리금
(3) 부속 건물의 부속물 설치비
(4) 점포임차인의 운영을 위해 특수 장치를 한 경우
(5) 경영에 필요한 시설물을 설치한 경우
(6) 음식점을 경영하기 위한 간판설치 등

9. 등기한 부동산에 유치권행사 불가 입법예고[8]

　제안이유로는 현행 부동산 유치권 제도는 유치권이 등기부에 공시되지 아니함에도 불구하고 사실상 우선변제를 받는 결과를 낳아 제3자에게 예측할 수 없었던 손해를 입힐 뿐만 아니라, 유치권자가 점유를 통해 유치권을 행사하는 동안 타인이 부동산을 사용, 수익하지 못하여 사회·경제적 효용을 감소시키는 문제점이 지적되어 왔던 바, 유치권 제도의 적용범위를 제한하는 한편 유치권의 상실로 지위가 약화된 채권자를 위해 별도의 채권자 보호장치를 마련하는 방안을 도입하고, 등기부동산의 유치권을 폐지하고 미등기 부동산의 유치권자에 대해 부동산이 등기된 때부터 6개월 간 소로써 저당권설정청구를 할 수 있다.

(1) 등기 부동산에 대한 유치권의 폐지(개정안 제320조)

1) 종래 유치권의 피담보채권이 "그 물건이나 유가증권에 관하여 생긴 채권"으로 되어 있던 것을 "그 동산에 대한 비용지출로 인한 채권 또는 그 동산으로 인한 손해배상채권"이라고 규정하여 피담보채권의 범위를 명확히 한다.
2) 종래 동산, 부동산을 불문하고 유치권을 인정하던 것을, 동산, 유가증권, 미등기 부동산에 한해서만 인정하고, 특히 미등기 부동산에 대해 성립한 유치권은 안 제372조 2항에 따른 저당권설정등기를 하거나, 저

---

8) 법무부 2013.1.22.

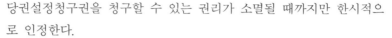

당권설정청구권을 청구할 수 있는 권리가 소멸될 때까지만 한시적으로 인정한다.

3) 피담보전채권의 범위를 명확하게 하고, 등기 부동산에 대한 유치권 제도는 폐지함에 따라 대상 부동산의 저당권자, 매수인 등 제3자에 대한 신뢰를 보호하고, 경매 시 낙찰가 하락, 부동산 효용가치 감소 등의 문제를 해결할 수 있다.

(2) 미등기 부동산 유치권자에 대해 저당권설정청구권을 인정 (개정안 제372조의2 신설)

1) 미등기 부동산에 대한 유치권자에 대해서는 유치권을 한시적으로만 인정하므로(안 제320조 제2항), 약화된 채권자의 지위를 보완하기 위하여 채권자가 부동산 소유자에 대한 청구에 의하여 저당권설정등기를 할 수 있는 제도를 도입한다.

2) 민사집행법 일부개정법률(안) 입법예고 주요내용

3) 배당요구권자에 저당권설정청구의 소를 제기한 유치권자를 포함(안 제88조 제1항)

현행 유치권자는 배당요구권자에 포함되어 있지 않아 유치권자가 민법 제322조 제1항에 의하여 경매를 직접 신청한 경우가 아니면 배당권자에 포함되지 않았다.

[민법 일부개정법률안] 제372조의2 제1항에 의한 저당권설정청구의 소를 제기한 유치권자는 배당요구를 할 수 있게 하여 매각으로 유치권을 상실하는 유치권자의 지위를 보호한다.

(3) 경매로 인한 부동산 매각 시 유치권 소멸(개정안 제91조 제2항)

[민법일부개정법률안]은 미등기 부동산의 유치권자에 대해서 저당권설정청구권을 인정하고, [민사집행법 일부개정법률안]은 이러한 저당권설정청구권을 소로써 행사한 유치권자에게 배당요구권을 부여하여 유치권자가 배당절차에 참여할 수 있는 길을 열어 주었으므로, 경매로 인한 매각 시 매수인이 유치권 부담을 인수하는 인수주의를 폐기하고 매각부동산 위의 모든

유치권을 소멸하게 함으로써 매수인은 유치권에 대한 부담이 없는 상태에서 부동산을 취득할 수 있도록 소멸주의로 전환한다.

(4) 저당권설정청구의 소를 제기한 유치권자에 대한 배당금액의 공탁 등(개정안 제160조 제1항 제3호, 제161조 제2항)

1) 배당요구권자인 저당권설정청구의 소를 제기한 유치권자가 있었으나 배당 당시 아직 저당권 등기가 경료되지 않은 경우에는 그 유치권자에 바로 우선변제권이 있는 것과 같이 배당을 할 수는 없으므로, 이러한 유치권자가 있으면 일단 공탁을 하고, 차후 유치권자의 저당권설정청구의 소가 받아들여지면 그에게 배당하고 받아들여지지 않으면 종전의 배당권자에게 배당한다.(개정안 제160조 제1항 제3호)

2) 저당권설정청구의 소를 제기한 유치권자에 대해 공탁이 된 상태에서 그 유치권자의 채권에 대한 배당을 실시할 수 없게 된 때에는 그 채권을 제외하는 내용으로 배당표를 변경한다.(개정안 제161조 제2항)

3) 이 경우의 저당권설정청구권은 유치권의 연장으로 보아, 저당권설정청구권의 의무자는 유치권성립 당시의 소유자뿐만 아니라 유치권 성립 후에 소유권을 취득한 자를 포함한다.(개정안 제372조의2 제1항 후문)

4) 미등기 부동산에 대하여 유치권을 가진 채권자는 그 부동산이 등기된 날로부터 6개월 내에 소로써 저당권설정청구권을 행사하여야 하고, 이 기간 내에 행사하지 않으면 저당권설정청구권뿐만 아니라 유치권도 소멸한다.(개정안 제372조의2 제2항)

5) 안 제372조의2 제1항의 저당권설정청구권에 따른 저당권은 그 채권의 변제기에 설정된 것으로 본다(개정안 제372조의2 제3항)

6) 미등기 부동산의 유치권자에 대해서 유치권을 한시적으로 인정하는 대신 유치권의 성립시기를 변제기로 소급하는 저당권설정청구권을 부여함으로써 미등기 부동산에 관한 채권자의 지위를 보호한다.

(5) 유치권자 아닌 채권자에 대한 저당권설정청구권 부여(개정안 제372조의3 신설)

1) 등기된 부동산에 대하여 그 부동산에 대한 비용지출로 인한 채권 또는 그 부동산으로 인한 손해배상권을 가진 채권자는 변제기가 도래하지 않은 경우에도 부동산 소유자에 대해서 그 부동산을 목적으로 한 저당권의 설정을 청구할 수 있고, 유치권이 소멸한 경우에도 개정안 제372조의3에 의한 저당권설정청구권을 행사할 수 있다.

2) 개정안 제372조의2의 저당권설정청구권과는 달리 개정안 제372조의3의 저당권설정청구권은 저당권설정청구권이 성립한 후 부동산 소유권을 취득한 제3자에 대해서는 저당권설정청구를 할 수 없으면, 저당권설정청구를 통해 성립한 저당권은 보통의 저당권과 마찬가지로 등기된 때부터 그 효력이 발생한다.

3) 유치권자가 아닌 채권자의 경우에는 유치권자인 채권자보다 그 보호의 정도를 약하게 함으로써 부동산과 관련한 채권자를 보호함과 동시에 거래안전을 지나치게 침해할 소지를 미연에 방지한다.

제6장

권리분석개념

제1절 개념

권리분석이란 경매목적물에 대한 상기 각종 권리가 매수인에게 인수되는지, 아니면 인수되지 않고 소멸하는지에 대하여 일반적인 기준을 살펴보는 것이다. 경매부동산을 취득할 때, 그 경매목적물에서 소멸되지 않고 인수되는 권리가 있는지 여부는 매각물건명세서 등에 정확히 정리되어 있지 않기 때문에, 등기부등본·경매기록에 편철되어 있는 현황조사서·감정평가서·매각 물건명세서 등을 확인하고, 직접 현장에 나가 조사 등을 통하여 본인이 직접 판단하여야 한다.

권리분석이란 어떤 분들은 법원에서 물건을 매각하기 때문에 전부 해결해 주는 걸로 알고 있는데 법원에서는 정보를 제공해 주지만, 권리분석은 법원에서 해결해 주는 기관이 아니라 최종 내 몫이라는 것을 절대 잊어서는 안 된다. 민사집행법 제91조는 인수·소멸의 원칙에 대해서 간단하게 규정하고 있을 뿐, 이 규정은 명확하고 충분한 규정이라고 볼 수는 없다. 어떠한 권리들이 인수가 되고, 소멸되는가는 법 규정과 판례 등 실무에서 처리되는 사례들을 이해할 수밖에는 없다. 또한 권리분석은 등기부상 권리만 말하는 것이 아니고 등기부 외의 권리나 민사특별법상의 주택이나 상가 등도 분석을 하여야 할 것이다.

【권리분석표】

사건 번호	구별	권리종류		말소기준권리		비고
등 기 부 상	갑 구	경매개시결정등기✱		전	후	말소기준등기
		압류✱		말소	말소	말소기준등기
		가압류✱		말소	말소	선순위 가압류 인수 가능성 있음
		가처분		인수/ 말소	말소	후순위 가처분 예외 1개 있음
		가 등 기	소유권이전가등기	인수	말소	담보가등기는 말소기준등기
			담보가등기✱	말소	말소	
		예고등기 (2011년 10월 13일 폐지)		인수		
		환매등기		인수	말소	
	을 구	근(저당권)✱		말소	말소	말소기준등기
		전세권(특수한 경우)		인수/ 말소	말소	배당요구 여부 따라 말소결정
		지상권		인수	말소	
		지역권		인수	말소	
		임차권등기명령		인수	말소	자동배당
미 등 기		주택임대차보호법상 임차권		인수	말소	
		법정지상권		인수		
		유 치 권		인수		

✱표는 말소기준등기임

제2절 권리분석(말소기준권리) 사례분석

부동산경매에서 권리분석의 기본이 되는 말소기준권리는 등기부등본에 나와 있는 권리들이 말소되느냐 말소되지 않느냐의 기준이 되는 것을 말한다. 다시 말해 낙찰받고 잔금을 납부하면 등기부등본에 전소유자에 관해서 설정되어 있던 권리들이 말소되고 소유권 이전되어야 한다. 그런데 말소되지 않고 어떤 권리가 살아 있다면 낙찰자가 그 권리를 인수해야 하는 것이다. 이렇게 말소되지 않는 권리에 대하여 낙찰자는 채권금액을 인수해야 하기도 하고, 경우에 따라 소유권을 잃게 될 수도 있다. 말소기준권리가 될 수 있는 권리들은 (근)저당권, (가)압류, 담보가등기, 경매개시결정등기 등이 있다. 이러한 권리들 이후에 설정된 기타 모든 권리들은 특수한 경우 외에는 말소된다.

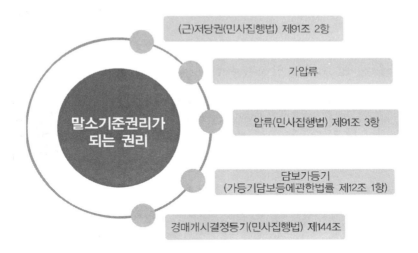

- 경매물건으로는 가압류가 20%, 저당권 75~80%, 경매개시가 5% 정도 진행되며, 경매는 권리분석이 경매의 시작이고 그 끝은 명도이다.

Ⓐ 20%	Ⓑ 75~80%	Ⓒ 5%
가압류	근저당	경매 개시

사례분석1. 전 소유자의 가압류 (강제경매)

2010. 1. 1.	2011. 1. 1.	2012. 1. 1.	2013. 1. 1.
A. 소유자	B. 가압류	C. 소유권이전	D. 가압류

'D'가 경매 신청한 경우(현소유자의 가압류)

원칙적으로 가압류는 매수인에게 대항여부를 묻지 않고 모두 말소되는 것이 정상이지만, 위의 가압류는 현소유자의 가압류(D)가 경매 신청한 것이다. 압류의 효력발생 후에 된 가압류는 매수인에게 대항할 수 없어 말소된다. 그러나 전소유자의 대한 가압류가 말소되지 않고 소유권이 이전되었다면 그 후, 현소유자에 대한채권자가 경매를 신청하여, 전소유자에 대한 가압류 채권자는 배당에 참여할 수 없어 전소유자에 대한 가압류는 말소되지 않고 매수인(낙찰자)에게 그대로 인수된다. 이것을 일명 "왕 할아버지 가압류"라 한다.

사례분석2. 전 소유자 당시의 채권자가 경매 신청한 경우

2012. 1. 1.	2012. 2. 2.	2013. 3. 3.	2012. 3. 3.	2014. 3. 3.
A. 소유자	B. 가압류	C. 소유권이전	D. 가압류	B가 경매신청

B가 전소유자 A를 상대로 경매 신청한 사례.

부동산에 대한 가압류등기가 있은 후 당해 부동산의 소유권이 이전되고 현 소유자의 채권자가 경매신청을 하여 매각된 경우 전 소유자에 대한 가압류권자가 배당에 참가할 수 있는지, 배당에 참가한다면 배당을 받아 가압류등기가 말소되는지, 그렇지 않고 가압류등기가 말소되지 않고 매수인(낙찰자)에게 그대로 인수되는지에 대해 학계와 실무현장에서 적지 않은 논란이 있어 왔다.

첫 번째 쟁점인 '전 소유자에 대한 가압류권자는 현 소유자의 채권자에 의해 개시된 경매에서 배당을 받을 수 있고 배당을 받은 경우 가압류등기는 말소촉탁의 대상이 된다'는 점에 대하여는 법리적인 면에서나 구체적인 타

당성의 면에서 지당하므로 이 판결을 지지한다. 두 번째 쟁점인 '제반 사정에 비추어 보면 집행법원은 이 사건 가압류등기를 그대로 존속시키면서 그 부담을 낙찰자가 인수하는 것을 전제로 경매절차를 진행한 것이라고 봄이 상당하여 그 가압류는 말소되지 않는다'는 점에 대하여는 그 결론에는 찬성하지만 그 결론에 이르는 논리적 전개 및 근거에 대해서는 견해를 다소 달리한다. 부동산 위의 부담인 전 소유자의 가압류등기를 매각(낙찰)에 의해 소멸하게 할 것이냐 또는 인수하게 할 것이냐는 경매의 매각조건에 해당하고 가압류는 전 소유자의 가압류건 현 소유자의 가압류건 관계없이 가압류는 무조건 경매로 인해 소멸된다고 할 것이므로 이를 법정매각조건으로 볼 수 있다. 그리고 법정매각조건의 내용을 변경하였다면(말소에서 인수로) 이는 특별매각조건에 해당할 것이다.

따라서 관련 증거에 의해 전 소유자의 가압류가 인수되는 것을 특별매각조건으로 정하여 진행하였기 때문에 그 가압류가 인수된다고 판단하는 것이 법리적으로 훨씬 간명하고 논리적이라 할 것이다. 마지막으로 입법론적으로도, 경매절차는 이해관계인이 많고 일반 매매처럼 매매의 조건을 사적 자치에 의해 정할 수 없기 때문에 매각조건을 명확히 할 필요가 있다. 따라서 매각조건은 법으로 정하고 있는데(매각조건 법정주의) 전 소유자에 대한 가압류의 경우에도 법 제91조의 말소되는 권리와 인수되는 권리의 내용 중에서 말소되는 권리로 명백히 규정하여 경매 이해관계인들이 확실히 예견하고 경매에 참여할 수 있도록 하는 입법론적 제안도 검토할 필요가 있을 것이다.[9]

사례분석3. 전 소유자 당시 설정된 저당권 등이 있을 때

2008. 11. 15.	2008. 1. 20.	2008. 5. 20.	2009. 7. 4.	2010. 7. 13.
A. 소유권	B. (근)저당	C. 가압류	D. 소유권이전	B. 경매신청

[9] 최환주, 「가압류 후 매매된 부동산에 대해 현 소유자의 채권자가 신청한 경매에서 그 가압류의 말소 여부」, 『법학총론』, 전남대학교 법학연구소, 2012. 8. 대상판결 : 2007.4.13. 선고 2005다8682 판결

현)소유자를 채무자로 하는 경매라도 전)소유자가 현)소유자에게 소유권을 이전하기 전에 설정된 저당권 및 담보물권이 있는 경우, 가압류와 다르게 저당권이 말소기준등기가 되어 소멸하므로 전)소유자 당시 설정된 가압류라도 물권인 저당권(A)이 말소기준이 되면서 소멸하므로, 말소기준권리등기 뒤의 모든 권리들은 소멸한다. B가 물권인(근)저당권이기 때문이다.

제3절 가등기가 말소기준권리가 되는경우

문제1.

담보가등기 – 경매 신청되면 저당권으로 본다.
손대면 안 되는 가등기(매매예약) 소유권 이전 청구 가등기

2012. 1. 1.	2012. 2. 2.	2013. 12. 30.
A. 가등기(담보)	B. (근)저당	본등기

문제2.

선순위 가등기가 있을 때?

2012. 1. 1.	2012. 2. 2.	2013. 3. 3.	2012. 4. 4.	2014. 1. 2.
A. 가등기 (매매예약)	B. (근)저당	C. 임차권	D. 가압류	B. 경매신청

문제3.

근저당 이후에 가등기가 설정된 경우?

2012. 3. 1.	2012. 5. 1.	2012. 6. 3.	2014. 1. 5.
A. (근)저당	B. 가등기보존	C. 임차권	A. 경매신청

제7장

주택임대차보호법

제1절 주택임대차보호법의 의의

국민의 주거생활의 안정을 보장할 목적으로 1981년 처음 제정된 이후, 1984년 1월 1일부터 2014년 1월 1일까지 수차례에 걸쳐 일부 개정이 있었다. 민법의 전세권이나 임대차계약의 규정들이 현실과 유리된 면이 있으므로 경제적 약자인 임차권자의 권리를 현행 민법으로써 보호하기 어려운 면을 보완하기 위한 취지에서 제정된 특별법이다.

제2절 적용범위

1. 주거용 건물 여부의 판단 기준

주택임대차보호법의 규정

(1) 주택임대차보호법(이하 "법"이라 한다)은 주거용 건물의 임대차에 관하여 민법에 대한 특례를 규정함으로써 국민의 주거생활의 안정을 보장하는 목적으로 한다.(법 제1조)

(2) 이 법은 주거용 건물(이하 "주택"이라 한다)의 전부 또는 일부의 임대차에 관하여 적용한다. 그 임차주택의 일부가 주거 외의 목적으로 사용되는 경우에도 또한 같다.(법 제2조)

2. 주거용 건물 여부의 판단

임차주택의 일부가 주거 외의 목적으로 사용되는 경우에는 법 제2조에 의하여 법의 적용을 받은 주거용 건물에 해당하나, 비주거용 건물의 일부를

주거의 목적으로 사용되는 경우에는 이를 주거용 건물이라 할 수 없으므로
법의 보호대상에서 제외된다. 주거용이란 토지에 정착된 공작물 중 지붕 및
기둥 또는 벽이 있는 것과 이에 부수되는 시설로서 사람의 일상생활인 의·
식·주에 사용되는 것을 말한다. 주거용 건물인지 여부를 판단함에 있어서
는 임대차 목적물의 공부상에 표시만을 기준으로 할 것이 아니라 그 실제용
도에 따라서 정하여야 하고, 주거용과 비주거용으로 겸용되는 경우에는 그
임대차의 목적, 전체건물과 임대차 목적물의 구조와 형태 및 임차인의 임대
차목적물 이용관계, 임차인이 그곳에서 일상생활을 영위하는지 여부 등을
고려하여 합목적으로 결정하여야 한다.

3. 주거용 건물인지 여부가 문제되는 경우

(1) 겸용주택

임차주택의 일부가 주거용으로, 일부가 비주거용으로 사용되는 이른바
겸용주택의 경우에는 건물과 임대차목적물의 구조와 형태, 임차인의 임대차
목적물의 이용관계, 임차인이 그곳에서 일상생활을 영위하는지 여부 등을
고려하여 합목적으로 결정하여야 한다. 그러나 상가건물임대차보호법과의
관계에서 임차건물의 일부가 주거용으로, 일부가 영업용으로 사용되는 경우
상가건물임대차보호법을 적용하는가, 주택임대차보호법을 적용하는가에 관
하여 논란이 있을 수 있다.

(2) 주거용 건물의 일부

임차주택의 일부를 주거 외의 목적으로 사용하는 경우에도 그 전체가 주
거용 건물에 해당하나, 비주거용 건물의 일부를 주거의 목적으로 사용하는
경우에는 주거용 건물이라고 할 수 없다.

(3) 주거용 건물의 대지

주택임대차보호법상 주거용 건물이라 함은 주거용 건물 자체만을 말하는
것이 아니라 주거용 건물과 일체 불가분의 관계가 있는 대지부분을 포함한
다(법 제3조의2 제2항, 제8조 제2항). 따라서 단독주택은 그 대지에 대하여,

공동주택은 소유권인 대지권에 대하여 우선변제권을 취득하게 된다. 반면에 단독주택을 임차하여 주택에만 전세권설정등기를 경료한 경우에는 전세권은 주택 자체에만 미치기 때문에 전세권자는 경매절차에서 대지부분에 대한 경매대금으로부터는 우선변제를 받을 수 없다. 건물과 대지를 별도의 부동산으로 취급하는 우리 법제상 부득이하다.

(4) 미등기 건물

미등기 건물이라고 주거용으로 사용되는 한 주택임대차보호법의 적용 대상이 된다(대법원 1987.3.24 선고 86다카164 판결, 2007.6.21 선고 2004다26133 전원합의체 판결). 사용승인(또는 임시사용승인)을 받지 않은 주택도 마찬가지이다.

(5) 기타

주택임대차보호법의 적용범위와 관련하여 오피스텔, 공동주택의 공유부분의 지하실이나 옥탑, 공유주택, 기숙사 등이 종종 문제된다. 이와 관련하여서는 아직 정립된 대법원 판례가 없는 경우가 많기 때문에 주택임대차보호법의 적용 여부를 속단하지 말고, 사실관계를 확정한 다음 주택임대차보호법은 물론 건축관계법, 집합건물의 소유 및 소유에 관한 법률, 공동주택관리령, 임대주택법 등의 특별법의 입법취지 및 관련조항을 참조하여 신중하게 주택임대차보호법의 적용 여부를 가려야 할 것이다.

4. 판단시점

주거용 건물인지 여부를 판단하는 기준시점은 원칙적으로 임대차계약의 체결 시이다. 따라서 비주거용 건물을 임차하여 임차인이 임의로 주거용으로 개조하여 사용한다거나 비주거용 건물에 주거용 건물을 증축하여 사용하는 경우에는 임대인이 이를 승낙하였다는 등의 특별한 사정이 없는 한 주거용 건물이라고 할 수 없다.(대법원 1986.11.21. 선고 86다카1367 판결)

제3절 주택임대차보호법의 대항력

1. 대항력의 의의

대항력의 내용에 대하여는 주택임대차보호법 제3조 제2항이 정하고 있다. 즉, 임차주택의 양수인(기타 임대할 권리의무를 승계한 자를 포함한다)은 임대인의 지위를 승계한다고 규정하고 있다. 따라서 주택의 임차인은 주택의 양수인(매매, 경매 등으로 취득한 자)에 대하여 양수인이 양도인의 임대인으로서의 권리의무를 승계한 것으로 보아 임대기간까지 명도 청구를 거절할 수 있고 임대차 종료 시 임대보증금 반환도 구할 수 있다는 것이다. 결국 경매에 의해 주택을 취득한 매수인의 입장에서도 그 주택에 대항력이 있는 임차인이 있는 경우 임차인에게 임대기간이 만료되기 전에는 명도해달라고 주장할 수 없으며 임대차가 종료되었을 때 그 보증금을 반환해 주어야 한다.

2. 대항요건

전입 + 거주(최우선변제)

주택임차인이 주민등록전입과 거주를 하면 그 다음날(익일)부터 제3자에게 대항할 수 있는 힘이 생기는데, 대항력이 발생되는 정확한 시점은 대항요건(전입요건+거주)을 갖춘 다음날 0시부터이다.

제4절 우선변제 임차인

1. 요점

대항요건(주택의 인도와 주민등록) + 확정일자 = 매각시 우선변제권

대항력 있는 임차인이 확정일자까지 받아 둔 경우에는 경매나 공매 시에 매각대금에서 다른 후순위 권리자보다 우선하여 보증금을 변제받을 권리가 있다. 따라서 대항력 있는 임차인이어야 하고 처음부터 대항력이 없는 경우

에는 우선변제권도 인정되지 않는다. 이 우선변제권은 경매나 공매 시에만 인정되는 것이고 양도나 증여 등의 경우에는 인정되지 않는다. 확정일자부 임차인은 경매나 공매 시 배당요구를 하여 우선변제를 받을 수도 있고, 임대보증금을 반환할 때까지 임대주택의 명도를 거부할 수 있는 대항력을 행사할 수도 있다.

2. 확정일자란

확정일자란 채권(임차권)의 물권화를 말한다. 여기서 말하는 채권의 물권화는 설정하지 않는 전세권을 의미한다. 주택임차인은 임대차계약서상에 확정일자를 받으면 확정일자를 받은 날짜를 기준으로 하여(우선변제권) 효력이 발생한다. 대항요건을 갖추지 않는 상태에서 확정일자만 받아놓은 경우 우선변제권의 효력이 전혀 생기지 않는다.

3. 확정일자를 받는 곳

확정일자는 법원등기소, 공증사무소 등에서 받을 수 있으며, 전입신고 시 읍·면·동사무소에서도 받을 수 있다. 이때에는 임대차계약서가 필요하다.

4. 확정일자를 받았다가 분실한 경우

확정일자를 받아 두었던 임대차계약서 등을 멸실, 분실한 경우는 명쾌한 답이 없다. 확정일자를 받은 사실을 임대차계약서와 공증인 사무실에서 공정증서로 작성하였다면 나중에 공정증서 대장 등으로 입증할 수도 있지만, 그렇지 않을 때는 불이익을 받는다. 그러나 등기소나 읍·면·동사무소에서는 임대차계약서에 확정일자만 찍어줄 뿐 그에 대한 자료를 남겨두지 않기 때문에 분실 전의 임대계약서와 동일한 내용의 확정일자를 받기는 어렵다.

5. 배당요구의 종기까지 우선변제권 갖추고 종기일까지 배당

확정일자 임차인은 경매절차에서 배당요구 종기까지 배당요구를 하여야만 배당 시 우선변제를 받을 수 있다. 그리고 매각결정기일까지 계속 구비하고 있어야 하고, 중간에 주민등록을 옮긴 사이에 다른 담보권이 설정되어 있다면 처음 순위를 유지하지 못하고 다른 담보권자보다 후순위 권리자로 밀려난다. 확정일자 임차인은 주택의 인도와 주민등록의 요건을 매각결정기일(낙찰기일)까지 계속 구비하고 있어야 하면, 민사집행법에서는 배당요구의 종기일을 첫 매각기일 이전으로 지정하므로 지정된 배당요구의 종기일까지 위 요건을 유지하여야 한다.

사례1.

점유와 전입신고 후 받은 확정일자와 담보권(가압류권)자 등기일 중
① 같은 날인 경우 : 채권액에 비례하여 평등 배당
② 확정일자가 먼저인 경우 : 임차인이 우선
③ 담보권자 등기일이 먼저인 경우 : 담보권자 우선
결국 날짜가 앞선 것이 우선이다.

사례2.

점유와 확정일자를 받은 후 신고한 전입신고일과 담보권(가압류권)자 등기일 중
① 같은 날인 경우: 담보권자 우선(임차인의 대항력은 전입신고 다음날부터 효력이 있다.
② 전입신고일 다음날 담보권자 등기일이 같은 경우 : 임차인이 우선(주민등록 다음날은 오전 0시부터 시작되나 근저당권은 아무리 빨라도 등기소 업무 개시시간인 9시 이후에야 이루어진다.)

	사례 1		사례 2
임차인의 전입신고일이	2012. 1. 1	임차인의 전입신고일이	2013. 2. 1
담보권자 등기일이	2012. 1. 1인 경우	담보권자 등기일이	2013. 2. 2인 경우
→ 담보권자가 우선		→ 임차인이 우선	

제5절 우선변제권의 확정일자

1. 최선순위 담보권이 있고 그 금액이 예상매각가를 넘지 않을 때

최선순위의 담보권이 있는 건물을 임차할 때 그 담보금액이 건물의 예상매각가를 넘지 않는 경우 반드시 확정일자를 받아야만 한다. 그래야만 매각시, 우선변제를 받을 수 있다. 그러나 확정일자를 받지 않으면 배당을 받지 못한다.

순위	권리	권리자	일 자	권리 내용
1	소유자	A	2011. 7.	소유권이전등기
2	저당권자	B	2011. 9.	채권최고액 5,000만원
3	임차인	C	2012. 1.	보증금 8,000만원(배당요구)
4	저당권자	D	2012. 8.	채권최고액 9,000만원
5	매수	E	2013. 5.	매각대금 1억 3,000만원

위 사례에서 임차인 C는 선순위 저당권자 B가 있기 때문에 매각 시 매수인에게 대항할 수가 없으므로 환가대금에 대하여 배당신청을 하여야 한다. 여기에서 확정일자가 있는 경우 후순위권리자보다는 우선순위로 배당받을 수가 있기 때문에 1억 3,000만원의 매각대금에서 저당권자 B가 5,000만원을 먼저 배당받고 다음으로 임차인 C가 8,000만원을 배당받는다.

그러나 확정일자를 받지 않는 경우에는 먼저 저당권자 B가 5,000만원을 배당받고, 다음으로 저당권자 D가 9,000만원 중 8,000만원을 배당받게 되므로 임차인 C는 한 푼도 배당을 받지 못한다.

2. 최선순위의 대항력 있는 왕 순위의 지위를 가질 때

이때는 다른 담보권에 비해 임차권이 최우선 왕 순위이기 때문에 확정일자를 반드시 받아야만 되는 것은 아니다. 대항력을 갖춘 임차인으로서 설사 확정일자를 받지 않았다면 최우선변제 소액임차인으로서 최우선 변제를 받고 배당받지 못한 금액을 낙찰자는 인수하여야 한다.

제6절 최우선변제임차인

1. 소액보증금제도란

주택임대차보호법은 임차인 중 소액임차인의 보호를 위하여 일정금액 이하의 소액임차인에 대하여는 매각 시 다른 담보물권자보다 최우선하여 일정금액의 보증금을 변제해줌으로써 소액임차인을 보호하고 있다.

2. 요 건

(1) 보증금 액수가 법이 정하는 소액보증금일 것.
(2) 첫 경매개시결정등기 전에 대항요건(인도와 주민등록)을 갖추었을 것.
(3) 배당요구의 종기까지 배당요구를 하였을 것.
(4) 배당요구의 종기까지 대항요건을 유지하고 잔금납부시까지 대항요건을 유지하고 있어야 한다.

한편 임차목적물에 관하여 소유권 보존등기가 되어 있어야 하는가에 관하여는 견해가 나뉘나, 판례는 이를 긍정하고 있다.

【소액보증금의 범위】

(단위 : 만원)

★담보물권 등기일	소 재 지	소액 보증금	최우선 변제금액
1984. 1. 1 -	특별시 / 광역시	300만 원 이하	300만원 까지
	기타 지역	200만 원 이하	200만원 까지
1987. 12. 1 -	특별시 / 광역시	500만 원 이하	500만원 까지
	기타 지역	400만 원 이하	400만원 까지
1990. 2. 19 -	특별시 / 광역시	2,000만 원 이하	700만원 까지
	기타 지역	1,500만 원 이하	500만원 까지
1995. 10. 19 -	특별시 / 광역시	3,000만 원 이하	1,200만원 까지
	기타 지역	2,000만 원 이하	800만원 까지
2001. 9. 15 -	수도권·과밀억제권역	4,000만 원 이하	1,600만원 까지
	광역시	3,500만 원 이하	1,400만원 까지
	기타 지역	3,000만 원 이하	1,200만원 까지
2008. 8. 21 -	수도권·과밀억제권역	6,000만 원 이하	2,000만원 까지
	광역시	5,000만 원 이하	1,700만원 까지
	기타 지역	4,000만 원 이하	1,400만원 까지
2010. 7. 26 -	서울특별시	7,500만 원 이하	2,500만원 까지
	수도권·과밀억제권역	6,500만 원 이하	2,200만원 까지
	광역시(군 제외), 안산시, 용인시, 김포시 및 광주시	5,500만 원 이하	1,900만원 까지
	기타지역	4,000만 원 이하	1,400만원 까지
2014. 1. 1 -	서울특별시	9,500만 원 이하	3,200만원 까지
	수도권·과밀억제권역	8,000만 원 이하	2,700만원 까지
	광역시(군 제외), 안산시, 용인시, 김포시 및 광주시	6,000만 원 이하	2,000만원 까지
	기타지역	4,500만 원 이하	1,500만원 까지

• 기준 : 최초 저당권 설정 일을 기준으로 한다.(담보물권)
• 환가대금 중 1/2한도 내에서 소액임차인은 배당을 받는다.

3. 미등기주택

미등기주택에 대해 임대차계약을 체결하였고 그 보증금이 소액보증금에 해당된다고 할지라도 위 주택과 토지가 경매되었을 때 소액임차인은 주택임대차보호법 제8조에 의해 그 주택과 토지의 경락대금에서 최우선변제를 받기 위해서는 임대차의 목적물인 주택에 관하여 임대차 후에라도 소유권등기를 거쳐 경매신청의 등기가 되어 있어야 한다.

4. 담보물권이 있는 경우 설정된 시점으로 소액임차인 여부를 판단

순위	권 리	권리자	일 자	권리 내용
1	소유권자	A	2010. 1. 21.	소유권이전등기 (서울 소재 부동산임)
2	저당권자	B	2010. 4. 13.	채권최고액 7,000만원
3	임차인	C	2011. 2. 10.	보증금 6,500만원

사례에서 임차인 C는 임대차계약 당시에는 소액보증금에 해당하나 선순위의 저당권자 B가 있으므로 저당권 설정 당시인 2010. 4. 13.을 기준으로 하여 소액임차인 여부를 판단하여야 한다. 따라서 2010. 4. 13. 시점에서 소액보증금의 범위는 6,000만원 이하이므로 C는 소액임차인에 해당되지 않는다.

5. 매각가액의 1/2의 범위 내에서만 최우선변제

주택임대차보호법 제8조 제3항, 동법 시행령 제3조에 의하면 소액임차인은 주택가액(대지의 가액을 포함한다)의 1/2 범위 내에서만 최우선변제를 받을 수 있다.

6. 소액임차인은 전부 동일한 순위

소액임차인이 여러 사람인 경우 배당 시 그들의 순위는 대항요건 취득시기에 관계없이 전부 같은 순위이다. 따라서 매각가액의 1/2의 범위 내에서 소액임차인들의 보증금을 전액 배당할 수 없을 때에는 소액임차인들의 보증금의 비율에 따라 안분배당을 한다.

순위	권 리	권리자	일 자	권리 내용
1	임차인	A	2010. 8.	금 7,000만원
2	임차인	B	2010. 9.	금 6,000만원
3	임차인	C	2010. 10.	금 7,000만원

(서울특별시)

예컨대 매각가액이 금 1억 4,000만원이라면 최우선변제는 금액이 1/2인 7,000만원의 범위 내에서 받을 수 있다. 그리고 A, B, C는 최우선변제금으로 각 2,500만원을 변제받을 수 있으나 위 최우선변제금의 합산액이 7,500만원으로 배당할 금액 7,000만원을 초과하므로 임차보증금의 비율에 따라 안분배당을 하면 A와 C가 각각 2,450만원(7,000만원×7000만원/2억), B가 2,100만원(7,000만원×6,000만원/2억)을 배당받게 된다.

【2014. 1. 1. 주택·상가건물임대차보호법령의 주요 내용】

〈 개정 전 〉   **주택임대차보호법령**   〈 개정 후 〉

개정 전	주택임대차보호법령	개정 후
개인과 국민주택기금을 재원으로 임대주택을 지원하는 법인	**주택임대차 보호법 적용범위**	직원용 주택을 임차하는 중소기업기본법상 중소기업까지 확대
전 환율이 연 14%를 초과하지 못하도록 고정	**보증금의 월차임 전환율 상한**	연 10%와 한국은행 공시 기준금리(현행 2.5%)에 4배를 곱한 비율(10%) 중 낮은 비율 초과 금지 - 2014. 1. 1. 이후의 월차임 전환 시부터 적용

소액임차인이 최우선변제 받을 수 있는 임차인 및 보증금의 범위 확대

	보호 대상 임차인 범위	우선변제 대상 보증금 범위
서울	7,500만원	2,500만원
수도권 과밀억제 권역	6,500만원	2,200만원
광역시 등	5,500만원	1,900만원
그 외 지역	4,000만원	1,400만원

	보호대상 임차인 범위	우선변제 대상 보증금 범위
서울	9,500만원	3,200만원
수도권 과밀억제	8,000만원	2,700만원
광역시 등	6,000만원	2,000만원
그 외 지역	4,500만원	1,500만원

- 이 법 시행 전에 담보물권을 설정한 자에 대하여는 종전의 규정에 따름

| 규정 없음 | **확정일자 부여 및 정보제공의 범위** | 확정일자부 기재사항(기간, 차임·보증금 등), 이해관계인의 범위(임대인·임차인, 소유자 등), 정보제공의 범위(임대차 목적물, 확정일자 부여일, 차임·보증금, 임대차기간 등) 규정 ※정보제공은 전산화가 가능한 2014. 1. 1.부터 확정일자부에 기재된 것부터 가능(등기소도 동일) |

제8장
상가임대차보호법

제1절 상가건물임대차보호법의 제정

1. 적용범위

2002년 11월 1일부터 상가건물임대차보호법이 시행되고 있다. 동법이 적용되는 상가건물(부가가치세법 = 거래 단계별로 상품이나 용역에 새로 부가하는 가치이다. 곧, 이익에 대해서만 부과하는 일반 소비세로 우리나라에서는 1977년부터 실시하고 있다.

소득세법 = 개인이 한 해 동안 벌어들인 돈에 대하여 액수별 기준에 따라 매기는 세금을 말한다.

법인세법 = 국세의 하나이며 법인의 소득 따위에 부과하는 세금을 말한다.)
규정에 의해 사업자 등록의 대상이 되는 건물의 임대차에 적용된다.

단, 보증금이 대통령이 정하는 보증금액을 초과하는 임대차는 적용되지 않는다.

2. 보증금 관련 주택임대차와 상가건물 차이점

(1) 주택임대차는 대항력요건만 구비하면 보증금의 제한 없이 법의 보호를 받는 한편, 상가임대차보호법은 상한선(한도금액) 이내에서만 법의 보호를 받을 수 있다.

(2) 주택임대차는 보증금 외의 월차임이 얼마가 되든 반영하지 않으나, 상가임대차는 100을 곱하여 환산한 금액을 보증금에 합산한다.

예) 보증금 5,000만원 월차임 200만원이라면 (5,000/200만) 환산금액은 5,000만원+(200만원×100)=2억 5,000만원이 된다.

3. 대통령이 정하는 보증금액 범위

그리고 보증금 외에 차임이 있는 경우에는 그 차임에 1/100의 비율을 곱한 금액에 보증금액을 합산하여 그 금액으로 적용대상인지를 판단한다. 예컨대 보증금이 2억이고 월세가 90만원이면 환산보증금은 2억 9,000만원(=2억+90만원×100)이 되어서 서울이나 수도권 중 과밀억제권역에서는 법 적용대상이 되지만 광역시나 기타 지역에서는 법 적용대상이 되지 않는다.

4. 법인의 경우에도 적용

주택임대차보호법의 경우 주택임대차보호법에 있어서 지금까지는 개인과 국민주택기금을 재원으로 하는 임대주택을 지원하는 법인에 한해서 주택임대차보호법을 적용토록 하였으나, 이를 확대하여 중소기업기본법 제2조에 해당하는 직원용 주택을 임차하는 경우에도 주택임대차보호법을 적용하기로 확대하였다.(2014.1.1.부터)

상가건물의 경우 법인은 사업자등록을 할 수 있기 때문에 보호대상이 된다.

제2절 상가임대차보호법의 대항력

임차인은 그 등기가 없는 경우에도 건물의 인도와 사업자등록을 신청한 때에는 그 다음날부터 제3자에 대하여 효력이 있다.

1. 대항력의 의미

임차인이 대항력을 취득한다는 것은 제3자에게 대항할 수 있다는 것이다. 따라서 임차인은 상가건물의 양수인에 대하여 자신의 임대기간을 주장할 수 있고 자신의 임대보증금을 반환받을 때까지 상가건물을 명도해 주지 않아도 된다. 여기에서 대항력이란 말소기준권리 보다 앞선 선순위임차인을 칭한다.

2. 대항력의 효력발생 시기

건물의 인도+사업자등록이 된 다음날 0시에 효력이 발생하게 된다. 예를 들어 2002년 11월 1일 이전에 대항력 요건을 갖춘 경우에도 11월 1일 취득, 이 법 시행 전에 이미 물권을 취득한 제3자에 대하여는 그 효력이 없다.

제3절 우선변제 임차인

1. 우선변제권 효력발생 시기

대항요건+확정일자 중 늦은 날이 효력이 발생한다. 위 대항력을 갖추고 관할 세무서장으로부터 임대차 계약서에 확정일자를 받은 임차인은 민사집행법에 의한 경매 또는 국세징수법에 의한 공매 시, 임차건물의 환가대금에서 후순위권리자 또는 그 밖의 채권자보다 우선하여 보증금을 받는 것이다.

2. 확정일자를 받는 곳

임차인이 임대차계약서에 확정일자를 받는 곳은 사업자등록 신청을 한 관할 세무서이다. 임차인은 관할 세무서장에게 사업자등록 신청을 하면서 그로부터 임대차계약서상에 확정일자를 받으면 된다.

3. 배당요구 종기까지 배당요구

확정일자부 임차인은 경매절차에서 법원이 정한 배당요구의 종기까지 배당요구를 해야만 우선변제를 받을 수 있다. 그리고 확정일자부 임차인은 상가건물의 인도와 사업자등록 신청의 요건을 위 기간까지 유지하여야 한다.

4. 확정일자부 임차인이 경매 시 배당신청

대항력과 우선변제권이라는 두 가지 권리를 겸유하고 있는 임차인이 우선변제권을 선택하여 상가건물에 대한 경매절차에서 배당신청을 하였으나 전액 변제받지 못하고 일부만 변제받는 경우, 변제받지 못한 남은 금액으로 매수인에게 대항할 수 있는지가 문제이다. 상가건물임대차보호법 제8조는 임대차는 경매에 의해 소멸되나 보증금이 전액 변제되지 아니한 대항력 있는 임차권은 소멸하지 않는다고 규정하고 있는 바, 위 사안의 경우 매수인으로부터 잔액 보증금을 반환받을 때까지 임차권을 주장할 수 있다.

5. 확정일자부 임차인은 환가대금에서

소액임차인은 보증금 중 일정액을 임대건물가액(토지가격 포함)의 1/2의 범위 내에서만 최우선변제를 받을 수 있으나 확정일자부 임차인은 그러한 제한이 없으므로 다른 담보권자와 마찬가지로 임대건물의 매각금액(환가금액) 전액으로부터 순위에 따라 우선변제를 받는다.(2014.1.1. 개정)

제4절 최우선변제임차인

1. 최우선 변제요건

① 보증금이 소액이어야 한다.
② 경매개시 등기 전 대항력 요건을 갖추어야 한다.
③ 배당요구 종기까지 배당요구를 하여야 한다.
④ 배당요구 종기까지 배당요건을 유지하여야 한다.

2. 소액보증금 제도란

상가건물임대차보호법은 보증금이 소액인 영세임차인을 보호하기 위해 확정일자를 받지 않더라도 건물을 인도받고 사업자등록 신청만 하였으면 상가건물 매각 시, 다른 담보물권자보다 최우선하여 일정금액의 보증금을 변제하여 줌으로써 소액임차인을 보호하려는 제도이다. 여기에서 최우선 변제를 받은 임차인의 범위와 최우선 변제되는 보증금의 범위는 다음과 같다.

(2014.1.1.부터 시행)

지역	임차인의 범위(대상)	최우선변제금액
서울특별시	6,500만원	2,200만원
수도권 중 과밀억제권역	5,500만원	1,900만원
광역시(군지역과 인천 제외)	3,800만원	1,300만원
기타 지역	3,000만원	1,000만원

3. 매각대금의 1/2의 범위 내에서만 최우선변제

상가건물임대차보호법 제14조에 의한 소액임차인은 임대건물의 매각가액 (임대인 소유의 대지 가액을 포함한다)의 1/2의 범위 내에서만 최우선변제 를 받을 수 있다.(2014.1.1.부터 시행)

4. 소액임차인 사이는 전부 동일한 순위

소액임차인이 여러 명 있는 경우 배당 시 그들의 순위는 대항요건의 취 득 시기에 관계없이 전부 같은 순위이다. 따라서 매각가액의 1/2의 범위 내 에서 소액임차인들의 보증금을 전액 배당받을 수 없을 때에는 소액임차인 들의 보증금의 비율에 따라 안분배당을 한다.

제5절 상가건물임대차보호법과 보호대상

1. 5년간 계약기간 보장

상가건물 임차인이 임대차기간 만료 전 6개월부터 1개월 전까지 사이에 계약갱신을 요구하는 경우 임대인은 정당한 사유 없이 이를 거절할 수 없 다. 그리고 이러한 계약갱신 요구권은 최초의 임대차 기간을 포함한 전체

임대차기간이 5년을 초과하지 않는 범위 내에서 행사할 수 있다. 따라서 임차인은 최대한 5년 동안의 임대기간을 유지할 수 있다.

2. 보증금 인상 제한 및 월세 전환 시 제한

이와 같이 5년간의 임대기간을 보장해 주면서 반면 그 동안 경제사정의 변동 등으로 인해 보증금 또는 차임의 증감 사유가 발생하였을 때 당사자는 장래에 대해 그 차임의 증감을 청구할 수 있게 하였다. 다만, 2014년 1월 1일부터 적용된 상가건물임대차보호법에서는 월차임 전환 시 산정률이 12%를 넘지 못하도록 규정되어 있으며, 또한 세입자가 원할 경우 전월세 전환율은 한국은행기준금리(현 2.5%)에 4.5(배수로 곱한 비율)로 계산하여 유리한 쪽으로 계약을 맺으려 했다. 증감 청구권 자체를 배제하는 당사자의 특약은 효력이 없다.(강행규정)보증금액의 제한규정은 계약기간이 끝난 후 재계약을 한 경우에는 적용이 없다. 즉, 임대차 계약의 존속 중 당사자 일방이 약정한 차임 등의 증감을 청구한 때에 한하여 적용되고, 임대차 계약이 종료된 후 재계약을 하거나 또는 임대차계약 종료 전이라도 당사자의 합의로 차임 등의 증액된 경우에는 적용되지 않는다.

3. 이 법 시행 전에 물권을 취득한 제3자

이 법은 2002.11.1.부터 시행했다. 그래서 상가건물 임차인이 이 법에 따른 인도(점유)와 사업자등록 신청 및 확정일자를 받았다고 할지라도 이 법 시행 전에 이미 상가건물에 저당권, 전세권, 담보가등기권을 취득한 제3자에 대하여 대항 못한다.

【상가임대차 보호법】

★ 2002. 11. 1-

지 역	한도 금액	소액 보증금	최우선변제 금액
서 울	2억 4,000만원 이하	4,500만원 이하	1,350
수도권(과밀억제권역)	1억 9,000만원 이하	3,900만원 이하	1,170
광역시(인천 제외)	1억 5,000만원 이하	3,000만원 이하	900
기타 지역	1억 4,000만원 이하	2,500만원 이하	750

★ 2008. 8. 21-

지 역	한도 금액	소액 보증금	최우선변제 금액
서 울	2억 6,000만원 이하	4,500만원 이하	1,350
수도권(과밀억제권역)	2억 1,000만원 이하	3,900만원 이하	1,170
광역시(인천 제외)	1억 6,000만원 이하	3,000만원 이하	900
기타 지역	1억 5,000만원 이하	2,500만원 이하	750

★ 2010. 7. 26

지 역	한도 금액	소액 보증금	최우선변제 금액
서 울	3억원 이하	5,000만원 이하	1,500
수도권(과밀억제권역)	2억 5,000만원 이하	4,500만원 이하	1,350
광역시(인천 제외)	1억 8,000만원 이하	3,000만원 이하	900
기타 지역	1억 5,000만원 이하	2,500만원 이하	750

★ 2014. 1. 1-

지 역	한도 금액	소액 보증금	최우선변제 금액
서 울	4억원 이하	6,500만원 이하	2,200
수도권(과밀억제권역)	3억원 이하	5,500만원 이하	1,900
광역시(인천 제외)	2억 4,000만원 이하	3,800만원 이하	1,300
기타 지역	1억 8,000만원 이하	3,000만원 이하	1,000

☞ 상가는 보증금+(월세 × 100) = 보호대상의 판단기준(환산보증금)
  • 임차인의 의무 : 사업자등록증을 내고 세무서에서 확정일자를 받아야 함
    혜택 : 후순위 권리자보다 우선하여 보증금을 변제받음
  • 보증금 환가방법 : 보증금 + (월세 × 100) = 적용대상 금액
  • 임대료 증액 청구 : 1년 이내에는 불가, 청구당시의 차임 또는 보증금의
    100분의 9의 금액을 초과 불가
  • 최우선 변제금(2014년 1월 1일부터 시행)
    - 환가대금 중 1/2에 해당하는 금액에 한하여 최우선 변제권
    - 2인 이상 임차인의 합한 금액이 1/2를 초과 시 : 1/2범위 안에서 안분
      비례 변제

상가건물임대차 보호법령

< 개정 전 >

서울	3억원
수도권과밀 억제권역	2억5천만원
광역시 등	1억8천만원
그 밖의 지역	1억5천만원

상가건물임대차보호법의 적용대상 보증금액

< 개정 후 >

서울	4억원
수도권과밀 억제권역	3억원
광역시	2억4천만원
그 밖의 지역	1억8천만원

- 이 법 시행 후 최초로 계약체결하거나, 갱신되는 임대차부터 적용

	보호대상 임차인 범위	우선변제 대상 보증금 범위
서울	5,000만원	1,500만원
수도권 과밀 억제	4,500만원	1,350만원
광역 시등	3,000만원	900만원
그외 지역	2,500만원	750만원

소액임차인이 최우선변제 받을 수 있는 임차인 및 보증금의 범위 확대

	보호대상 임차인 범위	우선변제 대상보증금 범위
서울	6,500만원	2,200만원
수도권 과밀 억제	5,500만원	1,900만원
광역시 등	3,800만원	1,300만원
그 외 지역	3,000만원	1,000만원

- 이 법 시행 전에 담보물권을 설정한 자에 대하여는 종전의 규정에 따름

임대건물(대지가액 포함) 가액의 1/3

최우선변제금 한도

임대건물(대지가액포함) 가액의 1/2
- 이 법 시행 전 물권을 취득한 제3자에게는 효력 없음

전 환율이 연 15%를 초과하지 못하도록 고정

보증금의 월차임 전환율의 상한

연 12%와 한국은행 공시기준금리(현행 2.5%)에 4.5배수를 곱한 비율(11.25%) 중 낮은 비율 초과 금지
- 2014. 1. 1. 이후의 월차임 전환 시부터 적용

제6절 상가임대차 사례분석

1. 상가임대차 사례분석 (광역시) 무한대

2008. 11. 3. A. 근저당 (○○은행)	2008. 12. 20. B. 1층 상가 (사업+확정)	2009. 1. 15. C. 2층 상가 전세권	2010. 10. 10. D. 3층 상가 (사업+확정)	2013. 4. 30. E. 경매신청
5,000만	3,000만	1억 5,000만	2,000/20	5,000만

　　　*최우선변제　　　　　　　* 우선변제

　　　　B=900만　　　　　　　　A=　　5,000만

　　　　　　　　　　　　　　　　B=　　2,100만

　　　　　　　　　　　　　　　　C=1억 5,000만

　　　　　　　　　　　　　　　　D=　　2,000만

2. 상가임대차 사례분석 (타,시도) 무한대

2012. 7. 5. A. 근저당 (○○은행)	2012. 11. 25. B. 1층 상가 (사업+확정)	2012. 12. 20. C. 2층 상가 (사업+확정)	2013. 1. 11. 3층 상가 D. 전세권	2013. 2. 15. E. 임차인 (전입+확정)	2013. 5. 20. F. 경매신청
1억원	2,500만	1억/50만	1억 7,000만	4,000만	1억원

　　　최우선변제　　　　　　　우선변제

　　* B=750만　　　　　　　　*A=1억

　　* E=1,400만　　　　　　　*B=1,750만

　　　　　　　　　　　　　　　*C=1억

　　　　　　　　　　　　　　　*D=1억 7,000만

　　　　　　　　　　　　　　　*E=2,600만

제9장

매각 이후 배당절차

제1절 배당순위

0순위	• 경매집행비용 • 제3취득자의 비용 상환 청구권(필요비, 유익비 등)
1순위	• 근로기준법상의 임금채권 중 일정금액 (최종 3월분의 임금과 최종 3년간의 퇴직금 및 재해보상금) • 소액보증금(최우선변제)

2순위	• 당해세
	  ※국세 중 당해세
	• 상속세, 증여세, 재평가세, 종합부동산세 등
	  ※지방세 중 당해세
	  재산세·자동차세·도시계획세·종합토지세·그 가산금 등

3순위	• 당해세를 제외한 국세, 지방세 • 저당권, 전세권, 담보가등기에 의하여 담보된 채권 • 대항요건과 확정일자 갖춘 임차인의 임차보증금채권, 이상은 법정기일, 요건구비 등기의 선후에 따름
4순위	• 근로기준법 제37조 제1항 소정의 임금 기타 근로관계로 인한 채권(일반 임금, 근로관계로 인한 채권)
5순위	• 법정기일이 전세권, 저당권, 질권 설정일보다 늦은 국세, 지방세 등 • 지방자치단체의 징수금(담보물권 동산, 채권자가 채무의 변제를 받을 때까지 물건을 유치 없을 때에는 그 가액에서 유사변제를 받을 수 있는 권리)
6순위	• 의료보험법, 산업재해보상보험법 및 국민연금법에 의한 보험료 등 • 공과금(산해재해 보상보험료, 국민연금 보험료, 공과금)
7순위	• 일반채권, 가압류, 확정일자 없는 임차권 등

제2절 배당절차의 의의

매수인이 매각대금을 지급하면 현금화절차는 종결되고 매각대금을 채권자에게 지급하는 배당절차가 진행된다. 채권자 배당요구종기까지 집행법원에 소정의 서면을 제출하여야 한다. 다만 배당요구의 종기를 넘긴 배당요구에 대하여는 즉시 각하를 하지 아니하는 바, 이는 이중경매개시결정이 있는 경우에는 새로이 배당요구종기가 결정될 수도 있기 때문이다(민사집행법 제87조 제3항). 부동산 경매절차는 목적 부동산을 매각하여 그 매각대금으로써 채권자의 변제에 충당하려는 절차인데 그 절차는 매각, 환가, 배당이라는 단계에 걸쳐 이루어지는데 집행법원은 매각대금에서 집행비용(경매예납비용)을 공제하고 남은 금액을 각 채권자별로 순위에 따라 배당을 한다.

제3절 배당을 받을 수 있는 채권자

1. 배당요구를 하지 않아도 배당받을 수 있는 채권자

(1) 이중경매신청채권자(선행사건의 배당요구 종기까지 신청을 한 경우)
(2) 첫 경매개시결정등기 전에 등기된 가압류 채권자(집행법 제148조 3호)
(3) 첫 경매개시결정등기 전의 체납처분에 의한 압류권자
(4) 첫 경매개시결정등기 당시의 등기된 우선변제권자

경매개시결정이 등기되기 전에 설정된 매각부동산 위의 권리 중 담보물권이나 최선순위가 아닌 용익권(전세권, 임차권, 등기된 임차권)은 매각으로 인해서 당연히 소멸하는 대신 별도의 배당요구가 없어도 배당이 된다.

2. 배당을 요구한 채권자

(1) 집행력 있는 정본을 가진 채권자

집행력 있는 정본이란 판결, 화해 조서 등 채무명의 정본의 말미에 집행문을 부기한 것을 말한다.

(2) 민법, 상법, 그 밖의 법률에 의하여 우선변제청구권이 있는 채권자

등기가 되지 않은 우선변제권자 : 주택임대차보호법이나 상가건물임대차보호법이 적용되는 임차권 중 등기를 하지 않은 임대보증금반환채권(최선순위의 저당권이나 가압류보다 앞선 임차인의 보증금 채권) 또는 근로기준법상의 임금채권 등으로 등기가 되어 있지 않아 배당요구를 하지 않으면 그 채권의 존부나 액수를 알 수 없는 채권을 가진 채권자 저당권이나 가압류에 대항할 수 있는 최선순위의 전세권 : 최선순위의 전세권도 배당요구를 하면 말소되므로 배당을 받기 위해서는 배당요구를 하여야 한다.

첫 경매개시결정등기 이후에 등기된 저당권, 전세권, 가압류건, 등기된 임차권자 : 이들은 경매개시결정등기 이후에 등기가 되었기 때문에 배당요구를 하여야만 한다.

제4절 배당요구의 절차

배당요구는 배당요구의 종기까지 하여야 한다. 배당요구는 채권의 원인과 액수를 적은 서면으로 하여야 하고 배당요구의 자격을 증명하는 서면을 붙여야 한다. 가압류권자는 가압류등기가 되어 있는 등기부등본, 임차인은 주택임대차계약서사본, 임금채권은 노동부 지방사무소가 발급한 체불임금확인서 외에 증빙서류(임금대장, 근로소득원천징수 영수증 등) 한 가지를 제출하여야 한다. 배당요구는 그 원인을 명시하고 법원소재지에 주소나 사무소가 없는 자는 가주소를 선정하여 법원에 신고하여야 한다. 법원은 배당요구가 있으면 그 사실을 배당절차와 관계있는 이해관계인에게 통지하여야 한다.(대법원 2001.9.25, 2001다1942)

- **배당절차 및 배당으로 사용할 금액**
① 매각허가결정이 확정되었을 때에는 법원은 대금지급기한을 정하여 매수인에게 그 지급을 명한다.
② 매수인이 매각대금을 완납하면 법원은 직권으로 대금납부 후 4주일 이내로 배당기일을 지정하고 배당기일에는 이해관계인과 배당을 요

구한 채권자를 소환한다.

③ 법원은 배당기일 3일 전까지 배당표를 작성하여 법원에 비치하여 이
해관계인으로 하여금 열람하도록 한다.

④ 법원은 배당기일에 출석한 이해관계인과 배당을 요구한 채권자를 심
문하여 배당표를 확정하여야 한다.

⑤ 매각대금지연이자

⑥ 항고 기각된 채무자 및 소유자의 미반환된 보증금

⑦ 항고 기각된 이해관계인의 매각대금에 대한 이자

⑧ 재매각 시 전 매수인이 반환을 청구하지 못하는 보증금

제5절 배당요구의 철회

배당요구는 채권자가 자유롭게 철회할 수 있으나, 배당요구에 따라 매수
인이 인수하여야 할 부담이 바뀌는 경우 배당요구를 한 채권자는 배당요구
의 종기가 지난 뒤에는 이를 철회하지 못한다(집행법 제88조 제2항). 예컨
대 최선순위의 전세권자는 전세권의 존속 기간 중에도 배당요구를 할 수 있
고, 배당요구를 하면 전세권은 소멸하고 전세권자는 전세금만 배당받는다.
(집행법 제91조 제4항 단서)

제6절 배당요구의 종기

압류채권자 또는 민사집행법 규정에 따라 당연히 배당받는 자에 해당하
지 아니하면 배당요구의 종기까지 배당요구하지 아니한 때에는 결국 해당
경매대상 부동산의 낙찰대금으로부터 배당을 받을 수가 없다.(민사집행법
제148조)

제148조(배당받을 채권자의 범위) 제147조 제1항에 규정한 금액을 배당
받을 채권자는 다음 각 호에 규정된 사람으로 한다.

(1) 배당요구의 종기까지 경매신청을 한 압류채권자

(2) 배당요구의 종기까지 배당요구를 한 채권자

(3) 첫 경매개시결정 등기 전에 등기된 가압류채권자
(4) 저당권·전세권, 그 밖에 우선변제청구권으로서 첫 경매개시결정 등기 전에 등기되었고 매각으로 소멸하는 것을 가진 채권자 수인이 최우선 변제되는 소액보증금까지 추가로 인수하여 부담이 증가하는 경우다.

제7절 채권계산서 제출

1. 제출의 최고 및 효과

배당기일이 정해지면 집행법원 사무관 등은 각 채권자에 대하여 채권의 원금, 배당기일까지의 이자, 그 밖에 부대채권 및 집행비용을 적은 계산서를 1주일 이내에 법원에 제출할 것을 최고하여야 한다.

채권계산서는 배당요구 종기 후에 제출된 것으로서 배당받을 채권자의 채권에 관한 배당기일까지의 변동내용을 조사하여 현존 채권액을 확인하는 의미밖에 없다. 그러므로 이를 제출하지 않았다 할지라도 법적 불이익은 없다. 다만, 이를 제출하지 않으면 법원은 기존의 자료를 근거로 채권액을 계산하게 된다.

제8절 배당표의 확정

법원은 채권자와 채무자에게 보여주기 위해 배당기일 3일 전에 작성 비치한 배당표원안을 배당기일에 출석한 이해관계인과 배당을 요구한 채권자에게 보여주고 심문하여 그 의견을 듣고 배당표를 완성·확정한다. 그리고 배당기일에 이의가 있으면 반드시 출석하여 진술하여야 한다. 이의를 한 채권자는 7일 이내에 배당이의의 소를 제기하여야 하고, 배당요구를 하지 않는 자는 부당이득반환청구를 할 수 없다.

제9절 대위변제

1. 대위변제의 가능성 여부확인

경매입찰 당시에는 대항력 없는 임차인이, 낙찰 후 대항력 있는 임차인으로 둔갑하여 낙찰자에게 보증금을 요구하거나, 당연히 말소되는 권리로 알았던 후순위 전세권등기가 말소되지 않은 선순위 전세권 등기가 되는 경우가 있다. 이것이 대위변제의 결과로 발생할 수 있는 것으로서, 선순위 소액 채권자가 있는 경우 주의하여야 할 사항이다.

대위변제란 이해관계 있는 제3자가 채무자를 대신하여 빚을 갚고, 그 액수만큼 그 채무자에 대해 채권을 갖는다는 것이다. 즉, 채무자도 아니면서 타인의 채무를 대신 갚아주면, 변제받은 채권자를 대신해서 그 채무자에 대해 채권을 행사하게 된다는 것이다. 다만 부동산경매에서의 대위변제실무가 민법상의 대위변제와는 차이가 있다. 즉, 민법상의 대위변제는 변제자가 채권자를 대신해서 채무자에 대해서 채권을 행사한다는 것인데 반하여, 경매에서의 대위변제는 낙찰자가 잔금을 지급하기 전까지만 가능하며, 또한 경매에서의 대위변제는 반드시 말소된 등기부를 법원에 제출하여야 한다. 즉, 채무자를 대신해서 채무를 변제한 사람이 법원에 대해서 대위변제에 관한 아무런 조치를 취하지 않고 있다면, 그것은 경매에서 말하는 대위변제의 문제가 아닌 민법상의 대위변제로서, 배당에서 그 채권자를 대신해서 배당받을 수 있을 뿐 후순위 임차인이 선순위 임차인으로 변하는 것은 아니다.

경매진행 중 대위변제한 경우 낙찰자의 대처방안

① 매각허가결정기일 전 대위변제 경우 ⇨ 매각불허가 신청
② 매각허가결정 이후 대위 변제된 경우 ⇨ 즉시 항고
③ 매수대금납부 이전 대위변제 ⇨ 매각허가결정취소 신청
④ 매수대금지급 이후 ⇨ 대위변제가 인정되지 아니하므로 매수인에게는 문제되지 않음

사례분석(대위변제)

○○은행

2010. 1. 1. A. 저당권	2010. 11. 11. B. 임차인	2011. 2. 2. C. 가압류	2011. 3. 3. D. 임차인	2013. 4. 2. E. 경매신청
2,000만	5,000만	3,000만	3,000만	

문제) 누가 대위변제를 할 수 있는가?

(1) 대위변제

이해관계 있는 제3자가 채무자를 대신하여 빚을 갚고, 그 액수만큼 그 채무자에 대해 채권을 갖는다.

(2) 민법상 대위변제

민법상 대위변제는 변제자가 채권자를 대신해서 채무자에 대해서 채권을 행사하는 것이다.

(3) 경매에서 대위변제

경매에서 대위변제는 낙찰자가 잔금을 지급하기 전까지만 가능하며, 또한 경매에서의 대위변제는 반드시 말소된 등기부를 법원에 제출하여야 한다. 변제자가 대위변제에 대해서 아무런 조치가 없다면 그것은 경매에서 말하는 대위변제가 아닌 민법상 대위변제다. 그리고 배당에서 그 채권자를 대신해서 배당받을 수 있을 뿐 후순위 임차인이 선순위 임차인으로 변하는 것은 아니다.

【배당 요구서】

배 당 요 구 서

채권자 홍 길 동
채무자 김 갑 순

　위 당사자 사이의 권원 2013타경 0000 부동산 강제경매사건
에 관하여 배당요구 채권자는 아래 채무명의의 집행력 있는 판
결정본에 기한 채권에 의하여 배당을 요구합니다.

아　　래

1. 채무명의의 표시.
채권자 홍길동, 채무자 김갑순 사이의 00지방법원 2013가단
0000 대여금 청구사건의 집행력 있는 판결정본

2. 청구금액
　금 10,000,000원정 : 대여금 원금
　금 10,000,000원정 : 위 원금에 대하여
20 ． ． .부터 20 ． ． .까지 연 2할 5푼의 비율에 의한
지연손해금

첨　부　서　류

1. 집행력 있는 판결정본　　　　　　1통
2. 배당요구서 부본　　　　　　　　1통

20 ． ． ．

배당요구 채권자 홍길동 (인)
서울○○구 ○○동 100

○○지방법원　　　　　귀중

【채권계산서】

채 권 계 산 서

사건번호
채 권 자 ○ ○ ○
채 무 자 ○ ○ ○

  위 사건에 관하여 배당요구채권자 ○ ○ ○ 는 아래와 같이
채권계산서를 제출 합니다.

다   음

1. 채권금액: 금 10,000,000원
          원금 9,000,000원
          이자 1,000,000원
          합계 10,000,000원

첨부 : 1. 가압류 결정문   1통
      2. 초본   1통
      3. 연체이자 산출 내역서   1통

20   년   월   일

      채권자(배당요구채권자) ○ ○ ○   (인)
      연락처(☎)

○○지방법원   경매○계   귀중

제10장

공동소유

공동소유란

공동소유에는 사람사이의 인적 결합관계에 따라 공유·합유·총유라는 공동소유의 형태를 말한다. 공유란 1개 부동산에 소유권을 여러 사람이 나누어가지는 형태로 공유자 각각은 자기의 지분을 자유로이 처분할 수 있고 자기지분을 특정하여 달라는 공유물분할을 청구할 수도 있다. 압류할 재산이 공유물, 즉 공동소유인 경우 그 몫이 정하여 있지 아니한 때, 그 몫은 균분한 것으로 보아 집행된다.(민법 제262조 제2항)

제1절 공유

1. 의의

1개의 소유권이 분량적으로 분할되어 수인에게 속하는 경우로(즉, 1개의 물건을 수인이 소유하는 것), 지분권의 성질은 1개의 소유권의 분량적 일부분이다. 보통 법률행위에 의하여 성립할 것이지만, 법률의 규정(예건대 공동상속재산, 귀속불명의 부부재산)에 의한 경우도 있다. 공유자는 그 지분을 자유로이 처분할 수 있고 그 처분에 공유자의 동의를 요하지 아니한다.

판례도 각 공유자는 그 지분권을 다른 공유자의 동의가 없는 경우라도 양도 기타의 처분을 할 수 있는 것이며 공유자끼리 그 지분을 교환하는 것이 지분권의 처분에 해당하는 이상 다른 공유자의 동의를 요하는 것은 아니라고 한다.

다만 구분건물소유자는 그가 소유하는 전유부분과 분리하여 대지사용권에 대한 지분이나 공유부분에 대한 지분을 처분할 수는 없다.

2. 공유물의 분할청구[10]

공유물 분할이란 공유자가 자유로이 각자의 공유지분을 분할함으로써 공유관계를 소멸시키는 것을 말한다. 판례도 민법 제268조가 규정하는 공유물의 분할은 공유자 상호간의 지분의 교환 또는 매매를 통하여 공유의 객체를 단독소유권의 대상으로 하여 그 객체에 대한 공유관계를 해소하는 것을 말하므로 분할의 대상이 되는 것은 어디까지나 공유물에 한하고(대판 2002.4. 12. 2002다4580, 공 2002.61. 1124), 또 특별한 사정이 없는 한 각 공유자는 공유물의 분할을 청구하여 기존의 공유관계를 폐지하고 각 공유자간에 공유물을 분배하는 법률관계를 실현하는 일방적인 권리를 가지는 것이라고 한다. 공유는 합유나 총유와는 달리 단체적 규제를 가하지 아니하고, 또 민법은 단독소유를 원칙으로 하므로 공유자는 언제든지 공유물의 분할을 청구할 수 있다.

3. 분할의 방법

각 공유자는 분할청구권을 가지며, 이는 일종의 형성권이며, 공유물분할청구권은 공유관계에서 수반되는 형성권이므로 공유관계가 존속하는 한 그 분할청구권만이 독립하여 시효소멸될 수 없다(대판 1981.3.24, 80다1888, 1889, 공 1981.5.15, 13840). 분할청구에 의하여 각 공유자는 협의할 의무를 부담하며, 협의가 이루어지지 아니한 경우에는 분할청구권자는 법원에 그 분할을 청구할 수 있다. 공유물의 분할은 언제나 공유자 전원이 분할절차에 참여하여야 하며, 일부는 제외하고 한 분할절차는 무효이다. 즉, 공유물분할소송은 필요적 공동소송이다.

4. 분할의 효과

공유자는 다른 공유자가 분할로 인하여 취득한 물건에 대하여 그 지분의 비율로 매도인과 동일한 담보책임이 있다. 분할로 공유관계는 종료하고 공유자는 분할부분에 대한 단독소유가 된다.

---

10) 전게, 졸고, 판례로 본 물권법, 182면 이하.

제2절 합유

1. 합유의 의의

합유란 법률의 규정 또는 계약에 의하여 수인이 조합체로서 물건을 소유하는 때에 그 공동소유를 합유라고 한다. 예컨대 수인의 동업자 간에 일정한 동업목적을 위하여 어떤 부동산을 취득하여 보유하고 있다면 그 동업재산에 대한 소유형태는 합유이다. 여기서 조합체란 수인이 공동의 목적으로 결합하였지만 단체로서의 독립성보다 구성원의 개별성이 강하게 나타나는 것으로서, 법인이나 권리능력 없는 사단과는 다르다. 합유는 그 소유권이 양적으로 다수인에게 분속되어 있다는 점에서 공유와 같으나, 합유자의 지분은 공동목적을 위해 결합되어 있어 그 처분이 자유롭지 못하다는 점에서는 공유와 다르다.

2. 합유의 성립

합유는 계약 또는 법률의 규정에 의하여 성립한다. 법률의 규정에 의해 합유가 성립하는 것으로는 수탁자가 수인 있는 경우의 신탁재산과 공동광업출원인은 조합의 계약을 체결한 것으로 본다는 광업법 제19조에 의한 조합의 두 경우이다. 부동산을 합유하는 때에는 그 취지를 등기하여야 한다. (부동산등기법 제44조 제2항)

3. 합유관계

(1) 지분

합유에서도 지분이 존재하지만, 지분의 양도는 조합원으로서의 지위와 양도를 의미하므로 합유자는 전원의 동의 없이 합유물에 대한 지분을 처분하지 못한다. 이러한 법리는 합유자 중 1인이 사망한 경우에도 그대로 유지되므로, 합유자 간에 특별한 약정이 없는 한 상속인은 합유자로서의 지위를 승계하지 못하므로 해당 부동산은 잔존 합유자에게 귀속된다.(대판 1996. 12.10, 96다23248)

(2) 합유물

① 합유자의 권리, 즉 지분은 합유물 전부에 미친다.

② 합유물의 보존행위는 각 합유자가 단독으로 할 수 있으나, 합유물을 처분 또는 변경하는 데에는 합유자 전원의 동의가 있어야 한다.

③ 합유자는 합유물의 분할을 청구하지 못한다.

(3) 합유의 종료

합유물의 분할은 원칙적으로 금지되기 때문에 합유관계가 종료하는 것은 합유물의 양도로 조합재산이 없게 되는 때와 조합체의 해산이 있게 되는 때 이다. 조합 체의 해산으로 합유관계가 종료하게 되면 합유재산은 이를 분할 하게 되는데, 그 분할에는 공유물의 분할에 관한 규정이 준용되는 것이다.

제3절 총유

1. 의의

종중 또는 문중 등과 같이 사단의 실질을 갖추고 있으나 법률규정에 의 한 절차(주무관청의 허가, 설립등기)를 거치지 않아 법인격이 없는 단체를 권리능력 없는 사단 또는 비법인 사단이라고 하는데, 권리능력 없는 사단의 사원이 집합체로서 물건을 소유하는 때에 그 공동소유를 총유라고 말하는 것이다.

2. 총유관계

(1) 총유관계의 특징

총유에 있어서는 소유권의 내용이 관리·처분의 권능과 사용·수익의 권 능으로 나누어진다. 관리·처분의 권능은 구성원의 총체에 속하고, 사용· 수익권능은 각 구성원에게 속한다. 따라서 총유에는 공유나 합유에 있어서 와 같은 지분이 없고, 사용·수익권만 있을 뿐이다.

(2) 총유물의 관리·처분, 사용·수익

총유물의 관리·처분은 사원총회의 결의에 의한다.

각 사원은 정관 기타 규약에 따라 총유물을 사용·수익할 수 있다.

(3) 총유물의 보존행위

총유물의 보존행위에 대하여는 민법에 명문의 규정이 없다. 따라서 보존행위도 여타 관리·처분행위와 마찬가지로 사원총회의 결의에 의하고, 각자가 단독으로 할 수 있는 것은 아니다. 따라서 총유재산에 대한 보존행위로서 소를 제기하는 경우에도 사원총회의 결의를 얻어야 하는데, 이 경우 소송은 법인 아닌 사단이 그 명의로 또는 그 구성원 전원이 당사자가 되어 필수적 공동소송의 형태로 할 수 있을 뿐 그 사단의 구성원은 설령 그가 사단의 대표자라 하더라도 그 소송의 당사자가 될 수 없는 것이다.

(4) 총유물에 대한 권리의무의 취득·상실

총유물에 관한 사원의 권리·의무는 사원의 지위를 취득·상실함으로써 당연히 취득·상실된다. 따라서 법인 아닌 사단인 교회의 일부 교인들이 교회를 탈퇴하여 그 교회 교인으로서의 지위를 상실하게 되면 그 교인들은 더 이상 종전 교회의 재산에 대한 권리를 보유할 수 없게 되고, 종전 교회의 재산은 그 교회에 소속된 잔존 교인들의 총유로 귀속됨이 원칙이다.(대판[전] 2006.4.20, 2004다37775)

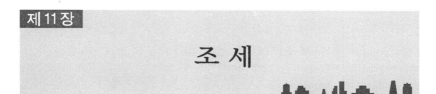

제11장

조 세

조세채권에는 국세와 지방세가 있으며, 국세와 지방세의 경우 당해세(= 당해 부동산과 관련된 세금)와 당해세가 아닌 일반조세로 나누어지는데,
※당해세의 경우 "당해세우선원칙"에 의해 우선변제권자 중에서 시간과 관계없이 항상 우선으로 배당받으며, 당해세 이외의 일반조세의 경우 "법정기일"을 기준으로 하여 순위를 가린다. "당해세 여부와 법정기일의 파악은 입찰기일 당일에 경매기록조서 상으로 확인이 가능하다."

【당해세와 일반조세 비교】

구분＼내용	당해세	일반조세
국세	증여세, 상속세, 재평가세 등	당해세 이외의 세목
지방세	재산세, 자동차세, 종합토지세, 도시계획세 등	당해세 이외의 세목
순위	당해세 우선원칙	법정기일

제1절 당해세 우선원칙

국세 기본법 시행령 18조 1항(= 상속세, 증여세, 재평가세 등)과 지방세법 시행령 제14조 4항(= 재산세, 자동차세, 종합토지세, 도시계획세 등)규정에 의한 당해세의 경우 시간의 선후를 떠나서 경매부동산의 우선변제권자 중에 항상 1등으로 배당을 받는다. 그러나 지방세 당해세의 우선원칙은 1996년 1월 1일부터 시행되어 이 날짜 이전에 설정된 근저당권 등 우선변제권을 가지는 권리에 대하여는 소급하여 우선권을 주장할 수 없다.

사례분석1.

국세 중 당해세의 경우(배당할 금액 1억원) 서울시

2012. 1. 1. A. 저당권	(2. 1.) B. 국세(당해세)	(3. 1.) C. 임차인 (전입/확정)	2014. 1. 5. E. 경매매각
1억원	1,000만	4,000만	1억원

1. 최우선변제 2,500만원
2. 우선변제(당해세) 1,000만원
3. 우선변제(저당권) 6,500만원

사례분석2.

당해세의 경우(배당할 금액 1억원) 타 시도

2012. 1. 1. A. 당해세	(2. 1.) B. 저당권	(3. 1.) C. 임차인 (전입/확정)	2013. 12. 30. E. 경매매각
1,000만	1억원	4,000만	1억원

1. 최우선변제 C=1,400만원
2. 우선변제(당해세) A=1,000만원
3. 우선변제(저당권) B=7,600만원

사례분석3. 1억 배당(타 시도)

2011. 2. 1. A. 임차인 (전입/확정)	2012. 3. 1. B. 저당권	2012. 5. 1. C. 당해세	2013. 12. 30. E. 경매매각
4,000만	1억원	1,000만	1억원

A 최우선변제 = 1,400만원
C 우선변제 = 1,000만원
A 우선변제 = 2,600만원
B 우선변제 = 5,000만원

만약 임차인이 배당절차에서 보증금을 전액 배당받지 못한다면 말소기준권리보다 먼저 대항력을 갖춰 잔여금은 낙찰자가 부담해 주어야 한다.

제2절 당해세가 아닌 조세법정기일

-일반조세(양도소득세, 증권거래세, 교통세, 교육세 등)

-국세(법인세, 소득세, 부가가치세 등)

-지방세(취득세, 등록세, 사업소득세 등)

※법정기일을 기준으로 하며 확정일자, 발송일자를 중요시함. 그들의 다른 권리와 같은 날이면 세금이 우선하며 동순위 조세 간에는 압류(압류선착주의 의거 압류일자)된 조세가 교부한(지방세, 국세, 국세채권) 조세보다 우선한다. 또한 납세 담보로 제공된 재산을 매각하였을 때 압류 여부와 무관하며 다른 국세, 지방세보다 우선한다.(납세)

※배당방법

① 흡수배당(물권) - (임의경매)

② 안분배당(채권) - (강제경매)

③ 순환배당(물권과 채권혼재 시)

Ⓐ	Ⓑ	Ⓒ	Ⓓ
가압류	근저당	조세	가압류
400만	200만	(압류)300만	100만

낙찰가 500만(배당액)

1차. 안분배당

Ⓐ=500×400÷1,000만=200만원

Ⓑ=500×200÷1,000만=100만원

Ⓒ=500×300÷1,000만=150만원

Ⓓ=500×100÷1,000만= 50만원

2차. 흡수배당

두 번째로 B(근저당)은 D(가압류)에게 +50만원을 흡수하고 C(조세)에게 50만원을 흡수=200만원을 받아 만족한다.

3차. 순환배당

세 번째로 C(조세압류)는 B(근저당)에게 50만원을 흡수당해, 현재 100만원을 보유하고 있으며, A(가압류)에게 150만원을 흡수한다.

1차 안분배당에서 조세는 150만원을 받았기에 설사 A가 200만원에 채권을 보유하고 있다고 해도 C에 채권이 300만원이었기에 먼저 150만원만 배당받았기에 나머지 못받은 150만원을 흡수한다. =250만원(배당) 마지막으로 A(가압류)는 1차 안분배당에서 200만원을 배당받았지만 C(조세)에게 150만원을 순환배당에서 흡수당하고 50만원만 남는다.

결론은 낙찰가 500만원 중에

배당금액 A=50만원 B=200만원 C=250만원 D=0원 배당받는다.

사례분석1. 배당액(조세) 타 시도

낙찰금액 = 1억원   총 채권 : 1억 8,000만원

2008. 7. 1. A. 가압류	2008. 7. 5. B. 임차권 (전입+확정)	2008. 8. 1. C. 근저당 (○○은행)	2009. 10. 1. D. 압류(조세)	2011. 2. 1. E. 가압류	2012. 5. 2. F. 경매매각
5,000만	4,000만	3,000만	4,000만	2,000만	1억원

1차(안분배당)

Ⓐ=1억×5,000÷1억8,000만=2,778만원

Ⓑ=1억×4,000÷1억8,000만=2,222만원

Ⓒ=1억×3,000÷1억8,000만=1,668만원

Ⓓ=1억×4,000÷1억8,000만=2,222만원

Ⓔ=1억×2,000÷1억8,000만=1,110만원

2차(흡수배당)우선변제

B(임차인)은 확정일자에 따라 E(가압류)에게 +1,110만원과 D(압류)에게 +668만원을 흡수하여 4,000만원을 배당받는다.

C(근저당)은 D(압류)에게 +1,332만원을 받아 3,000만원을 배당받아 만족한다.

3차(순환배당)

D(압류)는 1차 배당금액 2,222만원을 배당받았지만 B(임차인)에게 -668만원을 1차 흡수당해 1,554만원을 보유, 2차로 C(근저당)에게 1,332만원을 흡수당해 222만원 현재 배당받은 상태이다.

E(가압류)는 확정일자에 따라 B(임차인)에게 -1,110만을 흡수당해 현재 0원상태이다.

D(압류)조세는 현재 222만원을 보유하고 있지만 안분배당 시 2,222만원을 배당받았기 때문에 본채권인 4,000만원이기 때문에 마지막 순환배당에서 A(가압류)를 흡수하여 +1,778만원을 배당받으면 된다. 현재 2,000만원을 배당받는다.

A(가압류)는 안분배당 시 2,778만원을 받아 D(조세)에게 마지막 순환배당에서 -1,778만원 흡수당해 최종배당금액은 남은 1,000만원이다.

결론:

     A=1,000만원　(일부)　④-4,000만원

     B=4,000만원　(만족)　①

     C=3,000만원　(만족)　②

     D=2,000만원　(일부)　③-2,000만원

     E=　　　0원(불만족)　⑤-2,000만원

사례분석2. 1억원 배당(타 시도)

2009. 1. 1. A. 근저당권	2009. 2. 1. B. 임차인 (전입+확정)	2009. 3. 1. C. 당해세	2012. 5. D. 경매매각
1억원	5,000만	1,000만	1억원

(배당순위)

ⓒ우선변제권=1,000만원(당해세)

Ⓐ우선변제권=9,000만원

임차인은 최우선변제권(4,000만) 소액보증금액을 초과하여 최우선변제 제외되며, 근저당보다 후순위여서 배당절차에서 한 푼도 받지 못한다. 낙찰자에게 집을 비워줘야 한다.

사례분석3. 1억원 배당(타 시도)

2009. 2. 2. A. 당해세	2009. B. 저당권	2009. 3. 1. C. 임차인 (전입+확정)	2009. 10. D. 경매매각
1,000만	1억원	5,000만	1억원

배당순위

Ⓐ우선변제 - 당해세 - 1,000만원 ①

Ⓑ우선변제 - 근저당 - 9,000만원 ②

Ⓒ는 하나도 배당받지 못하고 집을 비워줘야 한다.

지방세 중 당해세의 경우

지방세의 당해세의 경우 당해세와 방법은 비슷하나 지방세의 경우 1996년 1월 1일부터 당해세 우선원칙이 적용된다는 점을 기억해야 한다.

사례분석4. 배당액 1억원(타 시도)

1994. 11. 1. A. 근저당	1995. 5. 15. B. 임차인 (전입+확정)	2005. 12. 30. C. 당해세	2012. 5. D. 경매매각
1억원	2,000만	1,000만	1억원

2,000/800(소액보증금)

최우선변제 - 800만원

우선변제 - 9,200만원

1996년 1월 1일 이 법 시행 전 말소기준권리 한해서는 당해세(지방세)가 우선하지 않는다.

사례분석5. 배당액 1억 2,500만(타 시도)

1994. 1. 1. A. 근저당	1996. 3. 5. B. 임차인 (전입+확정)	1997. 12. 1. C. 당해세	2012. 5. D. 경매매각
1억원	2,000만	1,000만	1억 2,500만

배당순위

Ⓑ최우선변제 ：　800만원　(1)

Ⓐ　우선변제 ：　　1억원　(2)

Ⓑ　우선변제 ： 1,200만원　(3)

Ⓒ　　당해세 ：　500만원　(4)　1994년에는 당해세 우선원칙이 없다.

사례분석6. 배당액 1억 (타 시도)

1996. 3. A. 근저당	1996. 5. 1. B. 임차인 (전입+확정)	1996. 7. 1. C. 당해세	2012. D. 경매매각
1억원	3,000만	1,000만	1억원

배당순위

Ⓑ1,200만원

Ⓒ1,000만원

Ⓐ7,800만원

제 12 장

명 도(집 비우기)

제1절 개요

경매에서 가장 문제가 되는 것은 권리분석이고 그 끝은 명도이다. 매수인
(낙찰자)은 경매부동산을 신속히 명도받아 사용, 수익하고 싶어 한다. 그러
나 경매라는 특수한 절차상, 이중의 절차를 밟아야 한다. 그 첫 번째는 등기
부등본 상 소유권이 나에게 이전되는 것이고 두 번째는 소유자 및 점유자에
게서 점유권을 인도받아야만 온전한 재산권을 행사할 수 있다. 물론 소유자
및 점유자와 쌍방 합의하에 이루어진다면 좋겠지만 그러하지 못할 경우 법
적 조치를 취해야 한다. 조치로는 인도명령과 명도소송 점유이전금지가처분
제도가 있다. 낙찰자 입장에서는 항상 두 가지 방법을 써야 한다. 그 하나는
협상이고 또 하나는 법적 조치이다. 물론 법적 조치도 좋지만 최고의 명도
는 타협과 협상이다.

제2절 부동산 인도명령

인도란 점유의 이전으로 인한 현실로 물건을 이전시키는 것을 말한다. 매
수인(낙찰자)이 대금을 완납한 후 6개월 이내에 매수인이 인도명령을 신청
해야 한다(민사집행법 제136조 1항). 인도명령은 즉시항고로서만 불복할 수
있는 재판(민사집행법 제136조 5항)으로 제56조 1호에 해당하는 집행권원
이다. 법원은 소유자 또는 부동산 점유자에 대하여 부동산을 매수인에게 인
도할 것을 명령한다. 이 명령을 부동산 인도명령이라 한다.

1. 신청인

인도명령을 신청할 수 있는 자는 매수인, 즉 낙찰자이다. 매수인은 매각
대금(낙찰대금)을 납부하면 되고 소유권이전등기까지 마쳐졌음을 요하지는
않는다.

2. 대상자11)

인도명령의 대상자는 채무자, 소유자 또는 부동산 점유자이다. 다만, 점유
자가 매수인에게 대항할 수 있는 권원에 의하여 점유하고 있는 경우에는 그
러하지 아니한다.

즉, 채무자, 소유자 또는 부동산 점유자이며, 채무자나 소유자의 일반 승
계인도 인도명령의 대상자가 된다. 채무자나 소유자와 동거하는 가족, 피용
인과 같은 점유보조자 등은 그 점유의 독립성이 없고, 채무자나 소유자와
동일하게 취급하여 인도명령의 대상자가 된다.

(1) 채무자와 소유자

경매개시결정에 표시된 채무자와 경매개시결정 당시의 소유명의자를 말
한다. 채무자나 소유자와 동거하는 가족, 피용인과 같은 점유보조자 등은 그
점유의 독립성이 없고, 채무자나 소유자와 동일하게 취급하여 인도명령의
상대방이 된다.

(2) 부동산 점유자

구)민사소송법은 압류의 효력발생 이후에 점유를 시작한 자에 대해서만
인도명령의 대상자로 하였으나 민사집행법은 단순히 부동산 점유자로 규정
하고 있어 압류의 효력발생 이전부터 점유한 자도 인도명령의 대상자로 하
였다. 이는 경매 부동산에 대한 명도를 쉽게 받기 위해 그 인도명령의 대상
자를 확대한 것이다. 다만, 점유자가 매수인에게 대항할 수 있는 권원에 의
하여 점유하고 있는 것으로 인정되는 경우에는 상대방이 될 수 없다. 이에

---

11) 대상자란 여기에서 상대방을 이야기한다.

해당하는 점유자로는 저당권이나 가압류보다 우선하는 대항력 있는 임차인, 유치권자, 법정지상권자 등이다. 이들에 대하여는 별도의 명도소송을 통하여 해결하여야 한다.

3. 인도명령 절차

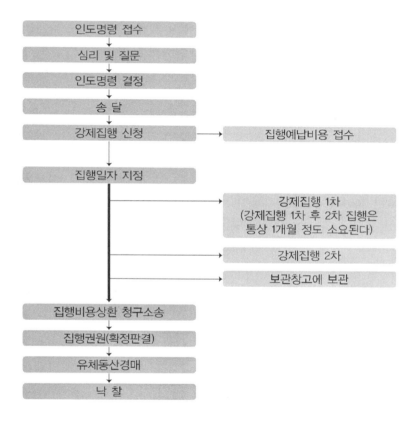

제3절 명도소송

부동산경매에서 부동산 인도명령 신청기간(매각대금 납부 6개월 이내)이 지나거나 채무자 소유자 또는 점유자 등 인도명령을 받는 사람 이외의 사람이 해당부동산을 점유하고 있는 경우에 매수인이 그 부동산을 점유하고 있는 자에게 넘겨달라는 소송을 제기할 수 있다. 명도소송이란 경매개시 결정 등기 이전에 점유한 대항력 없는 세입자 등 인도명령 대상이 아닌 경우와 인도명령 대상자에 해당되나, 낙찰대금 납부 후 6개월을 넘긴 경우의 점유자가 자진하여 건물을 인도해 주지 않을 때 명도소송 제기 후 승소를 통해 강제집행을 실행하는 방법이다. 명도소송은 대략 4-6개월 정도 걸리지만 점유자의 대응에 따라서는 1년 이상 소요될 수도 있다. 그러나 일반적으로는 승소가 명백하므로 명도소송은 본인이 직접 원고로서 재판에 참여하면 소송비용도 거의 들지 않는다.

또한 이러한 것들을 최소화하기 위해 잔금납부와 함께 점유이전가처분금지신청을 하면 법원은 민사 소송법 제718조에 규정에 의해 결정을 하게 되겠지만, 명도소송판결이 나고 집행문이 발효되면 강제 집행하여 해당 부동산을 점유할 수 있다. 하지만, 명도소송도 좋지만 경매에서는 최고의 좋은 방법은 법이 아니라 타협과 협상을 잊지 말기 바라며 은행이자 및 관리비를 따져보아 어떻게 현실적으로 실익이 있는지를 꼼꼼히 따져 보기 바란다.

1. 점유이전금지가처분을 하는 이유

점유이전금지가처분이란 낙찰받은 물건을 다른 사람에게 이전을 하지 못하게 하는 조치이다. 즉, 낙찰받은 부동산에 살고 있는 점유자를 상대로 점유이전금지가처분 결정을 받아두면 이후에 어떠한 사람이 점유하여 살고 있어도 그 사람에게 효력이 미치기 때문에 강제집행할 수 있는 행위를 말하는데, 명도소송을 제기하여 명도판결을 받더라도 그 동안 점유자가 바뀐다면 명도집행을 할 수 없게 되고 새로운 점유자를 상대로 새로운 소송을 해야 하는 어려움이 있는데, 이를 방지하기 위해서는 명도소송 전에 반드시 점유이전금지가처분을 해야 한다.

2. 점유이전금지가처분 신청방법 및 법원

점유이전금지가처분은 매수인이 그 건물에 대하여 소유권을 갖고 있다는 사실과 상대방이 현재 점유권원이 없어 점유하고 있다는 것과 명도소송을 제기하려고 하는데 점유자가 점유를 이전시킬 우려가 있어 집행이 곤경에 처할 우려가 있다는 것을 기재한 신청서를 법원에 제출하여야 한다.

법원은 명도소송을 제기할 법원이어야 하므로 상대방의 주소지를 관할하는 법원이어야 하고, 가처분신청에 대한 법원은 신청서 접수일로부터 3일 정도 지난 후 확인하고, 결정문이 났으면 담보제공 명령문을 수령하고 강제집행신청서를 접수, 집행비용을 예납한 다음 집행날짜를 잡아주면 집행날짜와 시간에 현장을 방문, 집행하면 된다.

단, 강제집행할 경우 입회인 2명과(성인) 열쇠공을 대동하여야 한다.

3. 명도소송의 신청

원고 및 피고의 성명과 주소, 청구취지, 청구원인을 기재하고 입증자료를 첨부하여 관할법원에 제출하면 된다.

(1) 첨부서류

① 소장 부본(소송당사자 수 + 법원용 1부)
② 부동산등기부등본 1통(소유권이전등기가 경료된 등본-소유자 확인용)
③ 부동산 목록
④ 도면(부동산의 일부에 대한 명도 시)
⑤ 인지 및 송달료 납부 영수증

(2) 청구취지

① 피고는 원고에게 별지목록 기재 부동산을 명도하라.
② 소송비용은 피고의 부담으로 한다.
③ 위 제1항은 가집행할 수 있다 라는 재판을 구한다.

(3) 청구원인

1) 원고는 지방법원(20**타경****호) 부동산임의(강제)경매사건에 의하여 별지목록기재 부동산을 낙찰받고 20 . . . 낙찰대금을 납부한 후 소유권이전등기를 경료하였다.

2) 원고는 피고에게 위와 같은 사유로 소유자가 되었음을 알리고, 별지목록기재 부동산을 명도하여 줄 것을 요구하였으나 아무런 이유 없이 명도를 거절하므로, 부동산을 명도받기 위하여 부득이 본 소에 이른 것입니다.

(4) 명도소송 대상

① 낙찰대금 납부일로부터 6개월이 경과하여 인도명령신청을 할 수 없는 인도명령대상자

② 확정일자를 갖춘 임차인으로서 배당요구 신청을 하였으나 선순위 채권액이 많아서 배당에서 제외된 임차인

③ 압류효력 발생일 이전에 전입신고를 하였으나 선순위 가압류 및 근저당 등의 채권액이 낙찰대금을 초과하여 존재하고, 임차인이 소액임차인에도 해당하지 않아 배당절차에서 전혀 배당받지 못한 임차인

④ 압류효력 발생일 이전에 점유를 시작한 점유자 및 그로부터 낙찰허가 결정 일전에 부동산의 점유를 승계받은 자

⑤ 주거용 이외(상가, 공장 등) 부동산에 전세권을 설정해 놓고도 배당을 받지 못한 임차인

⑥ 주거용 이외(상가, 공장 등) 부동산의 임차인으로서 압류효력발생일 이전에 전입신고를 한 임차인

⑦ 기타 정당한 사유 없이 점유를 하고 있는 자

(5) 명도소송의 집행

원고(낙찰인)는 판결문과 집행문 그리고 피고에 대한 송달증명을 첨부하여 관할법원(부동산소재지 법원) 집행관사무소에 강제집행을 신청하면 된다.

〈첨부서류〉

① 집행력 있는 판결정본

② 송달증명원

③ 강제집행 예납금

④ 도장

⑤ 인감 증명서, 위임장(위임 시 필요서류)

제13장

공 매

제1절 공매의 의의12)

공매란 부동산 등을 처분할 때 모든 것을 공개하여 매각하는 것을 말한다. 즉, 소재지, 종별, 수량, 매매가격 등 물건의 기본적인 상태와 각 물건에 대한 개별적인 매각조건을 고지한 후 그 조건을 승낙한 사람이 매수를 희망하는 경우에 일반 경쟁 입찰을 통하여 처분하는 제도를 말한다. 따라서 공매는 다수물건을 동시에 공개 매각하는 것이므로 대중성, 공정성, 신뢰성을 바탕으로 하고 있는 것이 그 특징이다.

경매와 공매의 법률적 성격은 다소 차이가 있다. 경매는 사인 간의 채권, 채무를 국가 공권력이 개입하여 정리하는 것으로 민사집행법의 영향을 받는다. 그에 비해 공매는 공법상의 행정처분으로 국세징수법의 영향 아래 있다고 할 것이다. 국내에서 공매를 시행하는 대표적인 기관은 한국자산관리공사라 한다.

제2절 공매 물건의 분류

한국자산관리공사의 공매 물건은 특징에 따라 다음의 5가지 자산으로 분류되지만, 고정자산을 제외한 4가지 자산이 주로 공매 처분된다. 다만, 이 분류는 한국자산관리공사 내부의 분류기준이며 공식적이거나 공인된 분류는 아니라는 점을 참고해야 한다.

---

12) 유선종, 『부동산의 이해』, 부연사, 2006, p.195.

1. 압류재산

국세징수법 및 지방세법 등에 의거 국세, 지방세 및 각종 공과금 등의 체납으로 세무서 또는 지방자치단체 등이 체납자의 재산을 압류한 후 체납세금을 징수하기 위해 KAMCO에 매각을 의뢰한 재산을 말한다.

KAMCO는 압류재산의 공매대행을 의뢰받아 매각, 배분, 소유권 이전 업무를 수행함으로써 국가 자산의 활용성 제고 및 국세 · 지방세 압류재산 공매 전담기관으로서의 위상을 강화하고 있다.

2. 국유재산

국가가 행정목적을 수행하기 위해 필요로 하여 소유하고 있는 일체의 재산(광의) 및 국가의 부담이나 기부의 체납, 법령 또는 조약에 따라 국가소유로 된 재산(협의)을 말한다.

KAMCO는 국가소유 일반재산의 관리와 처분을 위임받아 입찰의 방법으로 일반인에게 매각이나 임대하는 업무를 수행하고 있다.

3. 수탁재산

금융기관이나 기업체가 소유하고 있는 비업무용 자산을 KAMCO에 매각 위임한 부동산과 일시적 1세대 2주택자와 비사업용으로 전환 예정인 토지 소유자가 양도소득세의 비과세 또는 중과세외 혜택을 받기 위해 KAMCO에 매각 위임한 부동산을 말한다. KAMCO는 온비드를 통하여 인터넷 공매 방법으로 매각하는 업무를 수행하고 있다.

4. 유입자산

채권회수 위임된 채권의 정리업무 수행과정이나 금융기관의 구조개선을 위해 KAMCO가 법원경매를 통하여 취득한 재산이나 부실징후기업체를 지원하기 위해 기업체로부터 취득한 재산을 말한다. KAMCO는 온비드(위임기관 요청 시 신문 등)에 의하여 공고 후 공매 또는 유찰계약 방법으로 일반인에게 다시 매각하는 업무를 수행하고 있다. "부실징후기업"이라 함은 금융기관 또는 금융기관으로 구성된 단체(이하 "금융기관 등"이라 한다)가 여신거래기업 중 경영상태가 불량하여 경영위기에 처하거나 부실화될 가능성이 있다고 판단하는 기업을 말한다.

구분	압류재산	국유재산	수탁재산	유입재산
소유자	체납자	국(기획 재정부)	금융기관, 공기업	KAMCO
매각금액 결정기준	감정가격	매각 : 2개 이상의 감정 평가 법인의 평가액을 산술평균한 금액 대부 : 재산가액에 산술요율을 곱한 금액	감정가격	KAMCO 유입가격
명도책임	매수자	매수자	매도자(금융기관, 공기업) (경우에 따라서는 매수자 부담)	매도자 (KAMCO) (경우에 따라서는 매수자 부담)
대금납부 방법 및 기한	국세징수법에서 정함 (보증금 10%, 잔대금은 물건의 최초공고일자에 따라 납부기한이 7일, 30일, 60일로 구분됨)	매각 : 매매계약체결일로부터 60일 이내 대부 : -원칙 :연간대부료전액 선납 -예외 :연간대부료100만원 초과시 연 4회 이내 분납	금융기관 및 공기업 제시조건 (보증금 10%, 잔금 90%)	일시급 또는 낙찰금액에 따라 최장 5년 기간내에서 할부로 납부 가능(6개월균등분할납부)
유찰계약	불가	2회차 유찰 이후 차기 공고까지 가능	다음 공매공고 전일까지 가능 (단, 예외 있음)	다음 공매공고 전일까지 가능
계약체결	별도계약 없음 (매각결정에 의함)	낙찰 후 5일 이내	낙찰 후 5일 이내 계약체결해야 함	낙찰 후 5일 이내 계약체결해야 함
매수자 명의변경	불가	불가(단, 계약자 사망시 상속인으로 가능)	가능(단, 위임기관 승인 후)	가능
대금선납시 이자감면	없음	없음	금융기관 정기예금에 해당하는 이자감면 (변동될 수 있음)	기금채권발행금리에 해당하는 이자액(변동될 수 있음)
권리분석	매수자(특히 대항력 있는 임차인 유무에 주의)	필요	불필요	불필요
대금완납 전점유사용	불가	불가	금융기관 승낙조건에 따른 점유사용료를 내거나 납부 보장책을 제시하는 경우 가능	매매대금의 ⅓ 이상 선납하거나, 기계기구의 수리비가 매매대금의 ⅓ 이상 소요되는 경우로써 매수자가 직접 수리 후 사용하고자 하는 경우 가능
계약조건 변경	불가	불가	위임기관 협의에 따라 가능	구입자가 원할 경우 금액에 따라 최장 5년까지 연장 가능

제3절 온비드 입찰참가 시 절차

1. 온비드 회원가입

온비드 내 회원가입 코너를 통해 〈회원가입〉을 한다.

개인회원, 이용기관회원, 법인회원, 협력업체회원 등으로 가입할 수 있다.

이용기관회원도 인터넷입찰 참여가 가능하며 이 경우 개인명의가 아니라 기관명으로 입찰하여야 한다.

2. 공인인증서 등록

(1)공인인증서가 없는 경우 : 공인인증기관 또는 대행기관을 통하여 발급받는다.

〈나의온비드〉-〈공인인증서관리〉-〈인증서안내/신청〉 코너를 이용하여 온비드 전용인증서 및 전자거래범용인증서를 저렴하게 발급받을 수 있다.

(2)공인인증서가 있는 경우 : 기관발급 받은 또는 보유한 공인인증서는 〈나의온비드〉에서 등록한다.

1) 공인인증서는 온라인상 인감과 같으며, 공인인증서가 없으면 인터넷입찰에 참여할 수 없다.

2) 개인회원은 '온비드전용인증서(개인)'나 '전자거래범용 개인 공인인증서'를, 개인사업자·협력업체·법인·공공기관 이용법인 회원은 '온비드 전용인증서(사업자, 기업, 법인)'나 '전자거래범용 기업(법인) 공인인증서'를 사용하여야 한다.

3. 입찰대상 물건확인

〈통합검색〉, 〈전체물건검색〉 등 검색기능을 통해 인터넷입찰이 가능한 물건을 검색한다. 공고와 물건정보를 〈관심정보〉로 등록해 두면 〈나의온비드〉 코너를 통해 해당 건에 대한 입찰진행 정보를 쉽게 파악할 수 있다.

→ 통상 인터넷 입찰은 일정기간 동안 입찰할 수 있는 기간입찰로 진행된다.

4. 인터넷입찰서 작성

인터넷입찰이 시작된 물건의 물건정보화면 하단의 입찰정보 목록에서 〈입찰참가〉버튼을 누르면 〈인터넷입찰서 작성〉화면으로 이동한다. 전자보증서를 입찰보증금으로 납부할 수 있는 물건의 경우 〈전자보증서발급신청〉을 누르면 〈전자보증서발급신청〉화면으로 이동한다. 전자보증서를 이용할 경우 각각의 화면에서 안내하는 내용을 참조하시어 절차를 진행하면 된다. 전자보증서란 입찰보증금을 현금에 대신하여 납부하는 보증보험증권이다.

- 보증금납부계좌는 신한은행, 하나은행 중 선택하여 발급받을 수 있다.
- 입찰에 참여할 물건의 정보 및 입찰정보를 확인한다.
- 작성하시는 전자입찰서에는 원하는 입금금액과 유찰 시 납부한 보증금을 환불받을 계좌번호를 입력하면 된다.

5. 입찰서 제출완료

〈입찰서제출〉버튼을 누르면 입찰서 제출이 완료된다.
〈입찰서제출〉이라는 안내화면이 나온다.
입찰보증금 납부계좌 등 관련정보를 확인한다.
 - 공동입찰, 대리입찰 및 미성년자입찰(민법상 만 20세 미만)의 경우에는 정해진 기한까지 관련서류를 입찰집행기관(부점) 담당자 앞으로 제출하여야 유효한 입찰로 처리된다.

6. 보증금납부

해당 입찰건의 인터넷 입찰마감시간까지 보증금을 납부하시면 입찰이 완료된다. 납부할 입찰보증금액이 1,000만 원 이하인 경우에는 반드시 한 번에 입금하여야 하고, 1,000만원 초과하는 경우에만 분할납부가 가능한 점을 유의해야 한다. 보증금을 현금으로 납부하는 경우 인터넷뱅킹, 폰뱅킹, ATM, 은행창구입금 등 일반적인 은행거래 방식을 모두 사용할 수 있으나 금융기관별 서비스 이용 가능시간과 거래방법별 이체한도 등의 제한이 있으므로 주의하기 바란다. 보증금 입금상태는 〈나의온비드〉코너의 〈입찰내역관리〉에서 확인할 수 있다.

7. 낙찰자선정 및 결과확인

- 해당 입찰건의 집행기관이 공지된 날에 낙찰자를 선정한다.
- 입찰결과는 〈나의온비드〉코너의 〈입찰내역〉에서 확인할 수 있다.
- 서비스를 신청한 회원에게는 입찰결과를 이메일이나 휴대폰 문자메시지로 보내준다.

제4절 KAMCO에서 부동산을 구입 시 주의사항

1. 유입자산 및 수탁재산 구입

(1) 명도책임이 매도자인지 매수자인지를 확인해야 한다. 각 물건마다 명의변경 등 부대조건 표시를 정확하게 이해해야 한다.
(2) 주거용 건물의 경우 구입금액과는 별도로 임차금의 부담이 있는 경우도 있다.
(3) 토지거래허가 대상 물건의 경우는 관할 관청으로부터 토지거래허가를 얻어야 계약체결이 가능하다.
(4) 토지 지상에 무허가 건물 등이 있을 수 있으므로 현지를 방문하여 건물의 존재 유무를 확인해야 한다.

2. 압류재산 구입

(1) 부동산의 명도책임은 매수자가 부담하므로, 사전에 자진명도 가능성 및 명도의 난이도 등을 조사하여야 한다. 또한, 권리분석도 매수인이 하여야 한다.
(2) 세금 압류일자 또는 근저당설정등기 이전의 가등기, 가처분 및 지상권 등은 말소가 되지 않으므로 사전에 등기부등본을 열람하여야 하며 낙찰자가 부담하는 "대항력 있는 임차인"의 유무도 확인해야 한다.

3. 물건종류별 주요 주의사항

(1) 각종 토지(전, 답, 대지, 잡종지, 임야 등)

토지의 지상에 매각대상에 포함되지 않는 제시 외 물건의 철거책임은 매수자가 부담하여야 하므로 입찰참가 사전에 반드시 현황을 조사하여야 하며, 농지인 경우 농지취득 자격증명발급 등의 여부를 관할 관청(시, 군, 읍, 면)에 직접 확인하여야 한다.

(2) 공장

공장의 설립 신고와 허가가능 여부, 기계기구의 사용가능 여부 및 기계·기구 수량의 증감내용 등을 직접 확인하여야 한다.

(3) 주택

KAMCO에서 제시하고 있는 주택의 면적과 실제 이용하고 있는 면적에 차이가 있을 수 있으며, 간혹 타인 소유 토지의 지상 위 건물이나 타인과 공동명의의 토지인 경우도 있으므로 사전에 정확한 조사를 하여야 한다.

(4) 상가

공매공고한 건물면적은 등기부 등본상 기재된 건물수량으로 체납된 관리비가 있는 경우 공용부분에 해당하는 체납관리비는 매수자가 부담하므로 해당 관리사무실 등에서 확인하여야 한다.

4. 공매입찰 시 입찰자격의 제한

공매의 공정하고 원활한 집행을 확보하기 위하여 국세징수법은 공매참가의 제한제도를 두고 있다. 제4조(공매참가자 자격제한) 다음 각 호의 1에 해당하는 자는 입찰에 참가할 수 없다. 다만, 제1호 내지 제3호의 경우에는 그 사실이 있은 후 2년 이 경과되지 아니한 자에 한한다.

(1) 입찰을 하고자 하는 자의 공매참가, 최고가격 입찰자의 결정 또는 매수인의 매수대금 납부를 방해한 사실이 있는 자

(2) 공매에 있어 부당하게 가격을 떨어뜨릴 목적으로 담합한 사실이 있
　　는 자
(3) 허위명의로 매수 신청한 사실이 있는 자
(4) 입찰 장소 및 그 주위를 소란하게 한 자와 입찰을 실시하는 담당직원
　　의 직무집행을 방해하는 자
(5) 공사가 운영하는 온비드에 의하여 실시하는 공매(이하 "인터넷공매"
　　라 한다)를 방해하기 위한 목적 등으로 온비드를 정상적으로 작동되
　　지 않게 하거나 이와 유사한 행위를 한 자
(6) 입찰가격의 유지나 특정인의 입찰을 위해 담합 등 입찰의 자유경쟁
　　을 부당하게 저해하는 불공정행위를 한 자
(7) 업무담당자 등에게 직, 간접적으로 뇌물이나 부당한 이익을 제공하는
　　행위를 한 사실이 있는 자
(8) 체납자, 관련공무원 및 공사 직원

【경매와 공매의 차이점】

구 분	경 매	공 매
해당법률	민사집행법	국세징수법
개시결정 기입등기	경매개시결정 후 등기부에 기재, 공시 기능 있음	압류한 후 공매 별도의 개시기입 등기 있음
임대차내용 물건현황조사	집행관의 현황보고서 있음	별도의 자료 없이 감정평가서로 대체
입찰보증금	최저 매각가격의 10%	매수가격의 10%
유찰 시 저감률	20%에서 30%	2화차부터 1회차 매각예정가의 10%씩 체감하여 50%까지 진행
대금납부방법	매각허가결정 확정일(이의제기)로부터 1개월 이내	매각결정일로부터 1,000만 원 미만 7일 이내 1,000만 원 이상 60일 이내
농지취득자격 증명제출기간	매각결정기일까지(7일 이내)	소유권이전등기 촉탁 신청 전까지(60일 이내)
배당요구 종기	첫 매각기일 이전	최초의 입찰기일 이전 배분 요구의 종기(3주 전) ① 매각으로 소멸되지 아니하는 전세권을 가진 자가 배분을 받으려면 배분요구의 종기까지 배분을 요구하여야 한다. ② 배분요구철회에 따라 매수인이 인수하여야 할 부담이 달라지는 경우 배분요구를 한 자는 배분요구의 종기가 지난 뒤에 이를 철회하지 못한다.
공유자의 우선매수제도	우선매수제 있음	공매재산이 공유물의 지분인 경우 공유자는 매각결정 기일 전
인도명령	채무자, 소유자 대항력이 없는 모든 점유자	없음(모두 명도소송)
대금미납 시 보증금의 처리	배당 재단에 편입 (이해관계인)	국고, 지방자치단체 금고에 귀속
대금미납 시 전매수인의 매수자격	자격 제한	자격 제한 없음
채권자 상계신청	상계가능	상계불가
입찰방식	현장, 우편입찰, 기일, 기간입찰	인터넷, 기간입찰

채권신고 및 배분요구서

관리번호			
처분청 (위임기관)		체납자	
배분기일	20 년 00월 00일	배분요구 종기	20 년 00월 00일
공매재산			

1.채권현황

채권의종류	설정(가압류)일자	설정(청구) 금액	실 채권액			
			원금	이자	가지급금	계

2.임대차현황

용도	전입(사업자등록)일	확정일자	계약 일자	보증금	비고(월세)

3.배분금 수령 계좌번호 신고

은행명	예금주	계좌번호	비고
			계좌사본첨부

4.배분기일 통지 송달신고(전자송달 요청시 e-mail주소 기재)

송달방법	송달장소	비고
우편송달, 전자송달		

국세징수법 제68조의2에 따라 채권신고 및 배분요 구하여, 배분기일 통지에 관한 송달장소를 신고합니다.

20 년 00월 00일

배분요구 채권자
성 명: (인)
주민(법인)번호:사업자등록번호:
주 소:
전화번호:(자택) (휴대폰)
한국자산관리공사귀중

채권신고 및 배분요구서접수증(접수번호 호)		
첨부서류: 채권원인입증서류사본1부.	채권자	
	접수일자	
	접수자	

채권신고 및 배분요구 제출서류 등의 안내

1. 권리자별 제출서류

□ 담보채권자 : 설정계약서, 채권원인서류 사본

□ 임대차관계

○ 주택 : 임대차계약서 사본(또는 전세권설정계약서 사본), 주민등록등본(전입일자 확인용)

○ 상가 : 임대차계약서 사본(또는 전세권설정계약서 사본), 관할세무서의 임대차관계 사실 확인서, 사업자등록증명원, 사업자등록증사본

※ 주택의 경우 세대원의 주민등록 신고일이 빠른 경우 세대원의 주민등록 초본을 첨부하여야 하며, 확정일자가 있는 경우 확정일자가 있는 임대차계약서 사본 제출

□ 임금채권자

① 지방노동사무소에서 발급한 체불임금확인서(또는 우선변제 임금채권임을 판단할 수 있는 법원의 확정판결문)

② 다음 서류 중 하나를 소명자료로 첨부

 - 사용자가 교부한 국민연금보험료 원천공제계산서

 - 원천징수 의무자인 사업자로부터 교부받은 근로소득에 대한 원천징수영수증

 - 국민연금관리공단이 발급한 국민연금보험료 납부사실 확인서

 - 국민건강보험공단이 발급한 국민건강보험료 납부사실 확인서

 - 위 4가지 서류 중 하나를 제출할 수 없는 경우에는 사용자가 작성한 근로자명부 또는 임금대장 사본

□ 일반채권자

 - 가압류신청서 및 결정문 사본(가압류채권자인 경우만 해당)

 - 소장사본 및 집행력 있는 집행권원 정본 사본(집행권원이 있는 경우만 해당)

2. 제출기한 : 배분요구 종기

3. 유의사항

① 채권의 종류는 근저당, 임금채권, 일반채권 등으로 구분해서 기재하여야 합니다.

② 임대차 현황의 용도는 주택 또는 상가 건물로 구분하여 기재하여야 합니다.

③ 배분요구에 따라 매수인의 인수부담이 바뀌게 되는 권리자는 배분요구 종기가 지난 후에는 배분요구를 철회할 수 없습니다.

④ 배분요구의 종기가 지난 후에 배분요구 하는 경우 배분에 참여할 수 없습니다.

⑤ 신고된 송달장소로 배분기일을 통지하므로 송달장소가 변경되는 경우에는 즉시 새로운 송달장소를 신고하여 불이익을 받지 않도록 하여야 합니다.

⑥ 대리인이 서류를 제출하는 경우에는 위임자의 인감증명서가 첨부된 위임장 1통을 추가로 제출하셔야 합니다(법인인 경우 사용인감확인서, 법인인감증명서, 법인등기부 등본 또는 초본 제출).

⑦ 최선순위의 전세권은 전세권자의 배분요구에 따라 그 전세권은 소멸되며, 배분요구를 하지 않는 경우에는 전세권은 매각으로 소멸되지 않습니다.

공유자 우선매수신고서

위임기관		관리번호	
체 납 자		매각결정기일	
매각예정가격		최고입찰가격	
공매보증금		보증금 납부일	
매각재산			

　위 압류재산에 대하여 다음과 같이 국세징수법 제73조의2제1항에 따라 최고액의 입찰가격과 같은 가격으로 우선매수를 신고합니다.

〈 유의사항 〉

1. 여러 사람의 공유자가 우선매수신고를 한 경우에 있어 특별한 협의가 없으면 공유지분 비율에 따라 공매재산 취득

2. 매수대금 납부, 명도책임 및 인도, 매각재산의 권리이전, 매각결정 취소, 물건상 하자내용, 주의사항 등은 공매공고문을 통하여 확인

3. 기타 준수할 사항은 국세징수법, 지방세기본법 등 관련 법령과 우리 공사 압류재산 인터넷 공매입찰참가자 준수규칙을 따름

〈 공매보증금 환급용 계좌번호 신고 〉

은행명	계좌번호	예금주	계좌사본

（첨부서류）

1. 등기부등본 1통.
2. 기타 관련서류 (　　　　)

20 　년 　월 　일

우선매수신고인 공유자　　　　(인) (매수지 분 :　/　)

한국자산관리공사 귀중

제 14장

경매 용어

(1) 가등기

종국등기를 할 수 있을 만한 실체법적 또는 절차법적 요건을 구비하지 못한 경우 혹은 권리의 설정, 이전, 변경, 소멸의 청구권을 보전하려고 할 때와 그 청구권이 시한부, 조건부이거나 장래에 있어서 확정할 것인 때에 그 본등기를 위하여 미리 그 순위를 보존하게 되는 효력을 가지는 등기이다. 예비등기의 일종이다. 가등기의 효력은 그 자체로는 완전한 등기로서의 효력이 없으나 후에 요건을 갖추어 본등기를 하게 되면 그 본등기의 순위는 가등기의 순위로 되므로, 결국 가등기를 한 때를 기준으로 하여 그 본등기의 순위가 확정된다는 본등기순위보전의 효력과 본등기 이전에 가등기가 불법하게 말소된 경우에 가등기명의인은 그 회복을 청구할 수 있는 가등기 자체의 효력(청구권보존의 효력)이 있다.

(2) 각하

국가기관에 대한 행정상 또는 사법상의 신청을 배척하는 처분, 특히 소송상 법원이 당사자 그 밖의 관계인의 소송에 관한 신청을 배척하는 재판을 말한다. 다만 민사소송법상 기각과 구별하여 사용하는 경우에는 소송요건 또는 상소의 요건을 갖추지 않은 까닭으로 부적법인 것으로서 사건의 일체를 심리함이 없이 배척하는 재판을 말한다.

(3) 감정평가액

집행법원은 감정인으로 하여금 부동산을 평가하게 하고 그 평가액을 참작하여 최저매각가격을 정한다. 감정인의 평가액을 그대로 최저매각가격으로 정하여야 하는 것은 아니지만 실무에서는 대부분 감정인의 평가액을 그대로 최저매각가격으로 정하고 있다. 감정평가서에는 최소한 감정가격의 결정을 뒷받침하고 응찰자의 이해를 도울 수 있도록 감정가격을 산출한 근거를 밝히고 평가요항, 위치도, 지적도, 사진 등을 첨부하여야 한다. 그리고 이 감정평가서는 매각기일 1주일 전부터 매각물건명세서에 첨부하여 일반인의 열람이 가능하도록 비치하게 되어 있다.

(4) 강제경매

채무자 소유의 부동산을 압류, 환가하여 그 매각대금을 가지고 채권자의 금전채권의 만족을 얻음을 목적으로 하는 강제집행 절차 중의 하나이다.

(5) 개별경매(분할경매)

수개의 부동산에 관하여 동시에 경매신청이 있는 경우에는 각 부동산별로 최저경매가격을 정하여 경매하여야 한다는 원칙이다. 법에 명문규정은 없으나 이 원칙은 1개의 부동산의 매각대금으로 각 채권자의 채권 및 집행비용의 변제에 충분한 때에는 다른 부동산에 대한 경락을 허가하지 아니하며, 이 경우 채무자는 경락할 부동산을 지정할 수 있다는 규정과 일괄경매에 관한 특칙이 있음에 비추어 명백하고, 다만 법원은 수개의 부동산의 위치, 형태, 이용관계 등을 고려하여 이를 동일인에게 일괄매수시킴이 상당하다고 인정한 때에는 자유재량에 의하여 일괄경매를 정할 수 있다.

(6) 경락기일

집행법원은 경매기일의 종결 후 미리 지정된 기일에 경락기일을 열어 경락의 허부에 관하여 이해관계인의 진술을 듣고 직권으로 법정의 이의사유가 있는지 여부를 조사한 다음 경락의 허가 또는 불허가를 선고하는 날이다.

(7) 경매개시결정

경매신청의 요건이 구비되었다고 판단되면, 집행법원은 경매절차를 개시한다는 결정을 한다. 이것이 경매개시결정이다. 이 때 집행법원은, 직권 또는 이해관계인의 신청에 따라, 부동산에 대한 침해행위를 방지하기 위하여 필요한 조치를 할 수 있다. 이와 동시에 집행법원은 그 부동산의 압류를 명하고, 직권으로 그 사유를 등기기록에 기입할 것을 등기 관에게 촉탁한다. 경매개시결정이 채무자에게 송달된 때 또는 경매신청의 기입등기가 된 때에 압류의 효력이 발생하며, 이때부터는 그 부동산을 타에 양도하거나 담보권 또는 용익권을 설정하는 등의 처분행위를 할 수 없다.

(8) 경매기일공고

경매기일 및 경락기일을 지정한 때에는 법원은 이를 공고한다. 공고는 공고사항을 기재한 서면을 법원의 게시판에 게시하는 방법으로 하고, 최초의 경매기일에 관한 공고는 그 요지를 신문에 게재하여야 하며 법원이 필요하다고 인정할 때에는 그 외의 경매기일에 관하여도 신문에 게재할 수 있으며, 대법원 홈페이지(www.scourt.go.kr) 법원공고란에도 게재한다.

(9) 경매기일지정

집행법원은 공과주관 공무소에 대한 통지, 현황조사, 최저경매가격결정 등의 절차가 끝나고 경매절차를 취소할 사유가 없는 경우에는 직권으로 경매할 기일을 지정하게 된다.

(10) 경매기일통지

법원이 경매기일과 경락기일을 지정하면 이를 이해관계인에게 통지하는 절차를 말하는데, 위 통지는 집행기록에 표시된 이해관계인의 주소에 등기우편으로 발송하여 할 수 있다.

(11) 경매물건명세서

법원은 부동산의 표시, 부동산의 점유자와 점유의 권원, 점유할 수 기간, 차임 또는 보증금에 관한 관계인의 진술, 등기된 부동산에 관한 권리 또는 가처분으로서 경락에 의하여 그 효력이 소멸되지 아니하는 것, 경락에 의하여 설정된 것으로 보게 되는 지상권의 개요 등을 기재한 경매물건명세서를 작성하고, 이를 경매기일의 1주일 전까지 법원에 비치하여 일반인이 열람할 수 있도록 작성해 놓은 것이다.

(12) 경매신청취하

경매부동산에 대하여 경매신청 후 경매기일에서 적법한 매수의 신고가 있기까지의 사이에 있어서는 경매신청인은 임의로 경매신청을 취하할 수

있으나, 매수의 신고가 있은 후에 경매신청을 취하함에는 최고가매수신고인
과 차순위매수신고인의 동의를 필요로 한다.

(13) 공과주관 공무소에 대한 최고

법원은 경매개시결정 후 조세 기타 공과를 주관하는 공무소에 대하여 목
적부동산에 관한 채권의 유무와 한도를 일정한 기간 내에 통지할 것을 최고
하는데 이는 우선채권인 조세채권의 유무, 금액을 통지받아 잉여의 가망이
있는지 여부를 확인함과 동시에 주관 공무소로 하여금 조세 등에 대한 교부
청구의 기회를 주는 것이다.

(14) 공동경매

수인의 채권자가 동시에 경매신청을 하거나 아직 경매개시결정을 하지
아니한 동안에 동일 부동산에 대하여 다른 채권자로부터 경매신청이 있으
면 수개의 경매신청을 병합하여 1개의 경매개시결정을 하여야 하며, 그 수
인은 공동의 압류채권자가 되고, 그 집행절차는 단독으로 경매신청을 한 경
우에 준하여 실시되는 절차이다.

(15) 공탁

변제자가 변제의 목적물을 채권자를 위하여 공탁소에 임치하여 채권자의
협력이 없는 경우에도 채무를 면하는 제도이다. 변제자, 즉 채무자를 보호하
기 위한 제도로서, 그 성질을 제3자를 위한 임치계약으로 봄이 일반적이나,
판례는 공법관계(행정처분)로 본다. 공탁의 성립요건으로는, 채권자가 변제
를 받지 않거나 받을 수 없어야 하는바, 변제자의 과실 없이 채권자를 알 수
없는 경우도 이에 해당한다. 공탁의 목적물은 채무의 내용에 적합한 것이어
야 하고 일부공탁은 원칙적으로 무효이다.

대체로 ① 채권소멸을 위한 공탁, 즉 채무자가 채권자의 협력 없이 채무
를 면하는 수단으로 하는 변제공탁, ② 채권담보를 위한 공탁, 즉 상대방에
생길 손해의 배상을 담보하기 위한 수단으로 하는 담보공탁, ③ 단순히 보
관하는 의미로 하는 보관공탁과 기타 특수한 목적으로 하는 특수공탁 등이
있다.

(16) 과잉매각

한 채무자의 여러 개의 부동산을 매각하는 경우에 일부 부동산의 매각대금으로 모든 채권자의 채권액과 집행비용을 변제하기에 충분한 경우가 있을 수 있다. 이런 경우를 과잉매각이라고 하는데, 이에 해당하면 집행법원은 다른 부동산의 매각을 허가하여서는 아니 된다. 다만, 일괄매각의 경우에는 그러하지 아니하다. 과잉매각의 경우에는, 채무자가 그 부동산 가운데 매각할 것을 지정할 수 있다.

(17) 교부 청구

국세 징수법상 국세, 지방세, 징수금 등 채무자가 강제집행이나 또는 파산선고를 받은 때(법인이 해산한 때) 강제매각개시 절차에 의하여 채무자의 재산을 압류하지 아니하고도 강제매각기관에 체납관계 세금의 배당을 요구하는 제도를 말하며, 교부 청구를 하면 조세의 소멸시효가 중단된다.

(18) 권리관계

권리관계라 함은 사람과 사람 간에 있어서 법률상의 의무를 강제할 수 있는 관계를 말한다.

(19) 권리능력

권리나 의무를 가질 수 있는 자격 내지 지위를 말한다. 자연인은 모체로부터 전부 노출했을 때부터 권리능력을 가지는 것이 원칙이나 손해배상, 호주승계, 재산상속, 유증 등의 경우에는 이미 태어난 것으로 하여 권리능력을 가지는 것으로 하고 있다.

(20) 금전집행

금전(돈)채권의 만족을 얻기 위하여 채무자 소유의 부동산에 대하여 하는 강제집행이다.

(21) 기각

민사소송법상 신청의 내용(예: 원고의 소에 의한 청구, 상소인의 상소에 의한 불복신청 등)을 종국재판에서 이유가 없다고 하여 배척하는 것을 말한다. 기각의 재판은 본안판결이며 소송형식 재판인 각하와 구별된다.

(22) 기간입찰

입찰기간은 1주일 이상 1월 이하의 범위 안에서 정하고, 매각(개찰)기일은 입찰기간이 끝난 후 1주 안의 날로 정한다. 입찰의 방법은 입찰표에 기재사항을 기재한 후 매수신청의 보증으로 관할법원의 예금계좌에 매수신청보증금을 입금한 후 받은 법원보관금영수필통지서를 입금증명서의 양식에 첨부하거나 경매보증보험증권을 입찰봉투에 넣어 봉함한 후 매각(개찰)기일을 기재하여 집행관에게 제출 또는 등기우편으로 집행관에게 부치는 방법이다.

(23) 기일입찰

부동산의 매각은 ① 매각기일에 하는 호가경매, ② 매각기일에 입찰 및 개찰하게 하는 기일입찰, ③ 입찰기간 내에 입찰하게 하여 매각기일에 개찰하는 기간입찰의 세 가지 방법으로 한다. 현재 법원에서는 입찰표에 입찰가격을 적어 제출하는 기일입찰의 방법을 시행하고 있다.

(24) 기입등기

새로운 등기원인이 발생한 경우에 그 등기원인에 입각하여 새로운 사항을 등기기록에 기재하는 등기이다. 건물을 신축하고 그것을 등기기록에 기재하는 소유권보존등기나 매매나 증여 등에 의하여 부동산의 소유주가 변경한 경우에 행하는 소유권이전등기, 토지건물을 담보로 제공한 경우 담보권을 설정하는 저당권설정등기 등 새로운 사실의 발생에 입각하여 새로운 사항을 기재하는 등기가 이에 해당된다.

(25) 낙찰기일

입찰을 한 법정에서 최고가 입찰자에 대하여 낙찰허가 여부를 결정하는 날로 입찰법정에서 선고한 후 법원게시판에 공고만 할 뿐 낙찰자, 채권자, 채무자, 기타 이해관계인에게 개별적으로 통보하지 않는다.(입찰기일로부터 통상 7일 이내)

(26) 낙찰허가결정

낙찰허가결정이 선고된 후 1주일 내에 이해관계인(낙찰자, 채무자, 소유자, 임차인, 근저당권자 등)이 항고하지 않으면 낙찰허가결정이 확정된다. 그러면 낙찰자는 법원이 통지하는 대금납부기일에 낙찰대금(보증금을 공제한 잔액)을 납부하여야 한다. 대금납부기일은 통상 낙찰허가결정이 확정된 날로부터 1개월 이내로 지정한다.

(27) 담보물권

담보물권은 채권담보를 위하여 물건이 가지는 교환가치의 지배를 목적으로 하는 물권이며 민법상 유치권, 질권, 저당권의 3가지가 있다. 그 밖에 민법은 전세권자에게 전세금의 반환을 확보해 주기 위해서 전세권에 대하여 담보물권적인 성질을 부여하고 있다. 그리고 담보물권 중 유치권은 법률에 의하여 일정한 요건이 갖추어질 때에 당연히 성립하는 법정담보물권이며, 질권과 저당권은 원칙적으로 당사자의 설정행위에 의하여 성립하는 약정담보물권이다.

(28) 대금지급기한

민사집행법이 적용되는 사건에 대하여 매각허가결정이 확정되면 법원은 대금의 지급기한을 정하고, 이를 매수인과 차순위 매수신고인에게 통지하여야 하며, 매수인은 이 대금지급기한까지 매각대금을 지급하여야 한다.

(29) 대위변제

제3자 또는 공동채무자의 한 사람이 채무자를 위하여 변제하는 때에는 그 변제자는 채무자 또는 다른 공동채무자에 대하여 구상권을 취득하는 것이 보통이다. 이때에 그 구상권의 범위 내에서 종래 채권자가 가지고 있었던 채권에 관한 권리가 법률상 당연히 변제자에게 이전하는 것을 가리켜 변제자의 대위 또는 대위변제라고 한다. 변제에 이해관계가 있는 자가 다수 있는 경우에 그 중의 1인이 먼저 변제를 하고 채권자를 대위하게 되면 이에 따라 당연히 혼란상태가 야기되므로(예를 들면 보증인 갑, 을과 물상보증인 병이 있을 때 빨리 변제한 자가 채권자의 지위를 획득하고 타인의 재산을 집행할 수 있다), 민법은 각각 관계인에 대하여 변제자 대위의 행사방법을 합리적으로 규정하고 있다.

(30) 대항력

주택임차인이 임차주택을 인도받고 주민등록까지 마치면 그 다음날부터 그 주택의 소유자가 제3자로 변경되더라도 그 제3자에 대하여 임차권을 가지고서 대항할 수 있게 된다. 이와 같이 대항할 수 있는 힘을 주택임차인의 대항력이라고 부른다. 다시 말해 임차보증금 전액을 반환받을 때까지 주택임차인이 새로운 매수인에 대하여 집을 비워 줄 필요가 없다는 것을 의미한다. 다만, 대항요건(주택인도, 주민등록)을 갖추기 전에 등기기록상 선순위의 권리(근저당권, 가압류, 압류 등)가 있었다면 주택이 매각된 경우 그 매수인에게 대항할 수 없다.

(31) 말소등기

기존등기가 원시적 또는 후발적인 사유로 인하여 실체관계와 부합하지 않게 된 경우에 기존등기 전부를 소멸시킬 목적으로 하는 등기이다. 말소의 대상이 되는 등기는 등기사항 전부가 부적법한 것이어야 한다. 그 부적법의 원인은 원시적(원인무효)이든 후발적(채무변제로 인한 저당권 소멸)이든 실체적(원인무효나 취소)이든 또는 절차적(중복등기)이든 이를 가리지 않는다.

(32) 매각결정기일

매각을 한 법정에서 최고가매수신고인에 대하여 매각허가 여부를 결정하는 날로 매각법정에서 선고한 후 법원게시판에 공고만 할 뿐 매수인, 채권자, 채무자, 기타 이해관계인에게 개별적으로 통보하지 않는다.(매각기일로부터 통상 7일 이내)

(33) 매각기일

경매법원이 목적부동산에 대하여 실제 매각을 실행하는 날로 매각할 시각, 매각할 장소 등과 함께 매각기일 14일 이전에 법원게시판에 게시함과 동시에 일간신문에 공고할 수 있다.

(34) 매각기일 및 매각결정기일 통지

법원이 매각기일과 매각결정기일을 지정하면 이를 이해관계인에게 통지하는 절차를 말하는데, 위 통지는 집행기록에 표시된 이해관계인의 주소에 등기우편으로 발송하여 할 수 있다.

(35) 매각기일 및 매각결정기일의 공고

매각기일 및 매각결정기일을 지정한 때에는 법원사무관 등은 이를 공고 한다. 공고는 공고사항을 기재한 서면을 법원의 게시판에 게시하는 방법으로 하는 외에, 법원이 필요하다고 인정하는 때에는 별도로 그 공고사항의 요지를 신문에 게재하거나 정보통신매체를 이용하여 공시할 수 있다.

(36) 매각기일의 지정

집행법원은 공과주관 공무소에 대한 통지, 현황조사, 최저매각가격 결정 등의 절차가 끝나고 경매절차를 취소할 사유가 없는 경우에는 직권으로 매 각할 기일을 지정하게 된다.

(37) 매각물건명세서

법원은 부동산의 표시, 부동산의 점유자와 점유의 권원, 점유할 수 있는 기간, 차임 또는 보증금에 관한 관계인의 진술, 등기된 부동산에 관한 권리 또는 가처분으로서 매각으로 효력을 잃지 아니하는 것, 매각에 따라 설정된 것으로 보게 되는 지상권의 개요 등을 기재한 매각물건명세서를 작성하고, 이를 매각기일의 1주일 전까지 법원에 비치하여 누구든지 볼 수 있도록 작 성해 놓은 것이다.

(38) 매각조건

법원이 경매의 목적부동산을 경락인에게 취득시키기 위한 조건인데 경매 도 일종의 매매라 할 수 있지만 통상의 매매에서는 그 조건을 당사자가 자 유로이 정할 수 있는 반면 강제경매는 소유자의 의사에 반하여 행하여지고 이해관계인도 많으므로 법은 매각조건을 획일적으로 정하고 있다.

(39) 매각허가결정

매각허가결정이 선고된 후 1주일 내에 이해관계인이(매수인, 채무자, 소 유자, 임차인, 근저당권자 등) 항고하지 않으면 매각허가결정이 확정된다.

그러면 매수인은 법원이 통지하는 대금지급기한 내에 매각대금(매수보증금을 공제한 잔액)을 납부하여야 한다. 대금지급기한은 통상 매각허가결정이 확정된 날로부터 1개월 이내로 지정한다.

(40) 매수보증금

경매물건을 매수하고자 하는 사람은 최저매각가격의 10분의 1에 해당하는 보증금액을 입찰표와 함께 집행관에게 제출하는 방법으로 제공하여야 한다. 매각절차가 종결된 후 집행관은 최고가매수신고인이나 차순위매수신고인 이외의 매수신청인에게는 즉시 매수보증금을 반환하여야 한다.

매각허가결정이 확정되고 최고가매수인이 대금지급기한 내에 매각대금을 납부하면 차순위매수신고인의 보증금을 반환하게 되고, 만일 최고가 매수인이 납부를 하지 아니하면 그 보증금을 몰수하여 배당할 금액에 포함하며, 이후 차순위매수신고인에 대하여 낙찰허가여부의 결정 및 대금납부의 절차를 진행하게 되고 차순위매수신고인이 매각대금을 납부하지 아니하면 역시 몰수하여 배당할 금액에 포함하여 배당하게 된다.

(41) 매수신고인

경매부동산을 매수할 의사로 매수신고를 할 때 통상 매수신고가격(민사집행법의 적용을 받는 사건은 최저매각가격)의 10분의 1에 해당하는 현금 또는 유가증권을 집행관에게 보관시킨 사람이다. 매수신고인은 다시 다른 고가의 매수허가가 있을 때까지 그 신고한 가격에 구속을 받고 매수신고를 철회할 수가 없다.

(42) 매수청구권

타인의 부동산을 이용하는 경우에 이용자가 그 부동산에 부속시킨 물건에 대하여 이용관계가 종료함에 즈음하여 타인에 대하여 부속물의 매수를 청구할 수 있는 권리, 일종의 형성권이다. 민법상 인정되는 매수청구권으로서는 지상권 설정자 및 지상권자의 지상물매수청구권, 전세권설정자 및 전세권자의 부속물매수청구권, 토지임차인 및 전차인의 건물 기타 공작물의 매수청구권 등이 있다. 한편 민사소송법상으로는 부동산 공유자는 경매기일까지 보증을 제공하고 최고 매수신고가격과 동일한 가격으로 채무자의 지분을 우선 매수할 것을 신고할 수 있다.

(43) 배당요구

강제집행에 있어서 압류채권자 이외의 채권자가 집행에 참가하여 변제를 받는 방법으로 민법, 상법, 기타 법률에 의하여 우선변제청구권이 있는 채권자, 집행력 있는 정본을 가진 채권자 및 경매개시결정의 기입 등기 후에 가압류를 한 채권자는 법원에 대하여 배당요구를 신청할 수 있다.

배당요구는 낙찰기일까지, 즉 낙찰허가결정 선고 시까지 할 수 있다. 따라서 임금채권, 주택임대차보증금 반환청구권 등 우선변제권이 있는 채권자라 하더라도 낙찰기일까지 배당요구를 하지 않으면 낙찰대금으로부터 배당받을 수 없고, 그 후 배당을 받은 후순 위자를 상대로 부당이득반환청구를 할 수도 없다.

민사집행법이 적용되는 2002년 7월 1일 이후에 접수된 경매사건의 배당요구는 배당요구의 종기일까지 하여야 한다. 따라서 임금채권, 주택임대차보증금 반환청구권 등 우선변제권이 있는 채권자라 하더라도 배당요구 종기일까지 배당요구를 하지 않으면 매각대금으로부터 배당받을 수 없고, 그 후 배당을 받은 후순위자를 상대로 부당이득반환청구를 할 수도 없다.

(44) 배당요구의 종기 결정

경매개시결정에 따른 압류의 효력이 생긴 때부터 1주일 내에 집행법원은 절차에 필요한 기간을 감안하여 배당 요구할 수 있는 종기를 첫 매각기일 이전으로 정한다. 제3자에게 대항할 수 있는 물권 또는 채권을 등기기록에 등재하지 아니한 채권자(임차인 등)는 반드시 배당요구의 종기일까지 배당요구를 하여야 배당을 받을 수 있다. 법원은 특별히 필요하다고 인정하는 경우에는 배당요구의 종기를 연기할 수 있다.

(45) 배당요구의 종기 공고

배당요구의 종기가 정하여진 때에는 경매개시결정에 따른 압류의 효력이 생긴 때부터 1주일 내에, 채권자들이 널리 알 수 있도록 하기 위하여 법원은 경매개시결정을 한 취지 및 배당요구의 종기를 공고한다.

(46) 배당이의

배당기일에 출석한 채권자는 자기의 이해에 관계되는 범위 안에서 다른 채권자를 상대로 그의 채권 또는 채권의 순위에 대하여 이의를 할 수 있다. 이의를 제기한 채권자가 배당이의의 소를 제기하고 배당기일로부터 1주일 내에 집행법원에 대하여 소제기증명을 제출하면 그 금원에 대하여는 지급을 보류하고 공탁을 하게 된다. 이의제기 채권자가 그 증명 없이 위 기간을 도과하면 이의에 불구하고 배당금을 지급하게 된다.

(47) 배당절차

넓은 의미에서는 강제집행이나 파산절차에서 압류당한 재산이나 파산재단을 환가함으로써 얻은 금전을 배당요구신청을 한 각 채권자에게 안분하여 변제하기 위한 절차이다.

(48) 보증보험증권의 제출

가압류, 가처분 사건에서 주로 사용되는 증권으로서 일정액의 보증료를 보증보험회사에 납부한 후 경매보증보험증권을 발급받아 매수신청보증으로 제출할 수 있도록 하는 규정으로, 입찰자들의 현금소지로 인한 위험방지 및 거액의 현금을 준비하지 않고서도 손쉽게 입찰에 참가할 수 있도록 하는 방법이며, 입찰자의 선택에 따라 매수신청의 보증으로 현금 또는 경매보증보험증권을 자유롭게 활용할 수 있도록 하기 위하여 새로이 입찰절차에 도입한 규정입니다.

매수신청의 보증으로 보험증권을 제출한 매수인이 매각대금납부기한까지 매각대금을 납부하지 않을 경우에는 경매보증보험증권을 발급한 보증보험회사에서 매수인 대신 매수보증금을 납부하게 하여 배당 시 배당재단에 포함하여 배당하게 됩니다.

(49) 부동산인도명령

낙찰인은 낙찰대금 전액을 납부한 후에는 채무자에 대하여 직접 자기에게 낙찰부동산을 인도할 것을 구할 수 있으나, 채무자가 임의로 인도하지 아니하는 때에는 대금을 완납한 낙찰인은 대금을 납부한 후 6월 내에 집행법원에 대하여 집행관으로 하여금 낙찰부동산을 강제로 낙찰인에게 인도하게 하는 내용의 인도명령을 신청하여 그 명령의 집행에 기하여 부동산을 인도 받을 수 있다.

(50) 분할채권

같은 채권에 2인 이상의 채권자 또는 채무자가 있을 때 분할할 수 있는 채권을 말한다. 이런 채권을 가분채권(분할채권)이라고도 한다. 예를 들면 갑, 을, 병 세 사람이 정에 대하여 3만원의 채권을 가지고 있을 때, 각각 1만원씩의 채권으로 분할할 수 있는 경우에 그 3만원의 채권은 분할채권이 된다(정의 입장을 기본으로 한다면 가분채무 또는 분할채무가 된다). 민법에는 채권자 또는 채무자가 수인인 경우에 특별한 의사표시가 없으면 각 채권자 또는 채무자는 균등한 비율로 권리가 있고 의무가 있다고 규정하여 분할채권관계를 원칙으로 하고 있다.

(51) 상계

채권자가 동시에 매수인인 경우에 있을 수 있는, 매각대금의 특별한 지급방법이다. 현금을 납부하지 않고, 채권자가 받아야 할 채권액과 납부해야 할 매각대금을 같은 금액만큼 서로 맞비기는 것이다. 채권자는 매각대금을 상계방식으로 지급하고 싶으면, 매각결정기일이 끝날 때까지 법원에 위와 같은 상계를 하겠음을 신고하여야 하며, 배당기일에 매각대금에서 배당받아야 할 금액을 제외한 금액만을 납부하게 된다. 그러나 그 매수인(채권자)이 배당받을 금액에 대하여 다른 이해관계인으로부터 이의가 제기된 때에는 매수인은 배당기일이 끝날 때까지 이에 해당하는 대금을 납부하여야 한다.

(52) 선순위 가처분

1순위 저당 또는 압류등기보다 앞서 있는 가처분등기는 압류 또는 저당권에 대항할 수 있으므로 경매 후 촉탁에 의하여 말소되지 않는다.

(53) 소유권이전등기

양도, 상속, 증여, 기타 원인에 의하여 유상 또는 무상으로 부동산의 소유권이 이전되는 것을 부동산 등기기록상에 기입하는 등기를 말한다.

(54) 소유권이전등기촉탁

낙찰인이 대금을 완납하면 낙찰부동산의 소유권을 취득하므로, 집행법원은 낙찰인이 등기비용을 부담하고 등기촉탁 신청을 하면 집행법원은 낙찰인을 위하여 소유권이전등기, 낙찰인이 인수하지 아니하는 각종 등기의 말소를 등기공무원에게 촉탁하는 절차이다.

(55) 신 경매

입찰을 실시하였으나 낙찰인이 결정되지 않았기 때문에 다시 기일을 지정하여 실시하는 경매이다.

(56) 압류

확정판결, 기타 채무명의에 의해 강제집행(입찰)을 하기 위한 보전수단이다.(압류 후 경매 또는 환가절차로 이행)

(56) 우선매수권

공유물지분의 경매에 있어서 채무자 아닌 다른 공유자는 매각기일까지, 최저매각가격의 10분의 1에 해당하는 금원을 보증으로 제공하고 최고매수신고가격과 같은 가격으로 채무자의 지분을 우선 매수하겠다는 신고를 할 수 있다. 이러한 다른 공유자의 권리를 우선매수권이라고 한다. 이 경우에 법원은 다른 사람의 최고가매수신고가 있더라도 우선매수를 신고한 공유자에게 매각을 허가하여야 한다. 이때 최고가매수신고인은 원할 경우 차순위 매수신고인의 지위를 부여받을 수 있다.

(57) 유찰

매각기일의 매각불능을 유찰이라고 한다. 즉, 매각기일에 매수하고자 하는 사람이 없어 매각되지 아니하고 무효가 된 경우를 가리킨다. 통상 최저매각금액을 20% 저감한 가격으로, 다음 매각기일에 다시 매각을 실시하게 된다.

(58) 이중경매(압류의 경합)

강제경매 또는 담보권의 실행을 위한 경매절차의 개시를 결정한 부동산에 대하여 다시 경매의 신청이 있는 때에는 집행법원은 다시 경매개시결정(2중개시결정)을 하고 먼저 개시한 집행절차에 따라 경매가 진행되는 경우이다.

(59) 이해관계인

경매절차에 이해관계를 가진 자 중 법이 특히 보호할 필요가 있는 것으로 보아 이해관계인으로 법에 규정한 자를 말하며, 그들에 대하여는 경매절차 전반에 관여할 권리가 정하여져 있다.

(60) 인도명령

채무자, 소유자 또는 압류의 효력이 발생한 후에 점유를 시작한 부동산 점유자에 대하여는 낙찰인이 대금을 완납한 후 6개월 내에 집행법원에 신청하면 법원은 이유가 있으면 간단히 인도명령을 발하여 그들의 점유를 집행관이 풀고 낙찰인에게 부동산을 인도하라는 취지의 재판을 한다.(이때 인도명령신청을 받은 법원은 채무자와 소유자는 부르지 않고 통상 세입자 등 제3자를 불러 심문하는 경우도 있다)

민사집행법의 적용을 받는 사건에 대하여는 인도명령의 상대방을 확장하여 점유자가 매수인에게 대항할 수 있는 권원을 가진 경우 이외에는 인도명령을 발할 수 있도록 개선하였다.

(61) 일괄매각

법원은 경매의 대상이 된 여러 개의 부동산의 위치, 형태, 이용관계 등을 고려하여 이를 하나의 집단으로 묶어 매각하는 것이 알맞다고 인정하는 경우에는, 직권으로 또는 이해관계인의 신청에 따라, 일괄매각하도록 결정할 수 있다. 또한 다른 종류의 재산(금전채권 제외)이라도 부동산과 함께 일괄매각하는 것이 알맞다고 인정하는 때에도 일괄매각하도록 결정할 수 있다.

(62) 일괄입찰

법원은 경매의 대상이 된 여러 개의 부동산의 위치, 형태, 이용관계 등을 고려하여 이를 하나의 집단으로 묶어 매각하는 것이 알맞다고 인정하는 경우에는, 직권으로 또는 이해관계인의 신청에 따라 일괄매각하도록 결정할 수 있다. 또한 다른 종류의 재산(금전채권 제외)이라도 부동산과 함께 일괄매각하는 것이 알맞다고 인정하는 때에도 일괄매각하도록 결정할 수 있다.

(63) 임의경매(담보권의 실행 등을 위한 경매)

민사소송법은 그 제7편 제5장에서 담보권의 실행 등을 위한 경매라는 이름 아래 부동산에 대한 경매신청을 조문화하여 경매신청에 채무명의를 요하지 아니하는 경매에 관한 규정을 두고 있는데, 일반적으로 경매를 통틀어 강제경매에 대응하여 임의경매라고 부른다. 임의경매에는 저당권, 질권, 전세권 등 담보물권의 실행을 위한 이른바 실질적 경매와 민법, 상법 기타 법률의 규정에 의한 환가를 위한 형식적 경매가 있다.

(64) 입금증명서

기간입찰의 매수신청 보증방법으로서 해당법원에 개설된 법원보관금 계좌에 매수신청보증금을 납부한 후 발급받은 보관금납부필통지서를 첨부하는 양식으로 사건번호, 매각기일 및 납부자 성명, 날인을 할 수 있도록 되어 있으며 경매계 사무실 및 집행관 사무실에 비치되어 있습니다.

(65) 입찰

집행법원은 경매기일의 공고 전에 직권 또는 이해관계인의 신청에 의하여 경매에 갈음하여 입찰을 명할 수 있는데, 입찰은 입찰표에 입찰가격을 비공개리에 적어 제출하는 방법으로서 최근에는 전국 법원에서 전면적으로 시행되고 있다.

(66) 입찰기간

기일입찰과는 달리 입찰기간을 정하여 지역적, 시간적인 구애 없이 보다 많은 사람이 입찰에 참여할 수 있게 하기 위하여 기간입찰에서 정한 기간이다.

(67) 입찰기일

경매법원이 목적부동산에 대하여 경매를 실행하는 날로 입찰시각, 입찰장소 등과 함께 입찰기일 14일 이전에 일간신문에 공고한다.

(68) 입찰보증금

경매물건을 매수하고자 하는 사람은 최저매각가격의 10분의 1에 해당하는 보증금액을 입찰표와 함께 집행관에게 제출하는 방법으로 제공하여야 한다. 매각절차가 종결된 후 집행관은 최고가매수신고인이나 차순위매수신고인 이외의 매수신청인에게는 즉시 매수보증금을 반환하여야 한다. 매각허가결정이 확정되고 최고가매수인이 대금지급기한 내에 매각대금을 납부하면 차순위매수신고인의 보증금을 반환하게 되고, 만일 최고가 매수인이 납부를 하지 아니하면 그 보증금을 몰수하여 배당할 금액에 포함하며, 이후 차순위매수신고인에 대하여 낙찰허가 여부의 결정 및 대금납부의 절차를 진행하게 되고 차순위매수신고인이 매각대금을 납부하지 아니하면 역시 몰수하여 배당할 금액에 포함하여 배당하게 된다.

(69) 재경매

매수신고인이 생겨서 낙찰허가결정의 확정 후 집행법원이 지정한 대금지급기일에 낙찰인(차순위매수신고인이 경락허가를 받은 경우를 포함한다)이 낙찰대금지급의무를 완전히 이행하지 아니하고 차순위매수신고인이 없는 경우에 법원이 직권으로 실시하는 경매이다.

(70) 저당권

채권자가 물건을 점유하지 않고 채무를 담보하기 위하여 등기기록에 권리를 기재해 두었다가 채무를 변제하지 않았을 경우 그 부동산을 경매, 처분하여 우선변제를 받을 수 있는 권리를 말한다.

(71) 즉시항고

일정한 불변기간 내에 제기하여야 하는 항고를 말한다. 즉, 재판의 성질상 신속히 확정시킬 필요가 있는 결정에 대하여 인정되는 상소방법을 말한다. 이는 특히 제기기간을 정하지 않고 원결정의 취소를 구하는 실익이 있는 한 어느 때도 제기할 수 있는 보통항고와는 다르다.

(72) 지상권

다른 사람의 토지에서 건물 기타의 공작물이나 수목을 소유하기 위하여 토지를 사용할 수 있는 권리를 말한다.

(73) 집행관

집행관은 강제집행을 실시하는 자로서, 지방법원에 소속되어 법률이 정하는 바에 따라 재판의 집행과 서류의 송달 기타 법령에 의한 사무에 종사한다.

(74) 집행권원

일정한 사법상의 급여청구권의 존재 및 범위를 표시함과 동시에 법률이 강제집행에 의하여 그 청구권을 실현할 수 있는 집행력을 인정한 공정의 증서이다. 채무명의는 강제집행의 불가결한 기초이며, 채무명의로 되는 증서는 민사소송법 기타 법률에 규정되어 있다.

(75) 집행력

협의로는 판결 또는 집행증서의 채무명의의 내용에 기초하여 집행채권자가 강제집행을 집행기관에 신청할 수 있음에 터 잡아 집행기관은 이 신청을 토대로 하여 채무명의 내용인 일정의 급부를 실현시키기 위한 일종의 강제집행을 행할 수 있는 효력이고, 광의로는 넓게 강제집행 이외의 방법에 의하여 재판내용에 적합한 상태를 만들어낼 수 있는 효력을 부여함을 말한다. 가령, 혼인 무효의 판결의 경우 그 확정판결에 기하여 호적을 정정할 수 있는 효력, 토지소유권 확인판결의 경우 그 확정판결에 기하여 변경의 등기를 신청할 수 있는 효력 등이다.

(76) 집행문

채무명의에 집행력이 있음과 집행당사자, 집행의 범위 등을 공증하기 위하여 법원사무관 등이 공증기관으로서 채무명의의 말미에 부기하는 공증문언을 말한다. 집행문이 붙은 채무명의 정본을 "집행력 있는 정본" 또는 "집행정본"이라 한다.

(77) 집행법원

강제집행에 관하여 법원이 할 권한을 행사하는 법원을 말한다. 강제집행의 실시는 원칙적으로 집행관이 하나, 비교적 곤란한 법률적 판단을 요하는 집행행위라든가 관념적인 명령으로 족한 집행처분에 관하여는 민사소송법상 특별히 규정을 두어 법원으로 하여금 이를 담당하도록 하고 있다. 또 집행관이 실시하는 집행에 관하여도 신중을 기할 필요가 있는 경우에는 법원의 협력 내지 간섭을 필요로 하도록 하고 있는데, 이러한 행위를 하는 법원이 곧 집행법원이다. 집행법원은 원칙적으로 지방법원이며 단독판사가 담당한다.

(78) 차순위매수신고인

최고가 매수신고인 이외의 입찰자 중 최고가 매수신고액에서 보증금을 공제한 액수보다 높은 가격으로 응찰한 사람은 차순위매수신고를 할 수 있다. 차순위매수신고를 하게 되면 매수인은 매각대금을 납부하기 전까지는 보증금을 반환받지 못한다. 그 대신 최고가 매수신고인에 국한된 사유로 그에 대한 매각이 불허되거나 매각이 허가되더라도 그가 매각대금 지급의무를 이행하지 아니할 경우 다시 매각을 실시하지 않고 집행법원으로부터 매각 허부의 결정을 받을 수 있는 지위에 있는 자이다.

(79) 차순위입찰신고인

최고가입찰자 이외의 입찰자 중 최고가입찰액에서 보증금을 공제한 액수보다 높은 가격으로 응찰한 사람은 차순위입찰신고를 할 수 있다. 차순위입찰신고를 하게 되면 낙찰자가 낙찰대금을 납부하기 전까지는 보증금을 반환받지 못한다. 그 대신 최고가 입찰자에 국한된 사유로 그에 대한 낙찰이 불허되거나 낙찰이 허가되더라도 그가 낙찰대금 지급의무를 이행하지 아니할 경우 다시 입찰을 실시하지 않고 집행법원으로부터 낙찰 허부의 결정을 받을 수 있는 지위에 있는 자이다.

(80) 채권신고의 최고

법원은 경매개시결정일로부터 3일 내에 이해관계인으로 규정된 일정한 자에게 채권계산서를 낙찰기일 전까지 제출할 것을 최고하는데, 이 역시 우선채권유무, 금액 등을 신고받아 잉여의 가망이 있는지 여부를 확인하고 적정한 매각조건을 정하여 배당요구의 기회를 주는 것이다. 민사집행법의 적용을 받는 사건은 경매개시결정에 따른 압류의 효력이 생긴 때부터 1주일 내에 배당요구의 종기를 결정하게 되고, 일정한 이해관계인에게 채권계산서를 배당요구의 종기까지 제출할 것을 최고하며, 이때까지 배당요구를 하지 아니하면 불이익을 받게 됩니다.

(81) 채권자

채권을 가진 사람으로 곧 채무자에게 재산상의 급부 등을 청구할 권리가 있는 사람을 말한다. 채무자가 임의로 그 행위를 이행하지 않을 때에는 채권자는 법원에 소를 제기하여 현실적 이행을 강제할 수 있다.

(82) 채무명의

일정한 사법상의 급여청구권의 존재 및 범위를 표시함과 동시에 법률이 강제집행에 의하여 그 청구권을 실현할 수 있는 집행력을 인정한 공정의 증서이다. 채무명의는 강제집행의 불가결한 기초이며, 채무명의로 되는 증서는 민사소송법 기타 법률에 규정되어 있다.

(83) 최고

타인에게 일정한 행위를 할 것을 요구하는 통지를 말한다. 이는 상대방 있는 일방적 의사표시이고, 최고가 규정되어 있는 경우에는 법률규정에 따라 직접적으로 일정한 법률효과가 발생한다. 최고에는 두 종류가 있다. 하나는 의무자에게 의무의 이행을 구하는 경우이고, 다른 하나는 권리자에 대한 권리의 행사 또는 신고를 요구하는 경우이다.

(84) 최저경매가격

집행법원은 등기공무원이 압류등기를 실행하고 기입등기의 통지를 받은 후에는 감정인으로 하여금 경매부동산을 평가하게 하고 그 평가액을 참작하여 최저경매가격을 정하는데 최저경매가격은 경매에 있어 경락을 허가하는 최저의 가격으로 그 액에 미달하는 매수신고에 대하여는 경락을 허가하지 아니하므로 최초 경매기일에서의 최소 부동산경매 가격이다.

(85) 최저매각가격

경매기일의 공고에는 경매부동산의 최저경매 가격을 기재해야 한다. 최초 경매기일의 최저경매가격은 감정인이 평가한 가격이 기준이 되며 경매기일에 있어서 경매신청인이 없어 신 경매기일을 지정한 때에는 상당히 저감(통상 20%)한 가격이 최저경매가격이 된다. 응찰하고자 할 때에는 항상 공고된 최저경매가격보다 같거나 높게 응찰해야 무효처리가 되지 않는다.

(86) 최저입찰가격

경매기일의 공고에는 경매부동산의 최저경매 가격을 기재해야 한다. 최초 경매기일의 최저경매가격은 감정인이 평가한 가격이 기준이 되며 경매기일에 있어서 경매신청인이 없어 신 경매 지정한 때에는 상당히 저감(통상 20%)한 가격이 최저경매가격이 된다. 응찰하고자 할 때에는 항상 공고된 최저경매가격보다 같거나 높게 응찰해야 무효처리가 되지 않는다.

(87) 토지별도등기

토지에 건물과 다른 등기가 있다는 뜻으로 집합건물은 토지와 건물이 일체가 되어 거래되도록 되어 있는바, 토지에는 대지권이라는 표시만 있고 모든 권리관계는 전유부분의 등기기록에만 기재하게 되어 있는데, 건물을 짓기 전에 토지에 저당권 등 제한물권이 있는 경우 토지와 건물의 권리관계가 일치하지 않으므로 건물등기기록에 "토지에 별도의 등기가 있다"는 표시를 하기 위한 등기를 말한다.

(88) 특별매각조건

법원이 경매부동산을 매각하여 그 소유권을 낙찰인에게 이전시키는 조건을 말한다. 다시 말하면 경매의 성립과 효력에 관한 조건을 말한다. 매각조건은 법정매각조건과 특별매각조건으로 구별된다. 법정매각조건은 모든 경매절차에 공통하여 법이 미리 정한 매각조건을 말하며, 특별매각조건은 각개의 경매절차에 있어서 특별히 정한 매각조건을 말한다. 어느 특정경매절차가 법정매각조건에 의하여 실시되는 경우에는 경매기일에 그 매각조건의 내용을 관계인에게 알릴 필요가 없으나, 특별매각조건이 있는 경우에는 그 내용을 집행관이 경매기일에 고지하여야 하며, 특별매각조건으로 경락한 때에는 경락허가결정에 그 조건을 기재하여야 한다.

(89) 표제부

토지 건물의 지번(주소), 지목, 면적, 용도 등이 적혀 있으며 집합건물의 경우는 표제부가 2장이다. 첫 번째 장은 건물의 전체면적이, 두 번째 장에는 건물의 호수와 대지지분이 나와 있다.

(90) 필지

하나의 지번이 붙는 토지의 등록단위를 말한다.(법적 개념)

(91) 합유

공동소유의 한 형태로서 공유와 총유의 중간에 있는 것이다. 공유와 다른 점은 공유에는 각 공유자의 지분을 자유로이 타인에게 양도할 수 있고, 또 공유자의 누군가가 분할할 것을 희망하면 분할하여야 하는데 대하여 합유에서는 각인은 지분을 가지고 있어도 자유로이 타인에게 양도할 수 없고, 분할도 인정되지 않고 제한되어 있는 점이다. 공유는 말하자면 편의상 일시 공동소유의 형식을 가진 것으로 개인적 색채가 강하나, 합유는 공동목적을 위하여 어느 정도 개인적인 입장이 구속되는 것으로 양자가 이런 점에서 근본적인 차이가 있다. 그러나 각인이 지분을 가지고 있는 점에서 총유보다는 개인적 색채가 훨씬 강하다.

(92) 항고보증금

매각허가결정에 대하여 항고를 하고자 하는 모든 사람은 보증으로 매각대금의 10분의 1에 해당하는 금전 또는 법원이 인정한 유가증권을 공탁하여야 한다. 이것이 항고보증금인데, 이를 제공하지 아니한 때에는 원심법원이 항고장을 각하하게 된다. 채무자나 소유자가 한 항고가 기각된 때에는 보증으로 제공한 금전이나 유가증권을 전액 몰수하여 배당할 금액에 포함하여 배당하게 되며, 그 이외의 사람이 제기한 항고가 기각된 때에는, 보증으로 제공된 금원의 범위 내에서, 항고를 한 날부터 항고기각결정이 확정된 날까지의 매각대금에 대한 연 20%에 상당하는 금액을 돌려받을 수 없다.

(93) 행위능력

단순히 권리, 의무의 주체가 될 수 있는 자격인 권리능력과는 달리, 권리능력자가 자기의 권리 의무에 변동이 일어나게 스스로 행위할 수 있는 지위를 말하며, 일반적으로 민법상 능력이라 함은 행위능력을 가리킨다. 민법상 행위능력의 개념적 의의는 적법, 유효하게 법률행위를 할 수 없는 행위무능력자로부터 선의의 거래 상대방을 보호하여 거래의 안전을 확립하려는 무능력자제도에서 크게 나타난다. 민법이 인정하는 무능력자에는 미성년자, 한정치산자, 금치산자가 있다.

(94) 현황조사보고서

법원은 경매개시결정을 한 후 지체 없이 집행관에게 부동산의 현상, 점유관계, 차임 또는 임대차 보증금의 수액 기타 현황에 관하여 조사할 것을 명하는데, 현황조사보고는 집행관이 그 조사내용을 집행법원에 보고하기 위하여 작성한 문서이다.

(95) 호가경매

호가경매는 호가경매기일에 매수신청의 액을 서로 올려가는 방법으로 한다. 매수신청을 한 사람은 보다 높은 액의 매수신청이 있을 때까지 신청액에 구속된다. 집행관은 매수신청의 액 중 최고의 것을 3회 부른 후 그 신청을 한 사람을 최고가매수신고인으로 정하며, 그 이름 및 매수신청의 액을 고지하여야 한다.

(96) 환가

경매신청에서 경매실시까지의 제 절차진행 요소들을 환가절차라고 한다.

(97) 환매

토지구획정리사업에 의하여 토지구획정리를 실시할 때 필연적으로 발생하는 인접토지와의 교환분을 말한다. 넓은 의미로는 매도인이 한 번 매도한 물건을 대가를 지급하고 다시 매수하는 계약을 말한다.

(98) 환지

토지구획정리사업에 의하여 토지구획정리를 실시할 때에 필연적으로 발생하는 인접토지와의 교환분합을 말한다.

제 15 장

민 법

[시행 2013.7.1.] [법률 제11728호, 2013.4.5., 일부개정]

제1장 통칙

제1조(법원) 민사에 관하여 법률에 규정이 없으면 관습법에 의하고 관습법이 없으면 조리에 의한다.

제2조(신의성실) ① 권리의 행사와 의무의 이행은 신의에 좇아 성실히 하여야 한다.
② 권리는 남용하지 못한다.

제2장 인

제1절 능력

제3조(권리능력의 존속기간) 사람은 생존한 동안 권리와 의무의 주체가 된다.

제4조(성년) 사람은 19세로 성년에 이르게 된다.
[전문개정 2011.3.7]

제5조(미성년자의 능력) ① 미성년자가 법률행위를 함에는 법정대리인의 동의를 얻어야 한다. 그러나 권리만을 얻거나 의무만을 면하는 행위는 그러하지 아니하다.
② 전항의 규정에 위반한 행위는 취소할 수 있다.

제6조(처분을 허락한 재산) 법정대리인이 범위를 정하여 처분을 허락한 재산은 미성년자가 임의로 처분할 수 있다.

제7조(동의와 허락의 취소) 법정대리인은 미성년자가 아직 법률행위를 하기 전에는 전2조의 동의와 허락을 취소할 수 있다.

제8조(영업의 허락) ① 미성년자가 법정대리인으로부터 허락을 얻은 특정한 영업에 관하여는 성년자 와동일한 행위능력이 있다.
② 법정대리인은 전항의 허락을 취소 또는 제한할 수 있다. 그러나 선의의 제삼자에게 대항하지 못한다.

제9조(성년후견개시의 심판) ① 가정법원은 질병, 장애, 노령, 그 밖의 사유로 인한 정신적 제약으로 사무를 처리할 능력이 지속적으로 결여된 사람에 대하여 본인, 배우자, 4촌 이내의 친족, 미성년후견인, 미성년후견감독인, 한정후견인, 한정후견감독인, 특정후견인, 특정후견감독인, 검사 또는 지방자치단체의 장의 청구에 의하여 성년후견개시의 심판을 한다.

② 가정법원은 성년후견개시의 심판을 할 때 본인의 의사를 고려하여야 한다.
[전문개정 2011.3.7]

제10조(피성년후견인의 행위와 취소) ① 피성년후견인의 법률행위는 취소할 수 있다.

② 제1항에도 불구하고 가정법원은 취소할 수 없는 피성년후견인의 법률행위의 범위를 정할 수 있다.

③ 가정법원은 본인, 배우자, 4촌 이내의 친족, 성년후견인, 성년후견감독인, 검사 또는 지방자치단체의 장의 청구에 의하여 제2항의 범위를 변경할 수 있다.

④ 제1항에도 불구하고 일용품의 구입 등 일상생활에 필요하고 그 대가가 과도하지 아니한 법률행위는 성년후견인이 취소할 수 없다.
[전문개정 2011.3.7]

제11조(성년후견종료의 심판) 성년후견개시의 원인이 소멸된 경우에는 가정법원은 본인, 배우자, 4촌 이내의 친족, 성년후견인, 성년후견감독인, 검사 또는 지방자치단체의 장의 청구에 의하여 성년후견종료의 심판을 한다.
[전문개정 2011.3.7]

제12조(한정후견개시의 심판) ① 가정법원은 질병, 장애, 노령, 그 밖의 사유로 인한 정신적 제약으로 사무를 처리할 능력이 부족한 사람에 대하여 본인, 배우자, 4촌 이내의 친족, 미성년후견인, 미성년후견감독인, 성년후견인, 성년후견감독인, 특정후견인, 특정후견감독인, 검사 또는 지방자치단체의 장의 청구에 의하여 한정후견개시의 심판을 한다.

② 한정후견개시의 경우에 제9조제2항을 준용한다.
[전문개정 2011.3.7]

제13조(피한정후견인의 행위와 동의) ① 가정법원은 피한정후견인이 한정후견인의 동의를 받아야 하는 행위의 범위를 정할 수 있다.

② 가정법원은 본인, 배우자, 4촌 이내의 친족, 한정후견인, 한정후견감독인, 검사 또는 지방자치단체의 장의 청구에 의하여 제1항에 따른 한정후견인의 동의를 받아야만 할 수 있는 행위의 범위를 변경할 수 있다.

③ 한정후견인의 동의를 필요로 하는 행위에 대하여 한정후견인이 피한정후견인의 이익이 침해될 염려가 있음에도 그 동의를 하지 아니하는 때에는 가정법원은 피한정후견인의 청구에 의하여 한정후견인의 동의를 갈음하는 허가를 할 수 있다.

④ 한정후견인의 동의가 필요한 법률행위를 피한정후견인이 한정후견인의 동의 없이 하였을 때에는 그 법률행위를 취소할 수 있다. 다만, 일용품의 구입 등 일상생활에 필요하고 그 대가가 과도하지 아니한 법률행위에 대하여는 그러하지 아니하다.
[전문개정 2011.3.7]

제14조(한정후견종료의 심판) 한정후견개시의 원인이 소멸된 경우에는 가정법원은 본인, 배우자, 4촌 이내의 친족, 한정후견인, 한정후견감독인, 검사 또는 지방자

치단체의 장의 청구에 의하여 한정후견종료의 심판을 한다.

[전문개정 2011.3.7]

제14조의2(특정후견의 심판) ① 가정법원은 질병, 장애, 노령, 그 밖의 사유로 인한 정신적 제약으로 일시적 후원 또는 특정한 사무에 관한 후원이 필요한 사람에 대하여 본인, 배우자, 4촌 이내의 친족, 미성년후견인, 미성년후견감독인, 검사 또는 지방자치단체의 장의 청구에 의하여 특정후견의 심판을 한다.

② 특정후견은 본인의 의사에 반하여 할 수 없다.

③ 특정후견의 심판을 하는 경우에는 특정후견의 기간 또는 사무의 범위를 정하여야 한다.

[본조신설 2011.3.7]

제14조의3(심판 사이의 관계) ① 가정법원이 피한정후견인 또는 피특정후견인에 대하여 성년후견개시의 심판을 할 때에는 종전의 한정후견 또는 특정후견의 종료 심판을 한다.

② 가정법원이 피성년후견인 또는 피특정후견인에 대하여 한정후견개시의 심판을 할 때에는 종전의 성년후견 또는 특정후견의 종료 심판을 한다.

[본조신설 2011.3.7]

제15조(제한능력자의 상대방의 확답을 촉구할 권리) ① 제한능력자의 상대방은 제한능력자가 능력자가 된 후에 그에게 1개월 이상의 기간을 정하여 그 취소할 수 있는 행위를 추인할 것인지 여부의 확답을 촉구할 수 있다. 능력자로 된 사람이 그 기간 내에 확답을 발송하지 아니하면 그 행위를 추인한 것으로 본다.

② 제한능력자가 아직 능력자가 되지 못한 경우에는 그의 법정대리인에게 제1항의 촉구를 할 수 있고, 법정대리인이 그 정하여진 기간 내에 확답을 발송하지 아니한 경우에는 그 행위를 추인한 것으로 본다.

③ 특별한 절차가 필요한 행위는 그 정하여진 기간 내에 그 절차를 밟은 확답을 발송하지 아니하면 취소한 것으로 본다.

[전문개정 2011.3.7]

제16조(제한능력자의 상대방의 철회권과 거절권) ① 제한능력자가 맺은 계약은 추인이 있을 때까지 상대방이 그 의사표시를 철회할 수 있다. 다만, 상대방이 계약 당시에 제한능력자임을 알았을 경우에는 그러하지 아니하다.

② 제한능력자의 단독행위는 추인이 있을 때까지 상대방이 거절할 수 있다.

③ 제1항의 철회나 제2항의 거절의 의사표시는 제한능력자에게도 할 수 있다.

[전문개정 2011.3.7]

제17조(제한능력자의 속임수) ① 제한능력자가 속임수로써 자기를 능력자로 믿게 한 경우에는 그 행위를 취소할 수 없다.

② 미성년자나 피한정후견인이 속임수로써 법정대리인의 동의가 있는 것으로 믿게 한 경우에도 제1항과 같다.

[전문개정 2011.3.7]

제2절 주소

제18조(주소) ① 생활의 근거되는 곳을 주소로 한다.

② 주소는 동시에 두 곳 이상 있을 수 있다.

제19조(거소) 주소를 알 수 없으면 거소를 주소로 본다.

제20조(거소) 국내에 주소 없는 자에 대하여는 국내에 있는 거소를 주소로 본다.

제21조(가주소) 어느 행위에 있어서 가주소를 정한 때에는 그 행위에 관하여는 이를 주소로 본다.

제3절 부재와 실종

제22조(부재자의 재산의 관리) ① 종래의 주소나 거소를 떠난 자가 재산관리인을 정하지 아니한 때에는 법원은 이해관계인이나 검사의 청구에 의하여 재산관리에 관하여 필요한 처분을 명하여야 한다. 본인의 부재 중 재산관리인의 권한이 소멸한 때에도 같다.

② 본인이 그 후에 재산관리인을 정한 때에는 법원은 본인, 재산관리인, 이해관계인 또는 검사의 청구에 의하여 전항의 명령을 취소하여야 한다.

제23조(관리인의 개임) 부재자가 재산관리인을 정한 경우에 부재자의 생사가 분명하지 아니한 때에는 법원은 재산관리인, 이해관계인 또는 검사의 청구에 의하여 재산관리인을 개임할 수 있다.

제24조(관리인의 직무) ① 법원이 선임한 재산관리인은 관리할 재산목록을 작성하여야 한다.

② 법원은 그 선임한 재산관리인에 대하여 부재자의 재산을 보존하기 위하여 필요한 처분을 명할 수 있다.

③ 부재자의 생사가 분명하지 아니한 경우에 이해관계인이나 검사의 청구가 있는 때에는 법원은 부재자가 정한 재산관리인에게 전2항의 처분을 명할 수 있다.

④ 전3항의 경우에 그 비용은 부재자의 재산으로써 지급한다.

제25조(관리인의 권한) 법원이 선임한 재산관리인이 제118조에 규정한 권한을 넘는 행위를 함에는 법원의 허가를 얻어야 한다. 부재자의 생사가 분명하지 아니한 경우에 부재자가 정한 재산관리인이 권한을 넘는 행위를 할 때에도 같다.

제26조(관리인의 담보제공, 보수) ① 법원은 그 선임한 재산관리인으로 하여금 재산의 관리 및 반환에 관하여 상당한 담보를 제공하게 할 수 있다.

② 법원은 그 선임한 재산관리인에 대하여 부재자의 재산으로 상당한 보수를 지급할 수 있다.

③ 전2항의 규정은 부재자의 생사가 분명하지 아니한 경우에 부재자가 정한 재산관리인에 준용한다.

제27조(실종의 선고) ① 부재자의 생사가 5년간 분명하지 아니한 때에는 법원은 이해관계인이나 검사의 청구에 의하여 실종선고를 하여야 한다.

② 전지에 임한 자, 침몰한 선박 중에 있던 자, 추락한 항공기 중에 있던 자 기타 사망의 원인이 될 위난을 당한 자의 생사가 전쟁종지 후 또는 선박의 침몰, 항공기의 추락 기타 위난이 종료한 후 1년간 분명하지 아니한 때에도 제1항과 같다. 〈개정 1984.4.10〉

제28조(실종선고의 효과) 실종선고를 받은 자는 전조의 기간이 만료한 때에 사망한 것으로 본다.

제29조(실종선고의 취소) ① 실종자의 생존한 사실 또는 전조의 규정과 상이한 때에 사망한 사실의 증명이 있으면 법원은 본인, 이해관계인 또는 검사의 청구에 의하여 실종선고를 취소하여야 한다. 그러나 실종선고 후 그 취소 전에 선의로 한 행위의 효력에 영향을 미치지 아니한다.

② 실종선고의 취소가 있을 때에 실종의 선고를 직접원인으로 하여 재산을 취득한 자가 선의인 경우에는 그 받은 이익이 현존하는 한도에서 반환할 의무가 있고 악의인 경우에는 그 받은 이익에 이자를 붙여서 반환하고 손해가 있으면 이를 배상하여야 한다.

제30조(동시사망) 2인 이상이 동일한 위난으로 사망한 경우에는 동시에 사망한 것으로 추정한다.

제3장 법인(생략)

제4장 물건

제98조(물건의 정의) 본법에서 물건이라 함은 유체물 및 전기 기타 관리할 수 있는 자연력을 말한다.

제99조(부동산, 동산) ① 토지 및 그 정착물은 부동산이다.

② 부동산 이외의 물건은 동산이다.

제100조(주물, 종물) ① 물건의 소유자가 그 물건의 상용에 공하기 위하여 자기소유인 다른 물건을 이에 부속하게 한 때에는 그 부속물은 종물이다.

② 종물은 주물의 처분에 따른다.

제101조(천연과실, 법정과실) ① 물건의 용법에 의하여 수취하는 산출물은 천연과실이다.

② 물건의 사용대가로 받는 금전 기타의 물건은 법정과실로 한다.

제102조(과실의 취득) ① 천연과실은 그 원물로부터 분리하는 때에 이를 수취할 권리자에게 속한다.

② 법정과실은 수취할 권리의 존속기간일수의 비율로 취득한다.

제5장 법률행위

제1절 총칙

제103조(반사회질서의 법률행위) 선량한 풍속 기타 사회질서에 위반한 사항을 내용으로 하는 법률행위는 무효로 한다.

제104조(불공정한 법률행위) 당사자의 궁박, 경솔 또는 무경험으로 인하여 현저하게 공정을 잃은 법률행위는 무효로 한다.

제105조(임의규정) 법률행위의 당사자가 법령 중의 선량한 풍속 기타 사회질서에 관계없는 규정과 다른 의사를 표시한 때에는 그 의사에 의한다.

제106조(사실인 관습) 법령 중의 선량한 풍속 기타 사회질서에 관계없는 규정과 다른 관습이 있는 경우에 당사자의 의사가 명확하지 아니한 때에는 그 관습에 의한다.

제2절 의사표시

제107조(진의 아닌 의사표시) ① 의사표시는 표의자가 진의 아님을 알고 한 것이라도 그 효력이 있다. 그러나 상대방이 표의자의 진의 아님을 알았거나 이를 알 수 있었을 경우에는 무효로 한다.

② 전항의 의사표시의 무효는 선의의 제삼자에게 대항하지 못한다.

제108조(통정한 허위의 의사표시) ① 상대방과 통정한 허위의 의사표시는 무효로 한다.

② 전항의 의사표시의 무효는 선의의 제삼자에게 대항하지 못한다.

제109조(착오로 인한 의사표시) ① 의사표시는 법률행위의 내용의 중요부분에 착오가 있는 때에는 취소할 수 있다. 그러나 그 착오가 표의자의 중대한 과실로 인한 때에는 취소하지 못한다.

② 전항의 의사표시의 취소는 선의의 제삼자에게 대항하지 못한다.

제110조(사기, 강박에 의한 의사표시) ① 사기나 강박에 의한 의사표시는 취소할 수 있다.

② 상대방 있는 의사표시에 관하여 제삼자가 사기나 강박을 행한 경우에는 상대방이 그 사실을 알았거나 알 수 있었을 경우에 한하여 그 의사표시를 취소할 수 있다.

③ 전2항의 의사표시의 취소는 선의의 제삼자에게 대항하지 못한다.

제111조(의사표시의 효력발생시기) ① 상대방이 있는 의사표시는 상대방에게 도달한 때에 그 효력이 생긴다.

② 의사표시자가 그 통지를 발송한 후 사망하거나 제한능력자가 되어도 의사표시의 효력에 영향을 미치지 아니한다.

[전문개정 2011.3.7]

제112조(제한능력자에 대한 의사표시의 효력) 의사표시의 상대방이 의사표시를 받은

때에 제한능력자인 경우에는 의사표시 자는 그 의사표시로써 대항할 수 없다. 다만, 그 상대방의 법정대리인이 의사표시가 도달한 사실을 안 후에는 그러하지 아니하다.

[전문개정 2011.3.7]

제113조(의사표시의 공시송달) 표의자가 과 실없이 상대방을 알지 못하거나 상대방의 소재를 알지 못하는 경우에는 의사표시는 민사소송법 공시송달의 규정에 의하여 송달할 수 있다.

제3절 대리

제114조(대리행위의 효력) ① 대리인이 그 권한 내에서 본인을 위한 것임을 표시한 의사표시는 직접 본인에게 대하여 효력이 생긴다.

② 전항의 규정은 대리인에게 대한 제삼자의 의사표시에 준용한다.

제115조(본인을 위한 것임을 표시하지 아니한 행위) 대리인이 본인을 위한 것임을 표시하지 아니한 때에는 그 의사표시는 자기를 위한 것으로 본다. 그러나 상대방이 대리인으로서 한 것임을 알았거나 알 수 있었을 때에는 전 조제1항의 규정을 준용한다.

제116조(대리행위의 하자) ① 의사표시의 효력이 의사의 흠결, 사기, 강박 또는 어느 사정을 알았거나 과실로 알지 못한 것으로 인하여 영향을 받을 경우에 그 사실의 유무는 대리인을 표준하여 결정한다.

② 특정한 법률행위를 위임한 경우에 대리인이 본인의 지시에 좇아 그 행위를 한 때에는 본인은 자기가 안 사정 또는 과실로 인하여 알지 못한 사정에 관하여 대리인의 부지를 주장하지 못한다.

제117조(대리인의 행위능력) 대리인은 행위능력자임을 요하지 아니한다.

제118조(대리권의 범위) 권한을 정하지 아니한 대리인은 다음 각 호의 행위만을 할 수 있다.

1. 보존행위
2. 대리의 목적인 물건이나 권리의 성질을 변하지 아니하는 범위에서 그 이용 또는 개량하는 행위

제119조(각자대리) 대리인이 수인인 때에는 각자가 본인을 대리한다. 그러나 법률 또는 수권행위에 다른 정한 바가 있는 때에는 그러하지 아니하다.

제120조(임의대리인의 복임권) 대리권이 법률행위에 의하여 부여된 경우에는 대리인은 본인의 승낙이 있거나 부득이한 사유 있는 때가 아니면 복대리인을 선임하지 못한다.

제121조(임의대리인의 복대리인선임의 책임) ① 전조의 규정에 의하여 대리인이 복대리인을 선임한 때에는 본인에게 대하여 그 선임감독에 관한 책임이 있다.

② 대리인이 본인의 지명에 의하여 복대리인을 선임한 경우에는 그 부적임 또는 불성실함을 알고 본인에게 대한 통지나 그 해임을 태만한 때가 아니면 책임

이 없다.

제122조(법정대리인의 복임권과 그 책임) 법정대리인은 그 책임으로 복대리인을 선임할 수 있다. 그러나 부득이한 사유로 인한 때에는 전 조제1항에 정한 책임만이 있다.

제123조(복대리인의 권한) ① 복대리인은 그 권한 내에서 본인을 대리한다.

② 복대리인은 본인이나 제삼자에 대하여 대리인과 동일한 권리의무가 있다.

제124조(자기계약, 쌍방대리) 대리인은 본인의 허락이 없으면 본인을 위하여 자기와 법률행위를 하거나 동일한 법률행위에 관하여 당사자쌍방을 대리하지 못한다. 그러나 채무의 이행은 할 수 있다.

제125조(대리권수여의 표시에 의한 표현대리) 제삼자에 대하여 타인에게 대리권을 수여함을 표시한 자는 그 대리권의 범위 내에서 행한 그 타인과 그 제삼자간의 법률행위에 대하여 책임이 있다. 그러나 제삼자가 대리권 없음을 알았거나 알 수 있었을 때에는 그러하지 아니하다.

제126조(권한을 넘은 표현대리) 대리인이 그 권한 외의 법률행위를 한 경우에 제삼자가 그 권한이 있다고 믿을 만한 정당한 이유가 있는 때에는 본인은 그 행위에 대하여 책임이 있다.

제127조(대리권의 소멸사유) 대리권은 다음 각 호의 어느 하나에 해당하는 사유가 있으면 소멸된다.

1. 본인의 사망

2. 대리인의 사망, 성년후견의 개시 또는 파산

[전문개정 2011.3.7]

제128조(임의대리의 종료) 법률행위에 의하여 수여된 대리권은 전조의 경우 외에 그 원인된 법률관계의 종료에 의하여 소멸한다. 법률관계의 종료 전에 본인이 수권행위를 철회한 경우에도 같다.

제129조(대리권소멸후의 표현대리) 대리권의 소멸은 선의의 제삼자에게 대항하지 못한다. 그러나 제삼자가 과실로 인하여 그 사실을 알지 못한 때에는 그러하지 아니하다.

제130조(무권대리) 대리권 없는 자가 타인의 대리인으로 한 계약은 본인이 이를 추인하지 아니하면 본인에 대하여 효력이 없다.

제131조(상대방의 최고권) 대리권 없는 자가 타인의 대리인으로 계약을 한 경우에 상대방은 상당한 기간을 정하여 본인에게 그 추인여부의 확답을 최고할 수 있다. 본인이 그 기간 내에 확답을 발하지 아니한 때에는 추인을 거절한 것으로 본다.

제132조(추인, 거절의 상대방) 추인 또는 거절의 의사표시는 상대방에 대하여 하지 아니하면 그 상대방에 대항하지 못한다. 그러나 상대방이 그 사실을 안 때에는 그러하지 아니하다.

제133조(추인의 효력) 추인은 다른 의사표시가 없는 때에는 계약 시에 소급하여 그 효력이 생긴다. 그러나 제삼자의 권리를 해하지 못한다.

제134조(상대방의 철회권) 대리권 없는 자가 한 계약은 본인의 추인이 있을 때까지 상대방은 본인이나 그 대리인에 대하여 이를 철회할 수 있다. 그러나 계약당시에 상대방이 대리권 없음을 안 때에는 그러하지 아니하다.

제135조(상대방에 대한 무권대리인의 책임) ① 다른 자의 대리인으로서 계약을 맺은 자가 그 대리권을 증명하지 못하고 또 본인의 추인을 받지 못한 경우에는 그는 상대방의 선택에 따라 계약을 이행할 책임 또는 손해를 배상할 책임이 있다. ② 대리인으로서 계약을 맺은 자에게 대리권이 없다는 사실을 상대방이 알았거나 알 수 있었을 때 또는 대리인으로서 계약을 맺은 사람이 제한능력자일 때에는 제1항을 적용하지 아니한다.
[전문개정 2011.3.7]

제136조(단독행위와 무권대리) 단독행위에는 그 행위당시에 상대방이 대리인이라 칭하는 자의 대리권 없는 행위에 동의하거나 그 대리권을 다투지 아니한 때에 한하여 전6조의 규정을 준용한다. 대리권 없는 자에 대하여 그 동의를 얻어 단독행위를 한 때에도 같다.

제4절 무효와 취소

제137조(법률행위의 일부무효) 법률행위의 일부분이 무효인 때에는 그 전부를 무효로 한다. 그러나 그 무효부분이 없더라도 법률행위를 하였을 것이라고 인정될 때에는 나머지 부분은 무효가 되지 아니한다.

제138조(무효행위의 전환) 무효인 법률행위가 다른 법률행위의 요건을 구비하고 당사자가 그 무효를 알았더라면 다른 법률행위를 하는 것을 의욕하였으리라고 인정될 때에는 다른 법률행위로서 효력을 가진다.

제139조(무효행위의 추인) 무효인 법률행위는 추인하여도 그 효력이 생기지 아니한다. 그러나 당사자가 그 무효임을 알고 추인한 때에는 새로운 법률행위로 본다.

제140조(법률행위의 취소권자) 취소할 수 있는 법률행위는 제한능력자, 착오로 인하거나 사기·강박에 의하여 의사표시를 한 자, 그의 대리인 또는 승계인만이 취소할 수 있다.
[전문개정 2011.3.7]

제141조(취소의 효과) 취소된 법률행위는 처음부터 무효인 것으로 본다. 다만, 제한능력자는 그 행위로 인하여 받은 이익이 현존하는 한도에서 상환(償還)할 책임이 있다.
[전문개정 2011.3.7]

제142조(취소의 상대방) 취소할 수 있는 법률행위의 상대방이 확정한 경우에는 그 취소는 그 상대방에 대한 의사표시로 하여야 한다.

제143조(추인의 방법, 효과) ① 취소할 수 있는 법률행위는 제140조에 규정한 자가 추인할 수 있고 추인 후에는 취소하지 못한다.
② 전조의 규정은 전항의 경우에 준용한다.

제144조(추인의 요건) ① 추인은 취소의 원인이 소멸된 후에 하여야만 효력이 있다.
　② 제1항은 법정대리인 또는 후견인이 추인하는 경우에는 적용하지 아니한다.
　[전문개정 2011.3.7]

제145조(법정추인) 취소할 수 있는 법률행위에 관하여 전조의 규정에 의하여 추인할
수 있는 후에 다음 각 호의 사유가 있으면 추인한 것으로 본다. 그러나 이의를
보류한 때에는 그러하지 아니하다.
　1. 전부나 일부의 이행
　2. 이행의 청구
　3. 경개
　4. 담보의 제공
　5. 취소할 수 있는 행위로 취득한 권리의 전부나 일부의 양도
　6. 강제집행

제146조(취소권의 소멸) 취소권은 추인할 수 있는 날로부터 3년 내에 법률행위를 한
날로부터 10년 내에 행사하여야 한다.

제5절 조건과 기한

제147조(조건성취의 효과) ① 정지조건 있는 법률행위는 조건이 성취한 때로부터 그
효력이 생긴다.
　② 해제조건 있는 법률행위는 조건이 성취한 때로부터 그 효력을 잃는다.
　③ 당사자가 조건성취의 효력을 그 성취 전에 소급하게 할 의사를 표시한 때에
는 그 의사에 의한다.

제148조(조건부권리의 침해금지) 조건 있는 법률행위의 당사자는 조건의 성부가 미
정한 동안에 조건의 성취로 인하여 생길 상대방의 이익을 해하지 못한다.

제149조(조건부권리의 처분 등) 조건의 성취가 미정한 권리의무는 일반규정에 의하
여 처분, 상속, 보존 또는 담보로 할 수 있다.

제150조(조건성취, 불 성취에 대한 반신의 행위) ① 조건의 성취로 인하여 불이익을
받을 당사자가 신의성실에 반하여 조건의 성취를 방해한 때에는 상대방은 그
조건이 성취한 것으로 주장할 수 있다.
　② 조건의 성취로 인하여 이익을 받을 당사자가 신의성실에 반하여 조건을 성취
시킨 때에는 상대방은 그 조건이 성취하지 아니한 것으로 주장할 수 있다.

제151조(불법조건, 기성조건) ① 조건이 선량한 풍속 기타 사회질서에 위반한 것인
때에는 그 법률행위는 무효로 한다.
　② 조건이 법률행위의 당시 이미 성취한 것인 경우에는 그 조건이 정지조건이
면 조건 없는 법률행위로 하고 해제조건이면 그 법률행위는 무효로 한다.
　③ 조건이 법률행위의 당시에 이미 성취할 수 없는 것인 경우에는 그 조건이
해제조건이면 조건 없는 법률행위로 하고 정지조건이면 그 법률행위는 무효로
한다.

제152조(기한도래의 효과) ① 시기 있는 법률행위는 기한이 도래한 때로부터 그 효력이 생긴다.

② 종기 있는 법률행위는 기한이 도래한 때로부터 그 효력을 잃는다.

제153조(기한의 이익과 그 포기) ① 기한은 채무자의 이익을 위한 것으로 추정한다.

② 기한의 이익은 이를 포기할 수 있다. 그러나 상대방의 이익을 해하지 못한다.

제154조(기한부권리와 준용규정) 제148조와 제149조의 규정은 기한 있는 법률행위에 준용한다.

제6장 기간(생략)

제7장 소멸시효

제162조(채권, 재산권의 소멸시효) ① 채권은 10년간 행사하지 아니하면 소멸시효가 완성한다.

② 채권 및 소유권 이외의 재산권은 20년간 행사하지 아니하면 소멸시효가 완성한다.

제163조(3년의 단기소멸시효) 다음 각 호의 채권은 3년간 행사하지 아니하면 소멸시효가 완성한다. 〈개정 1997.12.13〉

　1. 이자, 부양료, 급료, 사용료 기타 1년 이내의 기간으로 정한 금전 또는 물건의 지급을 목적으로 한 채권

　2. 의사, 조산사, 간호사 및 약사의 치료, 근로 및 조제에 관한 채권

　3. 도급받은 자, 기사 기타 공사의 설계 또는 감독에 종사하는 자의 공사에 관한 채권

　4. 변호사, 변리사, 공증인, 공인회계사 및 법무사에 대한 직무상 보관한 서류의 반환을 청구하는 채권

　5. 변호사, 변리사, 공증인, 공인회계사 및 법무사의 직무에 관한 채권

　6. 생산자 및 상인이 판매한 생산물 및 상품의 대가

　7. 수공업자 및 제조자의 업무에 관한 채권

제164조(1년의 단기소멸시효) 다음 각 호의 채권은 1년간 행사하지 아니하면 소멸시효가 완성한다.

　1. 여관, 음식점, 대석, 오락장의 숙박료, 음식료, 대석료, 입장료, 소비물의 대가 및 체당금의 채권

　2. 의복, 침구, 장구 기타 동산의 사용료의 채권

　3. 노역인, 연예인의 임금 및 그에 공급한 물건의 대금채권

　4. 학생 및 수업자의 교육, 의식 및 유숙에 관한 교주, 숙주, 교사의 채권

제165조(판결 등에 의하여 확정된 채권의 소멸시효) ① 판결에 의하여 확정된 채권은 단기의 소멸시효에 해당한 것이라도 그 소멸시효는 10년으로 한다.

② 파산절차에 의하여 확정된 채권 및 재판상의 화해, 조정 기타 판결과 동일한 효력이 있는 것에 의하여 확정된 채권도 전항과 같다.

③ 전2항의 규정은 판결확정당시에 변제기가 도래하지 아니한 채권에 적용하지 아니한다.

제166조(소멸시효의 기산점) ① 소멸시효는 권리를 행사할 수 있는 때로부터 진행한다.

② 부작위를 목적으로 하는 채권의 소멸시효는 위반행위를 한 때로부터 진행한다.

제167조(소멸시효의 소급효) 소멸시효는 그 기산일에 소급하여 효력이 생긴다.

제168조(소멸시효의 중단사유) 소멸시효는 다음 각 호의 사유로 인하여 중단된다.

1. 청구
2. 압류 또는 가압류, 가처분
3. 승인

제169조(시효중단의 효력) 시효의 중단은 당사자 및 그 승계인간에만 효력이 있다.

제170조(재판상의 청구와 시효중단) ① 재판상의 청구는 소송의 각하, 기각 또는 취하의 경우에는 시효중단의 효력이 없다.

② 전항의 경우에 6월내에 재판상의 청구, 파산절차참가, 압류 또는 가압류, 가처분을 한 때에는 시효는 최초의 재판상 청구로 인하여 중단된 것으로 본다.

제171조(파산절차참가와 시효중단) 파산절차참가는 채권자가 이를 취소하거나 그 청구가 각하된 때에는 시효중단의 효력이 없다.

제172조(지급명령과 시효중단) 지급명령은 채권자가 법정 기간 내에 가집행신청을 하지 아니함으로 인하여 그 효력을 잃은 때에는 시효중단의 효력이 없다.

제173조(화해를 위한 소환, 임의출석과 시효중단) 화해를 위한 소환은 상대방이 출석하지 아니 하거나 화해가 성립되지 아니한 때에는 1월내에 소를 제기하지 아니하면 시효중단의 효력이 없다. 임의출석의 경우에 화해가 성립되지 아니한 때에도 그러하다.

제174조(최고와 시효중단) 최고는 6월 내에 재판상의 청구, 파산절차참가, 화해를 위한 소환, 임의출석, 압류 또는 가압류, 가처분을 하지 아니하면 시효중단의 효력이 없다.

제175조(압류, 가압류, 가처분과 시효중단) 압류, 가압류 및 가처분은 권리자의 청구에 의하여 또는 법률의 규정에 따르지 아니함으로 인하여 취소된 때에는 시효중단의 효력이 없다.

제176조(압류, 가압류, 가처분과 시효중단) 압류, 가압류 및 가처분은 시효의 이익을 받은 자에 대하여 하지 아니한 때에는 이를 그에게 통지한 후가 아니면 시효중단의 효력이 없다.

제177조(승인과 시효중단) 시효중단의 효력 있는 승인에는 상대방의 권리에 관한 처분의 능력이나 권한 있음을 요하지 아니한다.

제178조(중단 후에 시효진행) ① 시효가 중단된 때에는 중단까지에 경과한 시효기간은 이를 산입하지 아니하고 중단사유가 종료한 때로부터 새로이 진행한다.

② 재판상의 청구로 인하여 중단한 시효는 전항의 규정에 의하여 재판이 확정된 때로부터 새로이 진행한다.

제179조(제한능력자의 시효정지) 소멸시효의 기간만료 전 6개월 내에 제한능력자에게 법정대리인이 없는 경우에는 그가 능력자가 되거나 법정대리인이 취임한 때부터 6개월 내에는 시효가 완성되지 아니한다.

[전문개정 2011.3.7]

제180조(재산관리자에 대한 제한능력자의 권리, 부부 사이의 권리와 시효정지) ① 재산을 관리하는 아버지, 어머니 또는 후견인에 대한 제한능력자의 권리는 그가 능력자가 되거나 후임 법정대리인이 취임한 때부터 6개월 내에는 소멸시효가 완성되지 아니한다.

② 부부 중 한쪽이 다른 쪽에 대하여 가지는 권리는 혼인관계가 종료된 때부터 6개월 내에는 소멸시효가 완성되지 아니한다.

[전문개정 2011.3.7]

제181조(상속재산에 관한 권리와 시효정지) 상속재산에 속한 권리나 상속재산에 대한 권리는 상속인의 확정, 관리인의 선임 또는 파산선고가 있는 때로부터 6월 내에는 소멸시효가 완성하지 아니한다.

제182조(천재 기타 사변과 시효정지) 천재 기타 사변으로 인하여 소멸시효를 중단할 수 없을 때에는 그 사유가 종료한 때로부터 1월내에는 시효가 완성하지 아니한다.

제183조(종속된 권리에 대한 소멸시효의 효력) 주된 권리의 소멸시효가 완성한 때에는 종속된 권리에 그 효력이 미친다.

제184조(시효의 이익의 포기 기타) ① 소멸시효의 이익은 미리 포기하지 못한다.

② 소멸시효는 법률행위에 의하여 이를 배제, 연장 또는 가중할 수 없으나 이를 단축 또는 경감할 수 있다.

제2편 물권

제1장 총칙

제185조(물권의 종류) 물권은 법률 또는 관습법에 의하는 외에는 임의로 창설하지 못한다.

제186조(부동산물권변동의 효력) 부동산에 관한 법률행위로 인한 물권의 득실변경은 등기하여야 그 효력이 생긴다.

제187조(등기를 요하지 아니하는 부동산물권취득) 상속, 공용징수, 판결, 경매 기타 법률의 규정에 의한 부동산에 관한 물권의 취득은 등기를 요하지 아니한다. 그러나 등기를 하지 아니하면 이를 처분하지 못한다.

제188조(동산물권양도의 효력, 간이인도) ① 동산에 관한 물권의 양도는 그 동산을 인도하여야 효력이 생긴다.

② 양수인이 이미 그 동산을 점유한 때에는 당사자의 의사표시만으로 그 효력이 생긴다.

제189조(점유개정) 동산에 관한 물권을 양도하는 경우에 당사자의 계약으로 양도인이 그 동산의 점유를 계속하는 때에는 양수인이 인도받은 것으로 본다.

제190조(목적물반환청구권의 양도) 제삼자가 점유하고 있는 동산에 관한 물권을 양도하는 경우에는 양도인이 그 제삼자에 대한 반환청구권을 양수인에게 양도함으로써 동산을 인도한 것으로 본다.

제191조(혼동으로 인한 물권의 소멸) ① 동일한 물건에 대한 소유권과 다른 물권이 동일한 사람에게 귀속한 때에는 다른 물권은 소멸한다. 그러나 그 물권이 제삼자의 권리의 목적이 된 때에는 소멸하지 아니한다.

② 전항의 규정은 소유권이외의 물권과 그를 목적으로 하는 다른 권리가 동일한 사람에게 귀속한 경우에 준용한다.

③ 점유권에 관하여는 전2항의 규정을 적용하지 아니한다.

제2장 점유권

제192조(점유권의 취득과 소멸) ① 물건을 사실상 지배하는 자는 점유권이 있다.

② 점유자가 물건에 대한 사실상의 지배를 상실한 때에는 점유권이 소멸한다. 그러나 제204조의 규정에 의하여 점유를 회수한 때에는 그러하지 아니하다.

제193조(상속으로 인한 점유권의 이전) 점유권은 상속인에 이전한다.

제194조(간접점유) 지상권, 전세권, 질권, 사용대차, 임대차, 임치 기타의 관계로 타인으로 하여금 물건을 점유하게 한 자는 간접으로 점유권이 있다.

제195조(점유보조자) 가사상, 영업상 기타 유사한 관계에 의하여 타인의 지시를 받아 물건에 대한 사실상의 지배를 하는 때에는 그 타인만을 점유자로 한다.

제196조(점유권의 양도) ① 점유권의 양도는 점유물의 인도로 그 효력이 생긴다.

② 전항의 점유권의 양도에는 제188조 제2항, 제189조, 제190조의 규정을 준용한다.

제197조(점유의 태양) ① 점유자는 소유의 의사로 선의, 평온 및 공연하게 점유한 것으로 추정한다.

② 선의의 점유자라도 본권에 관한 소에 패소한 때에는 그 소가 제기된 때로부터 악의의 점유자로 본다.

제198조(점유계속의 추정) 전후양시에 점유한 사실이 있는 때에는 그 점유는 계속한 것으로 추정한다.

제199조(점유의 승계의 주장과 그 효과) ① 점유자의 승계인은 자기의 점유만을 주장하거나 자기의 점유와 전점유자의 점유를 아울러 주장할 수 있다.

② 전점유자의 점유를 아울러 주장하는 경우에는 그 하자도 계승한다.

제200조(권리의 적법의 추정) 점유자가 점유물에 대하여 행사하는 권리는 적법하게 보유한 것으로 추정한다.

제201조(점유자와 과실) ① 선의의 점유자는 점유물의 과실을 취득한다.

② 악의의 점유자는 수취한 과실을 반환하여야 하며 소비하였거나 과실로 인하여 훼손 또는 수취하지 못한 경우에는 그 과실의 대가를 보상하여야 한다.

③ 전항의 규정은 폭력 또는 은비에 의한 점유자에 준용한다.

제202조(점유자의 회복 자에 대한 책임) 점유물이 점유자의 책임 있는 사유로 인하여 멸실 또는 훼손한 때에는 악의의 점유자는 그 손해의 전부를 배상하여야 하며 선의의 점유자는 이익이 현존하는 한도에서 배상하여야 한다. 소유의 의사가 없는 점유자는 선의인 경우에도 손해의 전부를 배상하여야 한다.

제203조(점유자의 상환청구권) ① 점유자가 점유물을 반환할 때에는 회복 자에 대하여 점유물을 보존하기 위하여 지출한 금액 기타 필요비의 상환을 청구할 수 있다. 그러나 점유자가 과실을 취득한 경우에는 통상의 필요비는 청구하지 못한다.

② 점유자가 점유물을 개량하기 위하여 지출한 금액 기타 유익비에 관하여는 그 가액의 증가가 현존한 경우에 한하여 회복자의 선택에 좇아 그 지출금액이나 증가액의 상환을 청구할 수 있다.

③ 전항의 경우에 법원은 회복자의 청구에 의하여 상당한 상환기간을 허여할 수 있다.

제204조(점유의 회수) ① 점유자가 점유의 침탈을 당한 때에는 그 물건의 반환 및 손해의 배상을 청구할 수 있다.

② 전항의 청구권은 침탈자의 특별승계인에 대하여는 행사하지 못한다. 그러나 승계인이 악의인 때에는 그러하지 아니하다.

③ 제1항의 청구권은 침탈을 당한 날로부터 1년 내에 행사하여야 한다.

제205조(점유의 보유) ① 점유자가 점유의 방해를 받은 때에는 그 방해의 제거 및 손해의 배상을 청구할 수 있다.

② 전항의 청구권은 방해가 종료한 날로부터 1년 내에 행사하여야 한다.

③ 공사로 인하여 점유의 방해를 받은 경우에는 공사착수 후 1년을 경과하거나 그 공사가 완성한 때에는 방해의 제거를 청구하지 못한다.

제206조(점유의 보전) ① 점유자가 점유의 방해를 받을 염려가 있는 때에는 그 방해의 예방 또는 손해배상의 담보를 청구할 수 있다.

② 공사로 인하여 점유의 방해를 받을 염려가 있는 경우에는 전 조 제3항의 규정을 준용한다.

제207조(간접점유의 보호) ① 전3조의 청구권은 제194조의 규정에 의한 간접점유자도 이를 행사할 수 있다.

② 점유자가 점유의 침탈을 당한 경우에 간접점유자는 그 물건을 점유자에게 반환할 것을 청구할 수 있고 점유자가 그 물건의 반환을 받을 수 없거나 이를

원하지 아니하는 때에는 자기에게 반환할 것을 청구할 수 있다.

제208조(점유의 소와 본권의 소와의 관계) ① 점유권에 기인한 소와 본권에 기인한 소는 서로 영향을 미치지 아니한다.

② 점유권에 기인한 소는 본권에 관한 이유로 재판하지 못한다.

제209조(자력구제) ① 점유자는 그 점유를 부정히 침탈 또는 방해하는 행위에 대하여 자력으로써 이를 방위할 수 있다.

② 점유물이 침탈되었을 경우에 부동산일 때에는 점유자는 침탈 후 직시 가해자를 배제하여 이를 탈환할 수 있고 동산일 때에는 점유자는 현장에서 또는 추적하여 가해자로부터 이를 탈환할 수 있다.

제210조(준점유) 본장의 규정은 재산권을 사실상 행사하는 경우에 준용한다.

제3장 소유권

제1절 소유권의 한계

제211조(소유권의 내용) 소유자는 법률의 범위 내에서 그 소유물을 사용, 수익, 처분할 권리가 있다.

제212조(토지소유권의 범위) 토지의 소유권은 정당한 이익 있는 범위 내에서 토지의 상하에 미친다.

제213조(소유물반환청구권) 소유자는 그 소유에 속한 물건을 점유한자에 대하여 반환을 청구할 수 있다. 그러나 점유자가 그 물건을 점유할 권리가 있는 때에는 반환을 거부할 수 있다.

제214조(소유물방해제거, 방해예방청구권) 소유자는 소유권을 방해하는 자에 대하여 방해의 제거를 청구할 수 있고 소유권을 방해할 염려 있는 행위를 하는 자에 대하여 그 예방이나 손해배상의 담보를 청구할 수 있다.

제215조(건물의 구분소유) ① 수인이 한 채의 건물을 구분하여 각각 그 일부분을 소유한 때에는 건물과 그 부속물중 공용하는 부분은 그의 공유로 추정한다.

② 공용부분의 보존에 관한 비용 기타의 부담은 각자의 소유부분의 가액에 비례하여 분담한다.

제216조(인지사용청구권) ① 토지소유자는 경계나 그 근방에서 담 또는 건물을 축조하거나 수선하기 위하여 필요한 범위 내에서 이웃 토지의 사용을 청구할 수 있다. 그러나 이웃 사람의 승낙이 없으면 그 주거에 들어가지 못한다.

② 전항의 경우에 이웃 사람이 손해를 받은 때에는 보상을 청구할 수 있다.

제217조(매연 등에 의한 인지에 대한 방해금지) ① 토지소유자는 매연, 열 기체, 액체, 음향, 진동 기타 이에 유사한 것으로 이웃 토지의 사용을 방해하거나 이웃 거주자의 생활에 고통을 주지 아니하도록 적당한 조처를 할 의무가 있다.

② 이웃 거주자는 전항의 사태가 이웃 토지의 통상의 용도에 적당한 것인 때에는 이를 인용할 의무가 있다.

제218조(수도 등 시설권) ① 토지소유자는 타인의 토지를 통과하지 아니하면 필요한 수도, 소수관, 가스관, 전선 등을 시설할 수 없거나 과다한 비용을 요하는 경우에는 타인의 토지를 통과하여 이를 시설할 수 있다. 그러나 이로 인한 손해가 가장 적은 장소와 방법을 선택하여 이를 시설할 것이며 타토지의 소유자의 요청에 의하여 손해를 보상하여야 한다.

② 전항에 의한 시설을 한 후 사정의 변경이 있는 때에는 타토지의 소유자는 그 시설의 변경을 청구할 수 있다. 시설변경의 비용은 토지소유자가 부담한다.

제219조(주위토지통행권) ① 어느 토지와 공로사이에 그 토지의 용도에 필요한 통로가 없는 경우에 그 토지소유자는 주위의 토지를 통행 또는 통로로 하지 아니하면 공로에 출입할 수 없거나 과다한 비용을 요하는 때에는 그 주위의 토지를 통행할 수 있고 필요한 경우에는 통로를 개설할 수 있다. 그러나 이로 인한 손해가 가장 적은 장소와 방법을 선택하여야 한다.

② 전항의 통행권자는 통행지소유자의 손해를 보상하여야 한다.

제220조(분할, 일부양도와 주위통행권) ① 분할로 인하여 공로에 통하지 못하는 토지가 있는 때에는 그 토지소유자는 공로에 출입하기 위하여 다른 분할자의 토지를 통행할 수 있다. 이 경우에는 보상의 의무가 없다.

② 전항의 규정은 토지소유자가 그 토지의 일부를 양도한 경우에 준용한다.

제221조(자연유수의 승수의무와 권리) ① 토지소유자는 이웃 토지로부터 자연히 흘러오는 물을 막지 못한다.

② 고지소유자는 이웃 저지에 자연히 흘러내리는 이웃 저지에서 필요한 물을 자기의 정당한 사용범위를 넘어서 이를 막지 못한다.

제222조(소통공사권) 흐르는 물이 저지에서 폐색된 때에는 고지소유자는 자비로 소통에 필요한 공사를 할 수 있다.

제223조(저수, 배수, 인수를 위한 공작물에 대한 공사청구권) 토지소유자가 저수, 배수 또는 인수하기 위하여 공작물을 설치한 경우에 공작물의 파손 또는 폐색으로 타인의 토지에 손해를 가하거나 가할 염려가 있는 때에는 타인은 그 공작물의 보수, 폐색의 소통 또는 예방에 필요한 청구를 할 수 있다.

제224조(관습에 의한 비용부담) 전2조의 경우에 비용부담에 관한 관습이 있으면 그 관습에 의한다.

제225조(처마물에 대한 시설의무) 토지소유자는 처마물이 이웃에 직접 낙하하지 아니하도록 적당한 시설을 하여야 한다.

제226조(여수소통권) ① 고지소유자는 침수지를 건조하기 위하여 또는 가용이나 농, 공업용의 여수를 소통하기 위하여 공로, 공류 또는 하수도에 달하기까지 저지에 물을 통과하게 할 수 있다.

② 전항의 경우에는 저지의 손해가 가장 적은 장소와 방법을 선택하여야 하며 손해를 보상하여야 한다.

제227조(유수용공작물의 사용권) ① 토지소유자는 그 소유지의 물을 소통하기 위하

여 이웃 토지소유자의 시설한 공작물을 사용할 수 있다.

② 전항의 공작물을 사용하는 자는 그 이익을 받는 비율로 공작물의 설치와 보존의 비용을 분담하여야 한다.

제228조(여수급여청구권) 토지소유자는 과다한 비용이나 노력을 요하지 아니하고는 가용이나 토지이용에 필요한 물을 얻기 곤란한 때에는 이웃 토지소유자에게 보상하고 여수의 급여를 청구할 수 있다.

제229조(수류의 변경) ① 구거 기타 수류지의 소유자는 대안의 토지가 타인의 소유인 때에는 그 수로나 수류의 폭을 변경하지 못한다.

② 양안의 토지가 수류지소유자의 소유인 때에는 소유자는 수로와 수류의 폭을 변경할 수 있다. 그러나 하류는 자연의 수로와 일치하도록 하여야 한다.

③ 전2항의 규정은 다른 관습이 있으면 그 관습에 의한다.

제230조(언의 설치, 이용권) ① 수류지의 소유자가 언을 설치할 필요가 있는 때에는 그 언을 대안에 접촉하게 할 수 있다. 그러나 이로 인한 손해를 보상하여야 한다.

② 대안의 소유자는 수류지의 일부가 자기소유인 때에는 그 언을 사용할 수 있다. 그러나 그 이익을 받는 비율로 언의 설치, 보존의 비용을 분담하여야 한다.

제231조(공유하천용수권) ① 공유하천의 연안에서 농, 공업을 경영하는 자는 이에 이용하기 위하여 타인의 용수를 방해하지 아니하는 범위 내에서 필요한 인수를 할 수 있다.

② 전항의 인수를 하기 위하여 필요한 공작물을 설치할 수 있다.

제232조(하류 연안의 용수권보호) 전조의 인수나 공작물로 인하여 하류연안의 용수권을 방해하는 때에는 그 용수권자는 방해의 제거 및 손해의 배상을 청구할 수 있다.

제233조(용수권의 승계) 농, 공업의 경영에 이용하는 수로 기타 공작물의 소유자나 몽리자의 특별승계인은 그 용수에 관한 전소유자나 몽리자의 권리의무를 승계한다.

제234조(용수 권에 관한 다른 관습) 전3조의 규정은 다른 관습이 있으면 그 관습에 의한다.

제235조(공용수의 용수권) 상린자는 그 공용에 속하는 원천이나 수도를 각 수요의 정도에 응하여 타인의 용수를 방해하지 아니하는 범위 내에서 각각 용수할 권리가 있다.

제236조(용수장해의 공사와 손해배상, 원상회복) ① 필요한 용도나 수익이 있는 원천이나 수도가 타인의 건축 기타 공사로 인하여 단수, 감수 기타 용도에 장해가 생긴 때에는 용수권자는 손해배상을 청구할 수 있다.

② 전항의 공사로 인하여 음료수 기타 생활상 필요한 용수에 장해가 있을 때에는 원상회복을 청구할 수 있다.

제237조(경계표, 담의 설 치권) ① 인접하여 토지를 소유한 자는 공동비용으로 통상의 경계표나 담을 설치할 수 있다.

② 전항의 비용은 쌍방이 절반하여 부담한다. 그러나 측량비용은 토지의 면적에 비례하여 부담한다.

③ 전2항의 규정은 다른 관습이 있으면 그 관습에 의한다.

제238조(담의 특수시설권) 인지소유자는 자기의 비용으로 담의 재료를 통상보다 양호한 것으로 할 수 있으며 그 높이를 통상보다 높게 할 수 있고 또는 방화벽 기타 특수시설을 할 수 있다.

제239조(경계표 등의 공유추정) 경계에 설치된 경계표, 담, 구거 등은 상린자의 공유로 추정한다. 그러나 경계표, 담, 구거 등이 상린자일방의 단독비용으로 설치되었거나 담이 건물의 일부인 경우에는 그러하지 아니하다.

제240조(수지, 목근의 제거권) ① 인접지의 수목가지가 경계를 넘은 때에는 그 소유자에 대하여 가지의 제거를 청구할 수 있다.

② 전항의 청구에 응하지 아니한 때에는 청구자가 그 가지를 제거할 수 있다.

③ 인접지의 수목뿌리가 경계를 넘은 때에는 임의로 제거할 수 있다.

제241조(토지의 심굴금지) 토지소유자는 인접지의 지반이 붕괴할 정도로 자기의 토지를 심굴하지 못한다. 그러나 충분한 방어공사를 한 때에는 그러하지 아니하다.

제242조(경계선부근의 건축) ① 건물을 축조함에는 특별한 관습이 없으면 경계로부터 반미터 이상의 거리를 두어야 한다.

② 인접지소유자는 전항의 규정에 위반한 자에 대하여 건물의 변경이나 철거를 청구할 수 있다. 그러나 건축에 착수한 후 1년을 경과하거나 건물이 완성된 후에는 손해배상만을 청구할 수 있다.

제243조(차면시설의무) 경계로부터 2미터 이내의 거리에서 이웃 주택의 내부를 관망할 수 있는 창이나 마루를 설치하는 경우에는 적당한 차면시설을 하여야 한다.

제244조(지하시설 등에 대한 제한) ① 우물을 파거나 용수, 하수 또는 오물 등을 저치할 지하시설을 하는 때에는 경계로부터 2미터 이상의 거리를 두어야 하며 저수지, 구거 또는 지하실공사에는 경계로부터 그 깊이의 반 이상의 거리를 두어야 한다.

② 전항의 공사를 함에는 토사가 붕괴하거나 하수 또는 오액이 이웃에 흐르지 아니하도록 적당한 조처를 하여야 한다.

제2절 소유권의 취득

제245조(점유로 인한 부동산소유권의 취득기간) ① 20년간 소유의 의사로 평온, 공연하게 부동산을 점유하는 자는 등기함으로써 그 소유권을 취득한다.

② 부동산의 소유자로 등기한 자가 10년간 소유의 의사로 평온, 공연하게 선의이며 과실 없이 그 부동산을 점유한 때에는 소유권을 취득한다.

제246조(점유로 인한 동산소유권의 취득기간) ① 10년간 소유의 의사로 평온, 공연하게 동산을 점유한 자는 그 소유권을 취득한다.

② 전항의 점유가 선의이며 과실 없이 개시된 경우에는 5년을 경과함으로써 그 소유권을 취득한다.

제247조(소유권취득의 소급효, 중단사유) ① 전2조의 규정에 의한 소유권취득의 효력은 점유를 개시한 때에 소급한다.

② 소멸시효의 중단에 관한 규정은 전2조의 소유권취득기간에 준용한다.

제248조(소유권 이외의 재산권의 취득시효) 전3조의 규정은 소유권 이외의 재산권의 취득에 준용한다.

제249조(선의취득) 평온. 공연하게 동산을 양수한 자가 선의이며 과실 없이 그 동산을 점유한 경우에는 양도인이 정당한 소유자가 아닌 때에도 즉시 그 동산의 소유권을 취득한다.

제250조(도품, 유실물에 대한 특례) 전조의 경우에 그 동산이 도품이나 유실물인 때에는 피해자 또는 유실자는 도난 또는 유실한 날로부터 2년 내에 그 물건의 반환을 청구할 수 있다. 그러나 도품이나 유실물이 금전인 때에는 그러하지 아니하다.

제251조(도품, 유실물에 대한 특례) 양수인이 도품 또는 유실물을 경매나 공개시장에서 또는 동종류의 물건을 판매하는 상인에게서 선의로 매수한 때에는 피해자 또는 유실자는 양수인이 지급한 대가를 변상하고 그 물건의 반환을 청구할 수 있다.

제252조(무주물의 귀속) ① 무주의 동산을 소유의 의사로 점유한 자는 그 소유권을 취득한다.

② 무주의 부동산은 국유로 한다.

③ 야생하는 동물은 무주물로 하고 사양하는 야생동물도 다시 야생상태로 돌아가면 무주물로 한다.

제253조(유실물의 소유권취득) 유실물은 법률에 정한 바에 의하여 공고한 후 6개월 내에 그 소유자가 권리를 주장하지 아니하면 습득자가 그 소유권을 취득한다. 〈개정 2013.4.5〉

제254조(매장물의 소유권취득) 매장 물은 법률에 정한 바에 의하여 공고한 후 1년 내에 그 소유자가 권리를 주장하지 아니하면 발견자가 그 소유권을 취득한다. 그러나 타인의 토지 기타 물건으로부터 발견한 매장 물은 그 토지 기타 물건의 소유자와 발견자가 절반하여 취득한다.

제255조(문화재의 국유) ① 학술, 기예 또는 고고의 중요한 재료가 되는 물건에 대하여는 제252조 제1항 및 전2조의 규정에 의하지 아니하고 국유로 한다.

② 전항의 경우에 습득자, 발견자 및 매장물이 발견된 토지 기타 물건의 소유자는 국가에 대하여 적당한 보상을 청구할 수 있다.

제256조(부동산에의 부합) 부동산의 소유자는 그 부동산에 부합한 물건의 소유권을 취득한다. 그러나 타인의 권원에 의하여 부속된 것은 그러하지 아니하다.

제257조(동산간의 부합) 동산과 동산이 부합하여 훼손하지 아니하면 분리할 수 없거

나 그 분리에 과다한 비용을 요할 경우에는 그 합성물의 소유권은 주된 동산의 소유자에게 속한다. 부합한 동산의 주종을 구별할 수 없는 때에는 동산의 소유자는 부합당시의 가액의 비율로 합성물을 공유한다.

제258조(혼화) 전조의 규정은 동산과 동산이 혼화하여 식별할 수 없는 경우에 준용한다.

제259조(가공) ① 타인의 동산에 가공한 때에는 그 물건의 소유권은 원재료의 소유자에게 속한다. 그러나 가공으로 인한 가액의 증가가 원재료의 가액보다 현저히 다액인 때에는 가공자의 소유로 한다.

② 가공자가 재료의 일부를 제공하였을 때에는 그 가액은 전항의 증가액에 가산한다.

제260조(첨부의 효과) ① 전4조의 규정에 의하여 동산의 소유권이 소멸한 때에는 그 동산을 목적으로 한 다른 권리도 소멸한다.

② 동산의 소유자가 합성물, 혼화물 또는 가공물의 단독소유자가 된 때에는 전항의 권리는 합성물, 혼화물 또는 가공물에 존속하고 그 공유자가 된 때에는 그 지분에 존속한다.

제261조(첨부로 인한 구상권) 전5조의 경우에 손해를 받은 자는 부당이득에 관한 규정에 의하여 보상을 청구할 수 있다.

제3절 공동소유

제262조(물건의 공유) ① 물건이 지분에 의하여 수인의 소유로 된 때에는 공유로 한다.

② 공유자의 지분은 균등한 것으로 추정한다.

제263조(공유지분의 처분과 공유물의 사용, 수익) 공유자는 그 지분을 처분할 수 있고 공유물 전부를 지분의 비율로 사용, 수익할 수 있다.

제264조(공유물의 처분, 변경) 공유자는 다른 공유자의 동의 없이 공유물을 처분하거나 변경하지 못한다.

제265조(공유물의 관리, 보존) 공유물의 관리에 관한 사항은 공유자의 지분의 과반수로써 결정한다. 그러나 보존행위는 각자가 할 수 있다.

제266조(공유물의 부담) ① 공유자는 그 지분의 비율로 공유물의 관리비용 기타 의무를 부담한다.

② 공유자가 1년 이상 전항의 의무이행을 지체한 때에는 다른 공유자는 상당한 가액으로 지분을 매수할 수 있다.

제267조(지분포기 등의 경우의 귀속) 공유자가 그 지분을 포기하거나 상속인 없이 사망한 때에는 그 지분은 다른 공유자에게 각 지분의 비율로 귀속한다.

제268조(공유물의 분할청구) ① 공유자는 공유물의 분할을 청구할 수 있다. 그러나 5년 내의 기간으로 분할하지 아니할 것을 약정할 수 있다.

② 전항의 계약을 갱신한 때에는 그 기간은 갱신한 날로부터 5년을 넘지 못한다.

③ 전2항의 규정은 제215조, 제239조의 공유물에는 적용하지 아니한다.

제269조(분할의 방법) ① 분할의 방법에 관하여 협의가 성립되지 아니한 때에는 공유

자는 법원에 그 분할을 청구할 수 있다.

② 현물로 분할할 수 없거나 분할로 인하여 현저히 그 가액이 감손될 염려가 있는 때에는 법원은 물건의 경매를 명할 수 있다.

제270조(분할로 인한 담보책임) 공유자는 다른 공유자가 분할로 인하여 취득한 물건에 대하여 그 지분의 비율로 매도인과 동일한 담보책임이 있다.

제271조(물건의 합유) ① 법률의 규정 또는 계약에 의하여 수인이 조합체로서 물건을 소유하는 때에는 합유로 한다. 합유자의 권리는 합유물 전부에 미친다.

② 합유에 관하여는 전항의 규정 또는 계약에 의하는 외에 다음 3조의 규정에 의한다.

제272조(합유물의 처분, 변경과 보존) 합유물을 처분 또는 변경함에는 합유자 전원의 동의가 있어야 한다. 그러나 보존행위는 각자가 할 수 있다.

제273조(합유지분의 처분과 합유물의 분할금지) ① 합유자는 전원의 동의 없이 합유물에 대한 지분을 처분하지 못한다.

② 합유자는 합유물의 분할을 청구하지 못한다.

제274조(합유의 종료) ① 합유는 조합체의 해산 또는 합유물의 양도로 인하여 종료한다.

② 전항의 경우에 합유물의 분할에 관하여는 공유물의 분할에 관한 규정을 준용한다.

제275조(물건의 총유) ① 법인이 아닌 사단의 사원이 집합체로서 물건을 소유할 때에는 총유로 한다.

② 총유에 관하여는 사단의 정관 기타 계약에 의하는 외에 다음 2조의 규정에 의한다.

제276조(총유물의 관리, 처분과 사용, 수익) ① 총유물의 관리 및 처분은 사원총회의 결의에 의한다.

② 각 사원은 정관 기타의 규약에 좇아 총유물을 사용, 수익할 수 있다.

제277조(총유 물에 관한 권리의무의 득상) 총유물에 관한 사원의 권리의무는 사원의 지위를 취득 상실함으로써 취득 상실된다.

제278조(준 공동소유) 본 절의 규정은 소유권 이외의 재산권에 준용한다. 그러나 다른 법률에 특별한 규정이 있으면 그에 의한다.

제4장 지상권

제279조(지상권의 내용) 지상권자는 타인의 토지에 건물 기타 공작물이나 수목을 소유하기 위하여 그 토지를 사용하는 권리가 있다.

제280조(존속기간을 약정한 지상권) ① 계약으로 지상권의 존속기간을 정하는 경우에는 그 기간은 다음 연한보다 단축하지 못한다.

1. 석조, 석회조, 연와조 또는 이와 유사한 견고한 건물이나 수목의 소유를 목적으로 하는 때에는 30년

2. 전호이외의 건물의 소유를 목적으로 하는 때에는 15년

3. 건물이외의 공작물의 소유를 목적으로 하는 때에는 5년

② 전항의 기간보다 단축한 기간을 정한 때에는 전항의 기간까지 연장한다.

제281조(존속기간을 약정하지 아니한 지상권) ① 계약으로 지상권의 존속기간을 정하지 아니한 때에는 그 기간은 전조의 최단존속기간으로 한다.

② 지상권설정당시에 공작물의 종류와 구조를 정하지 아니한 때에는 지상권은 전 조제2호의 건물의 소유를 목적으로 한 것으로 본다.

제282조(지상권의 양도, 임대) 지상권자는 타인에게 그 권리를 양도하거나 그 권리의 존속기간 내에서 그 토지를 임대할 수 있다.

제283조(지상권자의 갱신청구권, 매수청구권) ① 지상권이 소멸한 경우에 건물 기타 공작물이나 수목이 현존한 때에는 지상권자는 계약의 갱신을 청구할 수 있다.

② 지상권설정자가 계약의 갱신을 원하지 아니하는 때에는 지상권자는 상당한 가액으로 전항의 공작물이나 수목의 매수를 청구할 수 있다.

제284조(갱신과 존속기간) 당사자가 계약을 갱신하는 경우에는 지상권의 존속기간은 갱신한 날로부터 제280조의 최단존속기간보다 단축하지 못한다. 그러나 당사자는 이보다 장기의 기간을 정할 수 있다.

제285조(수거의무, 매수청구권) ① 지상권이 소멸한 때에는 지상권자는 건물 기타 공작물이나 수목을 수거하여 토지를 원상에 회복하여야 한다.

② 전항의 경우에 지상권설정자가 상당한 가액을 제공하여 그 공작물이나 수목의 매수를 청구한 때에는 지상권자는 정당한 이유 없이 이를 거절하지 못한다.

제286조(지료증감청구권) 지료가 토지에 관한 조세 기타 부담의 증감이나 지가의 변동으로 인하여 상당하지 아니하게 된 때에는 당사자는 그 증감을 청구할 수 있다.

제287조(지상권소멸청구권) 지상권자가 2년 이상의 지료를 지급하지 아니한 때에는 지상권설정자는 지상권의 소멸을 청구할 수 있다.

제288조(지상권소멸청구와 저당권자에 대한 통지) 지상권이 저당권의 목적인 때 또는 그 토지에 있는 건물, 수목이 저당권의 목적이 된 때에는 전조의 청구는 저당권자에게 통지한 후 상당한 기간이 경과함으로써 그 효력이 생긴다.

제289조(강행규정) 제280조 내지 제287조의 규정에 위반되는 계약으로 지상권자에게 불리한 것은 그 효력이 없다.

제289조의2(구분지상권) ① 지하 또는 지상의 공간은 상하의 범위를 정하여 건물 기타 공작물을 소유하기 위한 지상권의 목적으로 할 수 있다. 이 경우 설정행위로써 지상권의 행사를 위하여 토지의 사용을 제한할 수 있다.

② 제1항의 규정에 의한 구분지상권은 제3자가 토지를 사용·수익할 권리를 가진 때에도 그 권리자 및 그 권리를 목적으로 하는 권리를 가진 자 전원의 승낙이 있으면 이를 설정할 수 있다. 이 경우 토지를 사용·수익할 권리를 가진 제3자는 그 지상권의 행사를 방해하여서는 아니 된다.

[본조신설 1984.4.10]

제290조(준용규정) ① 제213조, 제214조, 제216조 내지 제244조의 규정은 지상권자간 또는 지상권자와 인지소유자간에 이를 준용한다.

② 제280조 내지 제289조 및 제1항의 규정은 제289조의2의 규정에 의한 구분지상권에 관하여 이를 준용한다. 〈신설 1984.4.10〉

제5장 지역권

제291조(지역권의 내용) 지역권자는 일정한 목적을 위하여 타인의 토지를 자기토지의 편익에 이용하는 권리가 있다.

제292조(부종성) ① 지역권은 요역지소유권에 부종하여 이전하며 또는 요역지에 대한 소유권이외의 권리의 목적이 된다. 그러나 다른 약정이 있는 때에는 그 약정에 의한다.

② 지역권은 요역지와 분리하여 양도하거나 다른 권리의 목적으로 하지 못한다.

제293조(공유관계, 일부양도와 불가분성) ① 토지공유자의 1인은 지분에 관하여 그 토지를 위한 지역권 또는 그 토지가 부담한 지역권을 소멸하게 하지 못한다.

② 토지의 분할이나 토지의 일부양도의 경우에는 지역권은 요역지의 각 부분을 위하여 또는 그 승역지의 각 부분에 존속한다. 그러나 지역권이 토지의 일부분에만 관한 것인 때에는 다른 부분에 대하여는 그러하지 아니하다.

제294조(지역권취득기간) 지역권은 계속되고 표현된 것에 한하여 제245조의 규정을 준용한다.

제295조(취득과 불가분성) ① 공유자의 1인이 지역권을 취득한 때에는 다른 공유자도 이를 취득한다.

② 점유로 인한 지역권취득기간의 중단은 지역권을 행사하는 모든 공유자에 대한 사유가 아니면 그 효력이 없다.

제296조(소멸시효의 중단, 정지와 불가분성) 요역지가 수인의 공유인 경우에 그 1인에 의한 지역권소멸시효의 중단 또는 정지는 다른 공유자를 위하여 효력이 있다.

제297조(용수지역권) ① 용수승역지의 수량이 요역지 및 승역지의 수요에 부족한 때에는 그 수요정도에 의하여 먼저 가용에 공급하고 다른 용도에 공급하여야 한다. 그러나 설정행위에 다른 약정이 있는 때에는 그 약정에 의한다.

② 승역지에 수개의 용수지역권이 설정된 때에는 후순위의 지역권자는 선순위의 지역권자의 용수를 방해하지 못한다.

제298조(승역지소유자의 의무와 승계) 계약에 의하여 승역지소유자가 자기의 비용으로 지역권의 행사를 위하여 공작물의 설치 또는 수선의 의무를 부담한 때에는 승역지소유자의 특별승계인도 그 의무를 부담한다.

제299조(위기에 의한 부담면제) 승역지의 소유자는 지역권에 필요한 부분의 토지소유권을 지역권자에게 위기하여 전조의 부담을 면할 수 있다.

제300조(공작물의 공동사용) ① 승역지의 소유자는 지역권의 행사를 방해하지 아니

하는 범위 내에서 지역권자가 지역권의 행사를 위하여 승역지에 설치한 공작물을 사용할 수 있다.

② 전항의 경우에 승역지의 소유자는 수익정도의 비율로 공작물의 설치, 보존의 비용을 분담하여야 한다.

제301조(준용규정) 제214조의 규정은 지역권에 준용한다.

제302조(특수지역권) 어느 지역의 주민이 집합체의 관계로 각자가 타인의 토지에서 초목, 야생물 및 토사의 채취, 방목 기타의 수익을 하는 권리가 있는 경우에는 관습에 의하는 외에 본장의 규정을 준용한다.

제6장 전세권

제303조(전세권의 내용) ① 전세권자는 전세금을 지급하고 타인의 부동산을 점유하여 그 부동산의 용도에 좇아 사용·수익하며, 그 부동산 전부에 대하여 후순위권리자 기타 채권자보다 전세금의 우선변제를 받을 권리가 있다. 〈개정 1984. 4.10〉

② 농경지는 전세권의 목적으로 하지 못한다.

제304조(건물의 전세권, 지상권, 임차권에 대한 효력) ① 타인의 토지에 있는 건물에 전세권을 설정한 때에는 전세권의 효력은 그 건물의 소유를 목적으로 한 지상권 또는 임차권에 미친다.

② 전항의 경우에 전세권설정자는 전세권자의 동의 없이 지상권 또는 임차권을 소멸하게 하는 행위를 하지 못한다.

제305조(건물의 전세권과 법정지상권) ① 대지와 건물이 동일한 소유자에 속한 경우에 건물에 전세권을 설정한 때에는 그 대지소유권의 특별승계인은 전세권설정자에 대하여 지상권을 설정한 것으로 본다. 그러나 지료는 당사자의 청구에 의하여 법원이 이를 정한다.

② 전항의 경우에 대지소유자는 타인에게 그 대지를 임대하거나 이를 목적으로 한 지상권 또는 전세권을 설정하지 못한다.

제306조(전세권의 양도, 임대 등) 전세권자는 전세권을 타인에게 양도 또는 담보로 제공할 수 있고 그 존속 기간 내에서 그 목적물을 타인에게 전전세 또는 임대할 수 있다. 그러나 설정행위로 이를 금지한 때에는 그러하지 아니하다.

제307조(전세권양도의 효력) 전세권양수인은 전세권설정자에 대하여 전세권양도인과 동일한 권리의무가 있다.

제308조(전전세 등의 경우의 책임) 전세권의 목적물을 전전세 또는 임대한 경우에는 전세권자는 전전세 또는 임대하지 아니하였으면 면할 수 있는 불가항력으로 인한 손해에 대하여 그 책임을 부담한다.

제309조(전세권자의 유지, 수선의무) 전세권자는 목적물의 현상을 유지하고 그 통상의 관리에 속한 수선을 하여야 한다.

제310조(전세권자의 상환청구권) ① 전세권자가 목적물을 개량하기 위하여 지출한 금액 기타 유익 비에 관하여는 그 가액의 증가가 현존한 경우에 한하여 소유자의 선택에 좇아 그 지출액이나 증가액의 상환을 청구할 수 있다.

② 전항의 경우에 법원은 소유자의 청구에 의하여 상당한 상환기간을 허여할 수 있다.

제311조(전세권의 소멸청구) ① 전세권자가 전세권설정계약 또는 그 목적물의 성질에 의하여 정하여진 용법으로 이를 사용, 수익하지 아니한 경우에는 전세권설정자는 전세권의 소멸을 청구할 수 있다.

② 전항의 경우에는 전세권설정자는 전세권 자에 대하여 원상회복 또는 손해배상을 청구할 수 있다.

제312조(전세권의 존속기간) ① 전세권의 존속기간은 10년을 넘지 못한다. 당사자의 약정기간이 10년을 넘는 때에는 이를 10년으로 단축한다.

② 건물에 대한 전세권의 존속기간을 1년 미만으로 정한 때에는 이를 1년으로 한다. 〈신설 1984.4.10〉

③ 전세권의 설정은 이를 갱신할 수 있다. 그 기간은 갱신한 날로부터 10년을 넘지 못한다.

④ 건물의 전세권설정자가 전세권의 존속기간 만료전 6월부터 1월까지 사이에 전세권 자에 대하여 갱신거절의 통지 또는 조건을 변경하지 아니하면 갱신하지 아니한다는 뜻의 통지를 하지 아니한 경우에는 그 기간이 만료된 때에 전전세권과 동일한 조건으로 다시 전세권을 설정한 것으로 본다. 이 경우 전세권의 존속기간은 그 정함이 없는 것으로 본다. 〈신설 1984.4.10〉

제312조의2(전세금 증감청구권) 전세금이 목적 부동산에 관한 조세·공과금 기타 부담의 증감이나 경제사정의 변동으로 인하여 상당하지 아니하게 된 때에는 당사자는 장래에 대하여 그 증감을 청구할 수 있다. 그러나 증액의 경우에는 대통령령이 정하는 기준에 따른 비율을 초과하지 못한다.

[본조신설 1984.4.10]

제313조(전세권의 소멸통고) 전세권의 존속기간을 약정하지 아니한 때에는 각 당사자는 언제든지 상대방에 대하여 전세권의 소멸을 통고할 수 있고 상대방이 이 통고를 받은 날로부터 6월이 경과하면 전세권은 소멸한다.

제314조(불가항력으로 인한 멸실) ① 전세권의 목적물의 전부 또는 일부가 불가항력으로 인하여 멸실된 때에는 그 멸실된 부분의 전세권은 소멸한다.

② 전항의 일부멸실의 경우에 전세권자가 그 잔존부분으로 전세권의 목적을 달성할 수 없는 때에는 전세권설정자에 대하여 전세권전부의 소멸을 통고하고 전세금의 반환을 청구할 수 있다.

제315조(전세권자의 손해배상책임) ① 전세권의 목적물의 전부 또는 일부가 전세권자에 책임 있는 사유로 인하여 멸실된 때에는 전세권자는 손해를 배상할 책임이 있다.

② 전항의 경우에 전세권설정자는 전세권이 소멸된 후 전세금으로써 손해의 배상에 충당하고 잉여가 있으면 반환하여야 하며 부족이 있으면 다시 청구할 수 있다.

제316조(원상회복의무, 매수청구권) ① 전세권이 그 존속기간의 만료로 인하여 소멸한 때에는 전세권자는 그 목적물을 원상에 회복하여야 하며 그 목적물에 부속시킨 물건은 수거할 수 있다. 그러나 전세권설정자가 그 부속물건의 매수를 청구한 때에는 전세권자는 정당한 이유 없이 거절하지 못한다.

② 전항의 경우에 그 부속물건이 전세권설정자의 동의를 얻어 부속시킨 것인 때에는 전세권자는 전세권설정자에 대하여 그 부속물건의 매수를 청구할 수 있다. 그 부속물건이 전세권설정자로부터 매수한 것인 때에도 같다.

제317조(전세권의 소멸과 동시이행) 전세권이 소멸한 때에는 전세권설정자는 전세권자로부터 그 목적물의 인도 및 전세권설정등기의 말소등기에 필요한 서류의 교부를 받는 동시에 전세금을 반환하여야 한다.

제318조(전세권자의 경매청구권) 전세권설정자가 전세금의 반환을 지체한 때에는 전세권자는 민사집행법의 정한 바에 의하여 전세권의 목적물의 경매를 청구할 수 있다. 〈개정 1997.12.13, 2001.12.29〉

제319조(준용규정) 제213조, 제214조, 제216조 내지 제244조의 규정은 전세권자간 또는 전세권자와 인지소유자 및 지상권자간에 이를 준용한다.

제7장 유치권

제320조(유치권의 내용) ① 타인의 물건 또는 유가증권을 점유한 자는 그 물건이나 유가증권에 관하여 생긴 채권이 변제기에 있는 경우에는 변제를 받을 때까지 그 물건 또는 유가증권을 유치할 권리가 있다.

② 전항의 규정은 그 점유가 불법행위로 인한 경우에 적용하지 아니한다.

제321조(유치권의 불가분성) 유치권자는 채권전부의 변제를 받을 때까지 유치물전부에 대하여 그 권리를 행사할 수 있다.

제322조(경매, 간이변제충당) ① 유치권자는 채권의 변제를 받기 위하여 유치물을 경매할 수 있다.

② 정당한 이유 있는 때에는 유치권자는 감정인의 평가에 의하여 유치물로 직접 변제에 충당할 것을 법원에 청구할 수 있다. 이 경우에는 유치권자는 미리 채무자에게 통지하여야 한다.

제323조(과실수취권) ① 유치권자는 유치물의 과실을 수취하여 다른 채권보다 먼저 그 채권의 변제에 충당할 수 있다. 그러나 과실이 금전이 아닌 때에는 경매하여야 한다.

② 과실은 먼저 채권의 이자에 충당하고 그 잉여가 있으면 원본에 충당한다.

제324조(유치권자의 선관의무) ① 유치권자는 선량한 관리자의 주의로 유치 물을 점

유하여야 한다.

② 유치권자는 채무자의 승낙 없이 유치물의 사용, 대여 또는 담보제공을 하지 못한다. 그러나 유치물의 보존에 필요한 사용은 그러하지 아니하다.

③ 유치권자가 전2항의 규정에 위반한 때에는 채무자는 유치권의 소멸을 청구할 수 있다.

제325조(유치권자의 상환청구권) ① 유치권자가 유치물에 관하여 필요비를 지출한 때에는 소유자에게 그 상환을 청구할 수 있다.

② 유치권자가 유치물에 관하여 유익비를 지출한 때에는 그 가액의 증가가 현존한 경우에 한하여 소유자의 선택에 좇아 그 지출한 금액이나 증가액의 상환을 청구할 수 있다. 그러나 법원은 소유자의 청구에 의하여 상당한 상환기간을 허여할 수 있다.

제326조(피담보채권의 소멸시효) 유치권의 행사는 채권의 소멸시효의 진행에 영향을 미치지 아니한다.

제327조(타담보제공과 유치권소멸) 채무자는 상당한 담보를 제공하고 유치권의 소멸을 청구할 수 있다.

제328조(점유상실과 유치권소멸) 유치권은 점유의 상실로 인하여 소멸한다.

제8장 질 권

제1절 동산질권

제329조(동산질권의 내용) 동산질권자는 채권의 담보로 채무자 또는 제삼자가 제공한 동산을 점유하고 그 동산에 대하여 다른 채권자보다 자기채권의 우선변제를 받을 권리가 있다.

제330조(설정계약의 요물성) 질권의 설정은 질권자에게 목적물을 인도함으로써 그 효력이 생긴다.

제331조(질권의 목적물) 질권은 양도할 수 없는 물건을 목적으로 하지 못한다.

제332조(설정자에 의한 대리점유의 금지) 질권자는 설정자로 하여금 질물의 점유를 하게 하지 못한다.

제333조(동산질권의 순위) 수개의 채권을 담보하기 위하여 동일한 동산에 수개의 질권을 설정한 때에는 그 순위는 설정의 선후에 의한다.

제334조(피담보채권의 범위) 질권은 원본, 이자, 위약금, 질권 실행의 비용, 질물보존의 비용 및 채무불이행 또는 질물의 하자로 인한 손해배상의 채권을 담보한다. 그러나 다른 약정이 있는 때에는 그 약정에 의한다.

제335조(유치적효력) 질권자는 전조의 채권의 변제를 받을 때까지 질물을 유치할 수 있다. 그러나 자기보다 우선권이 있는 채권자에게 대항하지 못한다.

제336조(전질권) 질권자는 그 권리의 범위 내에서 자기의 책임으로 질물을 전질할 수 있다. 이 경우에는 전질을 하지 아니하였으면 면할 수 있는 불가항력으로 인한

손해에 대하여도 책임을 부담한다.

제337조(전질의 대항요건) ① 전조의 경우에 질권자가 채무자에게 전질의 사실을 통지하거나 채무자가 이를 승낙함이 아니면 전질로써 채무자, 보증인, 질권설정자 및 그 승계인에게 대항하지 못한다.

② 채무자가 전항의 통지를 받거나 승낙을 한 때에는 전질권자의 동의 없이 질권자에게 채무를 변제하여도 이로서 전질권자에게 대항하지 못한다.

제338조(경매, 간이변제충당) ① 질권자는 채권의 변제를 받기 위하여 질물을 경매할 수 있다.

② 정당한 이유 있는 때에는 질권자는 감정인의 평가에 의하여 질물로 직접 변제에 충당할 것을 법원에 청구할 수 있다. 이 경우에는 질권자는 미리 채무자 및 질권설정자에게 통지하여야 한다.

제339조(유질계약의 금지) 질권설정자는 채무변제기전의 계약으로 질권자에게 변제에 갈음하여 질물의 소유권을 취득하게 하거나 법률에 정한 방법에 의하지 아니하고 질물을 처분할 것을 약정하지 못한다.

제340조(질물 이외의 재산으로부터의 변제) ① 질권자는 질물에 의하여 변제를 받지 못한 부분의 채권에 한하여 채무자의 다른 재산으로부터 변제를 받을 수 있다.

② 전항의 규정은 질 물보다 먼저 다른 재산에 관한 배당을 실시하는 경우에는 적용하지 아니한다. 그러나 다른 채권자는 질권자에게 그 배당금액의 공탁을 청구할 수 있다.

제341조(물상보증인의 구상권) 타인의 채무를 담보하기 위한 질권설정자가 그 채무를 변제하거나 질권의 실행으로 인하여 질물의 소유권을 잃은 때에는 보증 채무에 관한 규정에 의하여 채무자에 대한 구상권이 있다.

제342조(물상대위) 질권은 질물의 멸실, 훼손 또는 공용징수로 인하여 질권설정자가 받을 금전 기타 물건에 대하여도 이를 행사할 수 있다. 이 경우에는 그 지급 또는 인도전에 압류하여야 한다.

제343조(준용규정) 제249조 내지 제251조, 제321조 내지 제325조의 규정은 동산질권에 준용한다.

제344조(타법률에 의한 질권) 본절의 규정은 다른 법률의 규정에 의하여 설정된 질권에 준용한다.

제2절 권리질권

제345조(권리질권의 목적) 질권은 재산권을 그 목적으로 할 수 있다. 그러나 부동산의 사용, 수익을 목적으로 하는 권리는 그러하지 아니하다.

제346조(권리질권의 설정방법) 권리질권의 설정은 법률에 다른 규정이 없으면 그 권리의 양도에 관한 방법에 의하여야 한다.

제347조(설정계약의 요물성) 채권을 질권의 목적으로 하는 경우에 채권증서가 있는 때에는 질권의 설정은 그 증서를 질권자에게 교부함으로써 그 효력이 생긴다.

제348조(저당채권에 대한 질권과 부기등기) 저당권으로 담보한 채권을 질권의 목적으로 한 때에는 그 저당권등기에 질권의 부기등기를 하여야 그 효력이 저당권에 미친다.

제349조(지명채권에 대한 질권의 대항요건) ① 지명채권을 목적으로 한 질권의 설정은 설정자가 제450조의 규정에 의하여 제삼채무자에게 질권설정의 사실을 통지하거나 제삼채무자가 이를 승낙함이 아니면 이로써 제삼채무자 기타 제삼자에게 대항하지 못한다.

② 제451조의 규정은 전항의 경우에 준용한다.

제350조(지시채권에 대한 질 권의 설정방법) 지시채권을 질권의 목적으로 한 질권의 설정은 증서에 배서하여 질권자에게 교부함으로써 그 효력이 생긴다.

제351조(무기명채권에 대한 질권의 설정방법) 무기명채권을 목적으로 한 질권의 설정은 증서를 질권자에게 교부함으로써 그 효력이 생긴다.

제352조(질권설정자의 권리처분제한) 질권설정자는 질권자의 동의 없이 질권의 목적된 권리를 소멸하게 하거나 질권자의 이익을 해하는 변경을 할 수 없다.

제353조(질권의 목적이 된 채권의 실행방법) ① 질권자는 질권의 목적이 된 채권을 직접 청구할 수 있다.

② 채권의 목적물이 금전인 때에는 질권자는 자기채권의 한도에서 직접 청구할 수 있다.

③ 전항의 채권의 변제기가 질권자의 채권의 변제기보다 먼저 도래한 때에는 질권자는 제삼채무자에 대하여 그 변제금액의 공탁을 청구할 수 있다. 이 경우에 질권은 그 공탁금에 존재한다.

④ 채권의 목적물이 금전 이외의 물건인 때에는 질권자는 그 변제를 받은 물건에 대하여 질권을 행사할 수 있다.

제354조(동전) 질권자는 전조의 규정에 의하는 외에 민사집행법에 정한 집행방법에 의하여 질권을 실행할 수 있다. 〈개정 2001.12.29〉

제355조(준용규정) 권리질권에는 본절의 규정 외에 동산질권에 관한 규정을 준용한다.

제9장 저당권

제356조(저당권의 내용) 저당권자는 채무자 또는 제삼자가 점유를 이전하지 아니하고 채무의 담보로 제공한 부동산에 대하여 다른 채권자보다 자기채권의 우선변제를 받을 권리가 있다.

제357조(근저당) ① 저당권은 그 담보할 채무의 최고액만을 정하고 채무의 확정을 장래에 보류하여 이를 설정할 수 있다. 이 경우에는 그 확정될 때까지의 채무의 소멸 또는 이전은 저당권에 영향을 미치지 아니한다.

② 전항의 경우에는 채무의 이자는 최고액 중에 산입한 것으로 본다.

제358조(저당권의 효력의 범위) 저당권의 효력은 저당부동산에 부합된 물건과 종물에 미친다. 그러나 법률에 특별한 규정 또는 설정행위에 다른 약정이 있으면 그러하지 아니하다.

제359조(과실에 대한 효력) 저당권의 효력은 저당부동산에 대한 압류가 있은 후에 저당권설정자가 그 부동산으로부터 수취한 과실 또는 수취할 수 있는 과실에 미친다. 그러나 저당권자가 그 부동산에 대한 소유권, 지상권 또는 전세권을 취득한 제삼자에 대하여는 압류한 사실을 통지한 후가 아니면 이로써 대항하지 못한다.

제360조(피담보채권의 범위) 저당권은 원본, 이자, 위약금, 채무불이행으로 인한 손해배상 및 저당권의 실행비용을 담보한다. 그러나 지연배상에 대하여는 원본의 이행기일을 경과한 후의 1년분에 한하여 저당권을 행사할 수 있다.

제361조(저당권의 처분제한) 저당권은 그 담보한 채권과 분리하여 타인에게 양도하거나 다른 채권의 담보로 하지 못한다.

제362조(저당물의 보충) 저당권설정자의 책임 있는 사유로 인하여 저당물의 가액이 현저히 감소된 때에는 저당권자는 저당권설정 자에 대하여 그 원상회복 또는 상당한 담보제공을 청구할 수 있다.

제363조(저당권자의 경매청구권, 경매인) ① 저당권자는 그 채권의 변제를 받기 위하여 저당물의 경매를 청구할 수 있다.

② 저당물의 소유권을 취득한 제삼자도 경매인이 될 수 있다.

제364조(제삼취득자의 변제) 저당부동산에 대하여 소유권, 지상권 또는 전세권을 취득한 제삼자는 저당권자에게 그 부동산으로 담보된 채권을 변제하고 저당권의 소멸을 청구할 수 있다.

제365조(저당지상의 건물에 대한 경매청구권) 토지를 목적으로 저당권을 설정한 후 그 설정자가 그 토지에 건물을 축조한 때에는 저당권자는 토지와 함께 그 건물에 대하여도 경매를 청구할 수 있다. 그러나 그 건물의 경매대가에 대하여는 우선변제를 받을 권리가 없다.

제366조(법정지상권) 저당물의 경매로 인하여 토지와 그 지상건물이 다른 소유자에 속한 경우에는 토지소유자는 건물소유자에 대하여 지상권을 설정한 것으로 본다. 그러나 지료는 당사자의 청구에 의하여 법원이 이를 정한다.

제367조(제삼취득자의 비용 상환청구권) 저당물의 제삼취득자가 그 부동산의 보존, 개량을 위하여 필요비 또는 유익 비를 지출한 때에는 제203조 제1항, 제2항의 규정에 의하여 저당물의 경매대가에서 우선상환을 받을 수 있다.

제368조(공동저당과 대가의 배당, 차순 위자의 대위) ① 동일한 채권의 담보로 수개의 부동산에 저당권을 설정한 경우에 그 부동산의 경매 대가를 동시에 배당하는 때에는 각부동산의 경매대가에 비례하여 그 채권의 분담을 정한다.

② 전항의 저당부동산 중 일부의 경매대가를 먼저 배당하는 경우에는 그 대가에서 그 채권전부의 변제를 받을 수 있다. 이 경우에 그 경매한 부동산의 차순

위저당권자는 선순위저당권자가 전항의 규정에 의하여 다른 부동산의 경매대가에서 변제를 받을 수 있는 금액의 한도에서 선순위자를 대위하여 저당권을 행사할 수 있다.

제369조(부종성) 저당권으로 담보한 채권이 시효의 완성 기타 사유로 인하여 소멸한 때에는 저당권도 소멸한다.

제370조(준용규정) 제214조, 제321조, 제333조, 제340조, 제341조 및 제342조의 규정은 저당권에 준용한다.

제371조(지상권, 전세권을 목적으로 하는 저당권) ① 본장의 규정은 지상권 또는 전세권을 저당권의 목적으로 한 경우에 준용한다.

② 지상권 또는 전세권을 목적으로 저당권을 설정한 자는 저당권자의 동의 없이 지상권 또는 전세권을 소멸하게 하는 행위를 하지 못한다.

제372조(타법률에 의한 저당권) 본장의 규정은 다른 법률에 의하여 설정된 저당권에 준용한다.

제3편 채권

제1장 총칙

제1절 채권의 목적

제373조(채권의 목적) 금전으로 가액을 산정할 수 없는 것이라도 채권의 목적으로 할 수 있다.

제374조(특정물인도채무자의 선관의무) 특정물의 인도가 채권의 목적인 때에는 채무자는 그 물건을 인도하기까지 선량한 관리자의 주의로 보존하여야 한다.

제375조(종류채권) ① 채권의 목적을 종류로만 지정한 경우에 법률행위의 성질이나 당사자의 의사에 의하여 품질을 정할 수 없는 때에는 채무자는 중등품질의 물건으로 이행하여야 한다.

② 전항의 경우에 채무자가 이행에 필요한 행위를 완료하거나 채권자의 동의를 얻어 이행할 물건을 지정한 때에는 그때로부터 그 물건을 채권의 목적물로 한다.

제376조(금전채권) 채권의 목적이 어느 종류의 통화로 지급할 것인 경우에 그 통화가 변제기에 강제통용력을 잃은 때에는 채무자는 다른 통화로 변제하여야 한다.

제377조(외화채권) ① 채권의 목적이 다른 나라 통화로 지급할 것인 경우에는 채무자는 자기가 선택한 그 나라의 각 종류의 통화로 변제할 수 있다.

② 채권의 목적이 어느 종류의 다른 나라 통화로 지급할 것인 경우에 그 통화가 변제기에 강제통용력을 잃은 때에는 그 나라의 다른 통화로 변제하여야 한다.

제378조(동전) 채권액이 다른 나라 통화로 지정된 때에는 채무자는 지급할 때에 있어서의 이행지의 환금시가에 의하여 우리나라 통화로 변제할 수 있다.

제379조(법정이율) 이자있는 채권의 이율은 다른 법률의 규정이나 당사자의 약정이 없으면 연 5분으로 한다.

제380조(선택채권) 채권의 목적이 수개의 행위 중에서 선택에 좇아 확정될 경우에 다른 법률의 규정이나 당사자의 약정이 없으면 선택권은 채무자에게 있다.

제381조(선택권의 이전) ① 선택권행사의 기간이 있는 경우에 선택권자가 그 기간 내에 선택권을 행사하지 아니하는 때에는 상대방은 상당한 기간을 정하여 그 선택을 최고할 수 있고 선택권자가 그 기간 내에 선택하지 아니하면 선택권은 상대방에게 있다.

② 선택권행사의 기간이 없는 경우에 채권의 기한이 도래한 후 상대방이 상당한 기간을 정하여 그 선택을 최고하여도 선택권자가 그 기간 내에 선택하지 아니할 때에도 전항과 같다.

제382조(당사자의 선택권의 행사) ① 채권자나 채무자가 선택하는 경우에는 그 선택은 상대방에 대한 의사표시로 한다.

② 전항의 의사표시는 상대방의 동의가 없으면 철회하지 못한다.

제383조(제삼자의 선택권의 행사) ① 제삼자가 선택하는 경우에는 그 선택은 채무자 및 채권자에 대한 의사표시로 한다.

② 전항의 의사표시는 채권자 및 채무자의 동의가 없으면 철회하지 못한다.

제384조(제삼자의 선택권의 이전) ① 선택할 제삼자가 선택할 수 없는 경우에는 선택권은 채무자에게 있다.

② 제삼자가 선택하지 아니하는 경우에는 채권자나 채무자는 상당한 기간을 정하여 그 선택을 최고할 수 있고 제삼자가 그 기간 내에 선택하지 아니하면 선택권은 채무자에게 있다.

제385조(불능으로 인한 선택채권의 특정) ① 채권의 목적으로 선택할 수개의 행위 중에 처음부터 불능한 것이나 또는 후에 이행불능하게 된 것이 있으면 채권의 목적은 잔존한 것에 존재한다.

② 선택권 없는 당사자의 과실로 인하여 이행불능이 된 때에는 전항의 규정을 적용하지 아니한다.

제386조(선택의 소급효) 선택의 효력은 그 채권이 발생한 때에 소급한다. 그러나 제삼자의 권리를 해하지 못한다.

제2절 채권의 효력

제387조(이행기와 이행지체) ① 채무이행의 확정한 기한이 있는 경우에는 채무자는 기한이 도래한 때로부터 지체책임이 있다. 채무이행의 불확정한 기한이 있는 경우에는 채무자는 기한이 도래함을 안 때로부터 지체책임이 있다.

② 채무이행의 기한이 없는 경우에는 채무자는 이행청구를 받은 때로부터 지체책임이 있다.

제388조(기한의 이익의 상실) 채무자는 다음 각 호의 경우에는 기한의 이익을 주장하

지 못한다.

1. 채무자가 담보를 손상, 감소 또는 멸실하게 한 때
2. 채무자가 담보제공의 의무를 이행하지 아니한 때

제389조(강제이행) ① 채무자가 임의로 채무를 이행하지 아니한 때에는 채권자는 그 강제이행을 법원에 청구할 수 있다. 그러나 채무의 성질이 강제이행을 하지 못할 것인 때에는 그러하지 아니하다.

② 전항의 채무가 법률행위를 목적으로 한 때에는 채무자의 의사표시에 가름할 재판을 청구할 수 있고 채무자의 일신에 전속하지 아니한 작위를 목적으로 한 때에는 채무자의 비용으로 제삼자에게 이를 하게 할 것을 법원에 청구할 수 있다.

③ 그 채무가 부작위를 목적으로 한 경우에 채무자가 이에 위반한 때에는 채무자의 비용으로써 그 위반한 것을 제각하고 장래에 대한 적당한 처분을 법원에 청구할 수 있다.

④ 전3항의 규정은 손해배상의 청구에 영향을 미치지 아니한다.

제390조(채무불이행과 손해배상) 채무자가 채무의 내용에 좇은 이행을 하지 아니한 때에는 채권자는 손해배상을 청구할 수 있다. 그러나 채무자의 고의나 과실 없이 이행할 수 없게 된 때에는 그러하지 아니하다.

제391조(이행보조자의 고의, 과실) 채무자의 법정대리인이 채무자를 위하여 이행하거나 채무자가 타인을 사용하여 이행하는 경우에는 법정대리인 또는 피용자의 고의나 과실은 채무자의 고의나 과실로 본다.

제392조(이행지체 중의 손해배상) 채무자는 자기에게 과실이 없는 경우에도 그 이행지체 중에 생긴 손해를 배상하여야 한다. 그러나 채무자가 이행기에 이행하여도 손해를 면할 수 없는 경우에는 그러하지 아니하다.

제393조(손해배상의 범위) ① 채무불이행으로 인한 손해배상은 통상의 손해를 그 한도로 한다.

② 특별한 사정으로 인한 손해는 채무자가 그 사정을 알았거나 알 수 있었을 때에 한하여 배상의 책임이 있다.

제394조(손해배상의 방법) 다른 의사표시가 없으면 손해는 금전으로 배상한다.

제395조(이행지체와 전보배상) 채무자가 채무의 이행을 지체한 경우에 채권자가 상당한 기간을 정하여 이행을 최고하여도 그 기간 내에 이행하지 아니하거나 지체후의 이행이 채권자에게 이익이 없는 때에는 채권자는 수령을 거절하고 이행에 가름한 손해배상을 청구할 수 있다.

제396조(과실상계) 채무불이행에 관하여 채권자에게 과실이 있는 때에는 법원은 손해배상의 책임 및 그 금액을 정함에 이를 참작하여야 한다.

제397조(금전채무불이행에 대한 특칙) ① 금전채무불이행의 손해배상액은 법정이율에 의한다. 그러나 법령의 제한에 위반하지 아니한 약정이율이 있으면 그 이율에 의한다.

② 전항의 손해배상에 관하여는 채권자는 손해의 증명을 요하지 아니하고 채무자는 과실없음을 항변하지 못한다.

제398조(배상액의 예정) ① 당사자는 채무불이행에 관한 손해배상액을 예정할 수 있다.

② 손해배상의 예정액이 부당히 과다한 경우에는 법원은 적당히 감액할 수 있다.

③ 손해배상액의 예정은 이행의 청구나 계약의 해제에 영향을 미치지 아니한다.

④ 위약금의 약정은 손해배상액의 예정으로 추정한다.

⑤ 당사자가 금전이 아닌 것으로써 손해의 배상에 충당할 것을 예정한 경우에도 전4항의 규정을 준용한다.

제399조(손해배상자의 대위) 채권자가 그 채권의 목적인 물건 또는 권리의 가액 전부를 손해배상으로 받은 때에는 채무자는 그 물건 또는 권리에 관하여 당연히 채권자를 대위한다.

제400조(채권자지체) 채권자가 이행을 받을 수 없거나 받지 아니한 때에는 이행의 제공 있는 때로부터 지체책임이 있다.

제401조(채권자지체와 채무자의 책임) 채권자지체 중에는 채무자는 고의 또는 중대한 과실이 없으면 불이행으로 인한 모든 책임이 없다.

제402조(동전) 채권자지체 중에는 이자있는 채권이라도 채무자는 이자를 지급할 의무가 없다.

제403조(채권자지체와 채권자의 책임) 채권자지체로 인하여 그 목적물의 보관 또는 변제의 비용이 증가된 때에는 그 증가액은 채권자의 부담으로 한다.

제404조(채권자대위권) ① 채권자는 자기의 채권을 보전하기 위하여 채무자의 권리를 행사할 수 있다. 그러나 일신에 전속한 권리는 그러하지 아니하다.

② 채권자는 그 채권의 기한이 도래하기 전에는 법원의 허가 없이 전항의 권리를 행사하지 못한다. 그러나 보전행위는 그러하지 아니하다.

제405조(채권자대위권행사의 통지) ① 채권자가 전 조제1항의 규정에 의하여 보전행위 이외의 권리를 행사한 때에는 채무자에게 통지하여야 한다.

② 채무자가 전항의 통지를 받은 후에는 그 권리를 처분하여도 이로써 채권자에게 대항하지 못한다.

제406조(채권자취소권) ① 채무자가 채권자를 해함을 알고 재산권을 목적으로 한 법률행위를 한 때에는 채권자는 그 취소 및 원상회복을 법원에 청구할 수 있다. 그러나 그 행위로 인하여 이익을 받은 자나 전득한 자가 그 행위 또는 전득당시에 채권자를 해함을 알지 못한 경우에는 그러하지 아니하다.

② 전항의 소는 채권자가 취소원인을 안 날로부터 1년, 법률행위 있은 날로부터 5년 내에 제기하여야 한다.

제407조(채권자취소의 효력) 전조의 규정에 의한 취소와 원상회복은 모든 채권자의 이익을 위하여 그 효력이 있다.

제3절 수인의 채권자 및 채무자
제1관 총칙
제408조(분할채권관계) 채권자나 채무자가 수인인 경우에 특별한 의사표시가 없으면
    각 채권자 또는 각 채무자는 균등한 비율로 권리가 있고 의무를 부담한다.

제2관 불가분채권과 불가분채무
제409조(불가분채권) 채권의 목적이 그 성질 또는 당사자의 의사표시에 의하여 불가
    분인 경우에 채권자가 수인인 때에는 각 채권자는 모든 채권자를 위하여 이행
    을 청구할 수 있고 채무자는 모든 채권자를 위하여 각 채권자에게 이행할 수
    있다.

제410조(1인의 채권자에 생긴 사항의 효력) ① 전조의 규정에 의하여 모든 채권자에
    게 효력이 있는 사항을 제외하고는 불가분채권자중 1인의 행위나 1인에 관한
    사항은 다른 채권자에게 효력이 없다.
    ② 불가분채권자 중의 1인과 채무자간에 경개나 면제 있는 경우에 채무전부의
    이행을 받은 다른 채권자는 그 1인이 권리를 잃지 아니하였으면 그에게 분급할
    이익을 채무자에게 상환하여야 한다.

제411조(불가분채무와 준용규정) 수인이 불가분채무를 부담한 경우에는 제413조 내
    지 제415조, 제422조, 제424조 내지 제427조 및 전조의 규정을 준용한다.

제412조(가분채권, 가분채무에의 변경) 불가분채권이나 불가분채무가 가분채권 또는
    가분채무로 변경된 때에는 각 채권자는 자기부분만의 이행을 청구할 권리가
    있고 각 채무자는 자기부담부분만을 이행할 의무가 있다.

제3관 연대채무
제413조(연대채무의 내용) 수인의 채무자가 채무전부를 각자 이행할 의무가 있고 채
    무자 1인의 이행으로 다른 채무자도 그 의무를 면하게 되는 때에는 그 채무는
    연대채무로 한다.

제414조(각 연대채무자에 대한 이행청구) 채권자는 어느 연대채무자에 대하여 또는
    동시나 순차로 모든 연대채무자에 대하여 채무의 전부나 일부의 이행을 청구
    할 수 있다.

제415조(채무자에 생긴 무효, 취소) 어느 연대채무자에 대한 법률행위의 무효나 취소
    의 원인은 다른 연대채무자의 채무에 영향을 미치지 아니한다.

제416조(이행청구의 절대적 효력) 어느 연대채무자에 대한 이행청구는 다른 연대채
    무자에게도 효력이 있다.

제417조(경개의 절대적 효력) 어느 연대채무자와 채권자간에 채무의 경개가 있는 때
    에는 채권은 모든 연대채무자의 이익을 위하여 소멸한다.

제418조(상계의 절대적 효력) ① 어느 연대채무자가 채권자에 대하여 채권이 있는 경
    우에 그 채무자가 상계한 때에는 채권은 모든 연대채무자의 이익을 위하여 소

멸한다.

② 상계할 채권이 있는 연대채무자가 상계하지 아니한 때에는 그 채무자의 부담부분에 한하여 다른 연대채무자가 상계할 수 있다.

제419조(면제의 절대적 효력) 어느 연대채무자에 대한 채무면제는 그 채무자의 부담부분에 한하여 다른 연대채무자의 이익을 위하여 효력이 있다.

제420조(혼동의 절대적 효력) 어느 연대채무자와 채권자간에 혼동이 있는 때에는 그 채무자의 부담부분에 한하여 다른 연대채무자도 의무를 면한다.

제421조(소멸시효의 절대적 효력) 어느 연대채무자에 대하여 소멸시효가 완성한 때에는 그 부담부분에 한하여 다른 연대채무자도 의무를 면한다.

제422조(채권자지체의 절대적 효력) 어느 연대채무자에 대한 채권자의 지체는 다른 연대채무자에게도 효력이 있다.

제423조(효력의 상대성의 원칙) 전7조의 사항 외에는 어느 연대채무자에 관한 사항은 다른 연대채무자에게 효력이 없다.

제424조(부담부분의 균등) 연대채무자의 부담부분은 균등한 것으로 추정한다.

제425조(출재채무자의 구상권) ① 어느 연대채무자가 변제 기타 자기의 출재로 공동면책이 된 때에는 다른 연대채무자의 부담부분에 대하여 구상권을 행사할 수 있다.

② 전항의 구상권은 면책된 날 이후의 법정이자 및 피할 수 없는 비용 기타 손해배상을 포함한다.

제426조(구상요건으로서의 통지) ① 어느 연대채무자가 다른 연대채무자에게 통지하지 아니하고 변제 기타 자기의 출재로 공동면책이 된 경우에 다른 연대채무자가 채권자에게 대항할 수 있는 사유가 있었을 때에는 그 부담부분에 한하여 이 사유로 면책행위를 한 연대채무자에게 대항할 수 있고 그 대항사유가 상계인 때에는 상계로 소멸할 채권은 그 연대채무자에게 이전된다.

② 어느 연대채무자가 변제 기타 자기의 출재로 공동 면책되었음을 다른 연대채무자에게 통지하지 아니한 경우에 다른 연대채무자가 선의로 채권자에게 변제 기타 유상의 면책행위를 한 때에는 그 연대채무자는 자기의 면책행위의 유효를 주장할 수 있다.

제427조(상환무자력자의 부담부분) ① 연대채무자 중에 상환할 자력이 없는 자가 있을 때에는 그 채무자의 부담부분은 구상권자 및 다른 자력이 있는 채무자가 그 부담부분에 비례하여 분담한다. 그러나 구상권자에게 과실이 있는 때에는 다른 연대채무자에 대하여 분담을 청구하지 못한다.

② 전항의 경우에 상환할 자력이 없는 채무자의 부담부분을 분담할 다른 채무자가 채권자로부터 연대의 면제를 받은 때에는 그 채무자의 분담할 부분은 채권자의 부담으로 한다.

제4관 보증채무

제428조(보증채무의 내용) ① 보증인은 주 채무자가 이행하지 아니하는 채무를 이행할 의무가 있다.

② 보증은 장래의 채무에 대하여도 할 수 있다.

제429조(보증채무의 범위) ① 보증 채무는 주 채무의 이자, 위약금, 손해배상 기타 주 채무에 종속한 채무를 포함한다.

② 보증인은 그 보증 채무에 관한 위약금 기타 손해배상액을 예정할 수 있다.

제430조(목적, 형태상의 부종성) 보증인의 부담이 주 채무의 목적이나 형태보다 중한 때에는 주 채무의 한도로 감축한다.

제431조(보증인의 조건) ① 채무자가 보증인을 세울 의무가 있는 경우에는 그 보증인은 행위능력 및 변제 자력이 있는 자로 하여야 한다.

② 보증인이 변제 자력이 없게 된 때에는 채권자는 보증인의 변경을 청구할 수 있다.

③ 채권자가 보증인을 지명한 경우에는 전2항의 규정을 적용하지 아니한다.

제432조(타담보의 제공) 채무자는 다른 상당한 담보를 제공함으로써 보증인을 세울 의무를 면할 수 있다.

제433조(보증인과 주채무자항변권) ① 보증인은 주 채무자의 항변으로 채권자에게 대항할 수 있다.

② 주 채무자의 항변포기는 보증인에게 효력이 없다.

제434조(보증인과 주채무자상계권) 보증인은 주 채무자의 채권에 의한 상계로 채권자에게 대항할 수 있다.

제435조(보증인과 주 채무자의 취소권 등) 주 채무자가 채권자에 대하여 취소권 또는 해제권이나 해지권이 있는 동안은 보증인은 채권자에 대하여 채무의 이행을 거절할 수 있다.

제436조(취소할 수 있는 채무의 보증) 취소의 원인 있는 채무를 보증한 자가 보증계약당시에 그 원인 있음을 안 경우에 주 채무의 불이행 또는 취소가 있는 때에는 주 채무와 동일한 목적의 독립채무를 부담한 것으로 본다.

제437조(보증인의 최고, 검색의 항변) 채권자가 보증인에게 채무의 이행을 청구한 때에는 보증인은 주 채무자의 변제 자력이 있는 사실 및 그 집행이 용이할 것을 증명하여 먼저 주 채무자에게 청구할 것과 그 재산에 대하여 집행할 것을 항변할 수 있다. 그러나 보증인이 주 채무자와 연대하여 채무를 부담한 때에는 그러하지 아니하다.

제438조(최고, 검색의 해태의 효과) 전조의 규정에 의한 보증인의 항변에 불구하고 채권자의 해태로 인하여 채무자로부터 전부나 일부의 변제를 받지 못한 경우에는 채권자가 해태하지 아니하였으면 변제받았을 한도에서 보증인은 그 의무를 면한다.

제439조(공동보증의 분별의 이익) 수인의 보증인이 각자의 행위로 보증 채무를 부담

한 경우에도 제408조의 규정을 적용한다.

제440조(시효중단의 보증인에 대한 효력) 주 채무자에 대한 시효의 중단은 보증인에 대하여 그 효력이 있다.

제441조(수탁보증인의 구상권) ① 주 채무자의 부탁으로 보증인이 된 자가 과실 없이 변제 기타의 출재로 주 채무를 소멸하게 한 때에는 주 채무자에 대하여 구상권이 있다.

② 제425조 제2항의 규정은 전항의 경우에 준용한다.

제442조(수탁보증인의 사전구상권) ① 주 채무자의 부탁으로 보증인이 된 자는 다음 각 호의 경우에 주 채무자에 대하여 미리 구상권을 행사할 수 있다.

1. 보증인이 과실 없이 채권자에게 변제할 재판을 받은 때
2. 주 채무자가 파산선고를 받은 경우에 채권자가 파산재단에 가입하지 아니한 때
3. 채무의 이행기가 확정되지 아니하고 그 최장기도 확정할 수 없는 경우에 보증계약 후 5년을 경과한 때
4. 채무의 이행기가 도래한 때

② 전 항 제4호의 경우에는 보증계약 후에 채권자가 주 채무자에게 허여한 기한으로 보증인에게 대항하지 못한다.

제443조(주 채무자의 면책청구) 전조의 규정에 의하여 주 채무자가 보증인에게 배상하는 경우에 주 채무자는 자기를 면책하게 하거나 자기에게 담보를 제공할 것을 보증인에게 청구할 수 있고 또는 배상할 금액을 공탁하거나 담보를 제공하거나 보증인을 면책하게 함으로써 그 배상의무를 면할 수 있다.

제444조(부탁 없는 보증인의 구상권) ① 주 채무자의 부탁 없이 보증인이 된 자가 변제 기타 자기의 출재로 주 채무를 소멸하게 한 때에는 주 채무자는 그 당시에 이익을 받은 한도에서 배상하여야 한다.

② 주 채무자의 의사에 반하여 보증인이 된 자가 변제 기타 자기의 출재로 주 채무를 소멸하게 한 때에는 주 채무자는 현존이익의 한도에서 배상하여야 한다.

③ 전항의 경우에 주 채무자가 구상한 날 이전에 상계원인이 있음을 주장한 때에는 그 상계로 소멸할 채권은 보증인에게 이전된다.

제445조(구상요건으로서의 통지) ① 보증인이 주 채무자에 통지하지 아니하고 변제 기타 자기의 출재로 주 채무를 소멸하게 한 경우에 주 채무자가 채권자에게 대항할 수 있는 사유가 있었을 때에는 이 사유로 보증인에게 대항할 수 있고 그 대항사유가 상계인 때에는 상계로 소멸할 채권은 보증인에게 이전된다.

② 보증인이 변제 기타 자기의 출재로 면책되었음을 주 채무자에 통지하지 아니한 경우에 주 채무자가 선의로 채권자에게 변제 기타 유상의 면책행위를 한 때에는 주 채무자는 자기의 면책행위의 유효를 주장할 수 있다.

제446조(주 채무자의 보증인에 대한 면책통지의무) 주 채무자가 자기의 행위로 면책하였음을 그 부탁으로 보증인이 된 자에게 통지하지 아니한 경우에 보증인이

선의로 채권자에게 변제 기타 유상의 면책행위를 한 때에는 보증인은 자기의 면책행위의 유효를 주장할 수 있다.

제447조(연대, 불가분채무의 보증인의 구상권) 어느 연대채무자나 어느 불가분채무자를 위하여 보증인이 된 자는 다른 연대채무자나 다른 불가분채무자에 대하여 그 부담부분에 한하여 구상권이 있다.

제448조(공동보증인간의 구상권) ① 수인의 보증인이 있는 경우에 어느 보증인이 자기의 부담부분을 넘은 변제를 한 때에는 제444조의 규정을 준용한다.

② 주 채무가 불가분이거나 각 보증인이 상호연대로 또는 주 채무자와 연대로 채무를 부담한 경우에 어느 보증인이 자기의 부담부분을 넘은 변제를 한 때에는 제425조 내지 제427조의 규정을 준용한다.

제4절 채권의 양도

제449조(채권의 양도성) ① 채권은 양도할 수 있다. 그러나 채권의 성질이 양도를 허용하지 아니하는 때에는 그러하지 아니하다.

② 채권은 당사자가 반대의 의사를 표시한 경우에는 양도하지 못한다. 그러나 그 의사표시로써 선의의 제삼자에게 대항하지 못한다.

제450조(지명채권양도의 대항요건) ① 지명채권의 양도는 양도인이 채무자에게 통지하거나 채무자가 승낙하지 아니하면 채무자 기타 제삼자에게 대항하지 못한다.

② 전항의 통지나 승낙은 확정일자 있는 증서에 의하지 아니하면 채무자 이외의 제삼자에게 대항하지 못한다.

제451조(승낙, 통지의 효과) ① 채무자가 이의를 보류하지 아니하고 전조의 승낙을 한 때에는 양도인에게 대항할 수 있는 사유로써 양수인에게 대항하지 못한다. 그러나 채무자가 채무를 소멸하게 하기 위하여 양도인에게 급여한 것이 있으면 이를 회수할 수 있고 양도인에 대하여 부담한 채무가 있으면 그 성립되지 아니함을 주장할 수 있다.

② 양도인이 양도통지만을 한 때에는 채무자는 그 통지를 받은 때까지 양도인에 대하여 생긴 사유로써 양수인에게 대항할 수 있다.

제452조(양도통지와 금반언) ① 양도인이 채무자에게 채권양도를 통지한 때에는 아직 양도하지 아니하였거나 그 양도가 무효인 경우에도 선의인 채무자는 양수인에게 대항할 수 있는 사유로 양도인에게 대항할 수 있다.

② 전항의 통지는 양수인의 동의가 없으면 철회하지 못한다.

제5절 채무의 인수

제453조(채권자와의 계약에 의한 채무인수) ① 제삼자는 채권자와의 계약으로 채무를 인수하여 채무자의 채무를 면하게 할 수 있다. 그러나 채무의 성질이 인수를 허용하지 아니하는 때에는 그러하지 아니하다.

② 이해 관계없는 제삼자는 채무자의 의사에 반하여 채무를 인수하지 못한다.

제454조(채무자와의 계약에 의한 채무인수) ① 제삼자가 채무자와의 계약으로 채무

를 인수한 경우에는 채권자의 승낙에 의하여 그 효력이 생긴다.

② 채권자의 승낙 또는 거절의 상대방은 채무자나 제삼자이다.

제455조(승낙여부의 최고) ① 전조의 경우에 제삼자나 채무자는 상당한 기간을 정하여 승낙여부의 확답을 채권자에게 최고할 수 있다.

② 채권자가 그 기간 내에 확답을 발송하지 아니한 때에는 거절한 것으로 본다.

제456조(채무인수의 철회, 변경) 제삼자와 채무자간의 계약에 의한 채무인수는 채권자의 승낙이 있을 때까지 당사자는 이를 철회하거나 변경할 수 있다.

제457조(채무인수의 소급효) 채권자의 채무인수에 대한 승낙은 다른 의사표시가 없으면 채무를 인수한 때에 소급하여 그 효력이 생긴다. 그러나 제삼자의 권리를 침해하지 못한다.

제458조(전채무자의 항변사유) 인수인은 전채무자의 항변할 수 있는 사유로 채권자에게 대항할 수 있다.

제459조(채무인수와 보증, 담보의 소멸) 전채무자의 채무에 대한 보증이나 제삼자가 제공한 담보는 채무인수로 인하여 소멸한다. 그러나 보증인이나 제삼자가 채무인수에 동의한 경우에는 그러하지 아니하다.

제6절 채권의 소멸

제1관 변제

제460조(변제제공의 방법) 변제는 채무내용에 좇은 현실제공으로 이를 하여야 한다. 그러나 채권자가 미리 변제받기를 거절하거나 채무의 이행에 채권자의 행위를 요하는 경우에는 변제준비의 완료를 통지하고 그 수령을 최고하면 된다.

제461조(변제제공의 효과) 변제의 제공은 그때로부터 채무불이행의 책임을 면하게 한다.

제462조(특정물의 현상인도) 특정물의 인도가 채권의 목적인 때에는 채무자는 이행기의 현상대로 그 물건을 인도하여야 한다.

제463조(변제로서의 타인의 물건의 인도) 채무의 변제로 타인의 물건을 인도한 채무자는 다시 유효한 변제를 하지 아니하면 그 물건의 반환을 청구하지 못한다.

제464조(양도능력없는 소유자의 물건인도) 양도할 능력 없는 소유자가 채무의 변제로 물건을 인도한 경우에는 그 변제가 취소된 때에도 다시 유효한 변제를 하지 아니하면 그 물건의 반환을 청구하지 못한다.

제465조(채권자의 선의소비, 양도와 구상권) ① 전2조의 경우에 채권자가 변제로 받은 물건을 선의로 소비하거나 타인에게 양도한 때에는 그 변제는 효력이 있다.

② 전항의 경우에 채권자가 제삼자로부터 배상의 청구를 받은 때에는 채무자에 대하여 구상권을 행사할 수 있다.

제466조(대물변제) 채무자가 채권자의 승낙을 얻어 본래의 채무이행에 가름하여 다른 급여를 한 때에는 변제와 같은 효력이 있다.

제467조(변제의 장소) ① 채무의 성질 또는 당사자의 의사표시로 변제 장소를 정하지

아니한 때에는 특정물의 인도는 채권성립당시에 그 물건이 있던 장소에서 하여야 한다.

② 전항의 경우에 특정물인도 이외의 채무변제는 채권자의 현주소에서 하여야 한다. 그러나 영업에 관한 채무의 변제는 채권자의 현영업소에서 하여야 한다.

제468조(변제기전의 변제) 당사자의 특별한 의사표시가 없으면 변제기전이라도 채무자는 변제할 수 있다. 그러나 상대방의 손해는 배상하여야 한다.

제469조(제삼자의 변제) ① 채무의 변제는 제삼자도 할 수 있다. 그러나 채무의 성질 또는 당사자의 의사표시로 제삼자의 변제를 허용하지 아니하는 때에는 그러하지 아니하다.

② 이해 관계없는 제삼자는 채무자의 의사에 반하여 변제하지 못한다.

채권의 준점유자에 대한 변제는 변제자가 선의이며 과 실없는 때에 한하여 효력이 있다.

제470조(채권의 준점유자에 대한 변제) 채권의 준점유자에 대한 변제는 변제자가 선의이며 과실없는 때에 한하여 효력이 있다.

제471조(영수증소지자에 대한 변제) 영수증을 소지한 자에 대한 변제는 그 소지자가 변제를 받을 권한이 없는 경우에도 효력이 있다. 그러나 변제자가 그 권한 없음을 알았거나 알 수 있었을 경우에는 그러하지 아니하다.

제472조(권한 없는 자에 대한 변제) 전2조의 경우 외에 변제받을 권한 없는 자에 대한 변제는 채권자가 이익을 받은 한도에서 효력이 있다.

제473조(변제비용의 부담) 변제비용은 다른 의사표시가 없으면 채무자의 부담으로 한다. 그러나 채권자의 주소이전 기타의 행위로 인하여 변제비용이 증가된 때에는 그 증가액은 채권자의 부담으로 한다.

제474조(영수증청구권) 변제자는 변제를 받는 자에게 영수증을 청구할 수 있다.

제475조(채권증서반환청구권) 채권증서가 있는 경우에 변제자가 채무전부를 변제한 때에는 채권증서의 반환을 청구할 수 있다. 채권이 변제 이외의 사유로 전부 소멸한 때에도 같다.

제476조(지정변제충당) ① 채무자가 동일한 채권자에 대하여 같은 종류를 목적으로 한 수개의 채무를 부담한 경우에 변제의 제공이 그 채무전부를 소멸하게 하지 못하는 때에는 변제자는 그 당시 어느 채무를 지정하여 그 변제에 충당할 수 있다.

② 변제자가 전항의 지정을 하지 아니할 때에는 변제받는 자는 그 당시 어느 채무를 지정하여 변제에 충당할 수 있다. 그러나 변제자가 그 충당에 대하여 즉시 이의를 한 때에는 그러하지 아니하다.

③ 전2항의 변제충당은 상대방에 대한 의사표시로써 한다.

제477조(법정변제충당) 당사자가 변제에 충당할 채무를 지정하지 아니한 때에는 다음 각 호의 규정에 의한다.

1. 채무 중에 이행기가 도래한 것과 도래하지 아니한 것이 있으면 이행기가 도

래한 채무의 변제에 충당한다.

2. 채무전부의 이행기가 도래하였거나 도래하지 아니한 때에는 채무자에게 변제이익이 많은 채무의 변제에 충당한다.

3. 채무자에게 변제이익이 같으면 이행기가 먼저 도래한 채무나 먼저 도래할 채무의 변제에 충당한다.

4. 전2호의 사항이 같은 때에는 그 채무액에 비례하여 각 채무의 변제에 충당한다.

제478조(부족변제의 충당) 1개의 채무에 수개의 급여를 요할 경우에 변제자가 그 채무전부를 소멸하게 하지 못한 급여를 한 때에는 전2조의 규정을 준용한다.

제479조(비용, 이자, 원본에 대한 변제충당의 순서) ① 채무자가 1개 또는 수개의 채무의 비용 및 이자를 지급할 경우에 변제자가 그 전부를 소멸하게 하지 못한 급여를 한 때에는 비용, 이자, 원본의 순서로 변제에 충당하여야 한다.

② 전항의 경우에 제477조의 규정을 준용한다.

제480조(변제자의 임의대위) ① 채무자를 위하여 변제한 자는 변제와 동시에 채권자의 승낙을 얻어 채권자를 대위할 수 있다.

② 전항의 경우에 제450조 내지 제452조의 규정을 준용한다.

제481조(변제자의 법정대위) 변제할 정당한 이익이 있는 자는 변제로 당연히 채권자를 대위한다.

제482조(변제자대위의 효과, 대위자간의 관계) ① 전2조의 규정에 의하여 채권자를 대위한 자는 자기의 권리에 의하여 구상할 수 있는 범위에서 채권 및 그 담보에 관한 권리를 행사할 수 있다.

② 전항의 권리행사는 다음 각 호의 규정에 의하여야 한다.

1. 보증인은 미리 전세권이나 저당권의 등기에 그 대위를 부기하지 아니하면 전세물이나 저당물에 권리를 취득한 제삼자에 대하여 채권자를 대위하지 못한다.

2. 제삼취득자는 보증인에 대하여 채권자를 대위하지 못한다.

3. 제삼취득자 중의 1인은 각 부동산의 가액에 비례하여 다른 제삼취득자에 대하여 채권자를 대위한다.

4. 자기의 재산을 타인의 채무의 담보로 제공한 자가 수인인 경우에는 전호의 규정을 준용한다.

5. 자기의 재산을 타인의 채무의 담보로 제공한 자와 보증인간에는 그 인원수에 비례하여 채권자를 대위한다. 그러나 자기의 재산을 타인의 채무의 담보로 제공한 자가 수인인 때에는 보증인의 부담부분을 제외하고 그 잔액에 대하여 각 재산의 가액에 비례하여 대위한다. 이 경우에 그 재산이 부동산인 때에는 제1호의 규정을 준용한다.

제483조(일부의 대위) ① 채권의 일부에 대하여 대위변제가 있는 때에는 대위자는 그 변제한 가액에 비례하여 채권자와 함께 그 권리를 행사한다.

② 전항의 경우에 채무불이행을 원인으로 하는 계약의 해지 또는 해제는 채권자만이 할 수 있고 채권자는 대위자에게 그 변제한 가액과 이자를 상환하여야 한다.

제484조(대위변제와 채권증서, 담보물) ① 채권전부의 대위변제를 받은 채권자는 그 채권에 관한 증서 및 점유한 담보물을 대위자에게 교부하여야 한다.

② 채권의 일부에 대한 대위변제가 있는 때에는 채권자는 채권증서에 그 대위를 기입하고 자기가 점유한 담보물의 보존에 관하여 대위자의 감독을 받아야 한다.

제485조(채권자의 담보상실, 감소행위와 법정대위자의 면책) 제481조의 규정에 의하여 대위할 자가 있는 경우에 채권자의 고의나 과실로 담보가 상실되거나 감소된 때에는 대위할 자는 그 상실 또는 감소로 인하여 상환을 받을 수 없는 한도에서 그 책임을 면한다.

제486조(변제 이외의 방법에 의한 채무소멸과 대위) 제삼자가 공탁 기타 자기의 출재로 채무자의 채무를 면하게 한 경우에도 전6조의 규정을 준용한다.

제2관 공탁

제487조(변제공탁의 요건, 효과) 채권자가 변제를 받지 아니하거나 받을 수 없는 때에는 변제자는 채권자를 위하여 변제의 목적물을 공탁하여 그 채무를 면할 수 있다. 변제자가 과실 없이 채권자를 알 수 없는 경우에도 같다.

제488조(공탁의 방법) ① 공탁은 채무이행지의 공탁소에 하여야 한다.

② 공탁소에 관하여 법률에 특별한 규정이 없으면 법원은 변제자의 청구에 의하여 공탁소를 지정하고 공탁물보관자를 선임하여야 한다.

③ 공탁자는 지체 없이 채권자에게 공탁통지를 하여야 한다.

제489조(공탁물의 회수) ① 채권자가 공탁을 승인하거나 공탁소에 대하여 공탁물을 받기를 통고하거나 공탁유효의 판결이 확정되기까지는 변제자는 공탁물을 회수할 수 있다. 이 경우에는 공탁하지 아니한 것으로 본다.

② 전항의 규정은 질권 또는 저당권이 공탁으로 인하여 소멸한 때에는 적용하지 아니한다.

제490조(자조매각금의 공탁) 변제의 목적물이 공탁에 적당하지 아니하거나 멸실 또는 훼손될 염려가 있거나 공탁에 과다한 비용을 요하는 경우에는 변제자는 법원의 허가를 얻어 그 물건을 경매하거나 시가로 방매하여 대금을 공탁할 수 있다.

제491조(공탁물수령과 상대의무이행) 채무자가 채권자의 상대의무이행과 동시에 변제할 경우에는 채권자는 그 의무이행을 하지 아니하면 공탁물을 수령하지 못한다.

제3관 상계

제492조(상계의 요건) ① 쌍방이 서로 같은 종류를 목적으로 한 채무를 부담한 경우에 그 쌍방의 채무의 이행기가 도래한 때에는 각 채무자는 대등액에 관하여 상

계할 수 있다. 그러나 채무의 성질이 상계를 허용하지 아니할 때에는 그러하지
아니하다.

② 전항의 규정은 당사자가 다른 의사를 표시한 경우에는 적용하지 아니한다.
그러나 그 의사표시로써 선의의 제삼자에게 대항하지 못한다.

제493조(상계의 방법, 효과) ① 상계는 상대방에 대한 의사표시로 한다. 이 의사표시
에는 조건 또는 기한을 붙이지 못한다.

② 상계의 의사표시는 각 채무가 상계할 수 있는 때에 대등액에 관하여 소멸한
것으로 본다.

제494조(이 행지를 달리하는 채무의 상계) 각 채무의 이행지가 다른 경우에도 상계할
수 있다. 그러나 상계하는 당사자는 상대방에게 상계로 인한 손해를 배상하여
야 한다.

제495조(소멸시효완성된 채권에 의한 상계) 소멸시효가 완성된 채권이 그 완성 전에
상계할 수 있었던 것이면 그 채권자는 상계할 수 있다.

제496조(불법행위채권을 수동채권으로 하는 상계의 금지) 채무가 고의의 불법행위
로 인한 것인 때에는 그 채무자는 상계로 채권자에게 대항하지 못한다.

제497조(압류금지채권을 수동채권으로 하는 상계의 금지) 채권이 압류하지 못할 것
인 때에는 그 채무자는 상계로 채권자에게 대항하지 못한다.

제498조(지급금지채권을 수동채권으로 하는 상계의 금지) 지급을 금지하는 명령을
받은 제삼채무자는 그 후에 취득한 채권에 의한 상계로 그 명령을 신청한 채권
자에게 대항하지 못한다.

제499조(준용규정) 제476조 내지 제479조의 규정은 상계에 준용한다.

제4관 경개

제500조(경개의 요건, 효과) 당사자가 채무의 중요한 부분을 변경하는 계약을 한 때
에는 구채 무는 경개로 인하여 소멸한다.

제501조(채무자변경으로 인한 경개) 채무자의 변경으로 인한 경개는 채권자와 신채
무자간의 계약으로 이를 할 수 있다. 그러나 구채무자의 의사에 반하여 이를
하지 못한다.

제502조(채권자변경으로 인한 경개) 채권자의 변경으로 인한 경개는 확정일자 있는
증서로 하지 아니하면 이로써 제삼자에게 대항하지 못한다.

제503조(채권자변경의 경개와 채무자승낙의 효과) 제451조 제1항의 규정은 채권자의
변경으로 인한 경개에 준용한다.

제504조(구채무불소멸의 경우) 경개로 인한 신채무가 원인의 불법 또는 당사자가 알
지 못한 사유로 인하여 성립되지 아니하거나 취소된 때에는 구채무는 소멸되
지 아니한다.

제505조(신채무에의 담보이전) 경개의 당사자는 구채무의 담보를 그 목적의 한도에
서 신채무의 담보로 할 수 있다. 그러나 제삼자가 제공한 담보는 그 승낙을 얻

어야 한다.

제5관 면제

제506조(면제의 요건, 효과) 채권자가 채무자에게 채무를 면제하는 의사를 표시한 때에는 채권은 소멸한다. 그러나 면제로써 정당한 이익을 가진 제삼자에게 대항하지 못한다.

제6관 혼동

제507조(혼동의 요건, 효과) 채권과 채무가 동일한 주체에 귀속한 때에는 채권은 소멸한다. 그러나 그 채권이 제삼자의 권리의 목적인 때에는 그러하지 아니하다.

제7절 지시채권

제508조(지시채권의 양도방식) 지시채권은 그 증서에 배서하여 양수인에게 교부하는 방식으로 양도할 수 있다.

제509조(환배서) ① 지시채권은 그 채무자에 대하여도 배서하여 양도할 수 있다.

② 배서로 지시채권을 양수한 채무자는 다시 배서하여 이를 양도할 수 있다.

제510조(배서의 방식) ① 배서는 증서 또는 그 보충지에 그 뜻을 기재하고 배서인이 서명 또는 기명날인함으로써 이를 한다.

② 배서는 피배서인을 지정하지 아니하고 할 수 있으며 또 배서인의 서명 또는 기명날인만으로 할 수 있다.

제511조(약식배서의 처리방식) 배서가 전 조제2항의 약식에 의한 때에는 소지인은 다음 각 호의 방식으로 처리할 수 있다.

1. 자기나 타인의 명칭을 피배서인으로 기재할 수 있다.
2. 약식으로 또는 타인을 피배서인으로 표시하여 다시 증서에 배서할 수 있다.
3. 피배서인을 기재하지 아니하고 배서 없이 증서를 제삼자에게 교부하여 양도할 수 있다.

제512조(소지인출급배서의 효력) 소지인출급의 배서는 약식배서와 같은 효력이 있다.

제513조(배서의 자격수여력) ① 증서의 점유자가 배서의 연속으로 그 권리를 증명하는 때에는 적법한 소지인으로 본다. 최후의 배서가 약식인 경우에도 같다.

② 약식배서 다음에 다른 배서가 있으면 그 배서인은 약식배서로 증서를 취득한 것으로 본다.

③ 말소된 배서는 배서의 연속에 관하여 그 기재가 없는 것으로 본다.

제514조(동전-선의취득) 누구든지 증서의 적법한 소지인에 대하여 그 반환을 청구하지 못한다. 그러나 소지인이 취득한 때에 양도인이 권리 없음을 알았거나 중대한 과실로 알지 못한 때에는 그러하지 아니하다.

제515조(이전배서와 인적항변) 지시채권의 채무자는 소지인의 전자에 대한 인적관계의 항변으로 소지인에게 대항하지 못한다. 그러나 소지인이 그 채무자를 해함을 알고 지시채권을 취득한 때에는 그러하지 아니하다.

제516조(변제의 장소) 증서에 변제 장소를 정하지 아니한 때에는 채무자의 현영업소를 변제 장소로 한다. 영업소가 없는 때에는 현주소를 변제 장소로 한다.

제517조(증서의 제시와 이행지체) 증서에 변제기한이 있는 경우에도 그 기한이 도래한 후에 소지인이 증서를 제시하여 이행을 청구한 때로부터 채무자는 지체책임이 있다.

제518조(채무자의 조사권리의무) 채무자는 배서의 연속여부를 조사할 의무가 있으며 배서인의 서명 또는 날인의 진위나 소지인의 진위를 조사할 권리는 있으나 의무는 없다. 그러나 채무자가 변제하는 때에 소지인이 권리자 아님을 알았거나 중대한 과실로 알지 못한 때에는 그 변제는 무효로 한다.

제519조(변제와 증서교부) 채무자는 증서와 교환하여서만 변제할 의무가 있다.

제520조(영수의 기입청구권) ① 채무자는 변제하는 때에 소지인에 대하여 증서에 영수를 증명하는 기재를 할 것을 청구할 수 있다.

② 일부변제의 경우에 채무자의 청구가 있으면 채권자는 증서에 그 뜻을 기재하여야 한다.

제521조(공시최고절차에 의한 증서의 실효) 멸실한 증서나 소지인의 점유를 이탈한 증서는 공시최고의 절차에 의하여 무효로 할 수 있다.

제522조(공시최고절차에 의한 공탁, 변제) 공시최고의 신청이 있는 때에는 채무자로 하여금 채무의 목적물을 공탁하게 할 수 있고 소지인이 상당한 담보를 제공하면 변제하게 할 수 있다.

제8절 무기명채권

제523조(무기명채권의 양도방식) 무기명채권은 양수인에게 그 증서를 교부함으로써 양도의 효력이 있다.

제524조(준용규정) 제514조 내지 제522조의 규정은 무기명채권에 준용한다.

제525조(지명소지인출급채권) 채권자를 지정하고 소지인에게도 변제할 것을 부기한 증서는 무기명채권과 같은 효력이 있다.

제526조(면책증서) 제516조, 제517조 및 제520조의 규정은 채무자가 증서소지인에게 변제하여 그 책임을 면할 목적으로 발행한 증서에 준용한다.

제2장 계약

제1절 총칙

제1관 계약의 성립

제527조(계약의 청약의 구속력) 계약의 청약은 이를 철회하지 못한다.

제528조(승낙기간을 정한 계약의 청약) ① 승낙의 기간을 정한 계약의 청약은 청약자가 그 기간 내에 승낙의 통지를 받지 못한 때에는 그 효력을 잃는다.

② 승낙의 통지가 전항의 기간 후에 도달한 경우에 보통 그 기간 내에 도달할

수 있는 발송인 때에는 청약자는 지체 없이 상대방에게 그 연착의 통지를 하여야 한다. 그러나 그 도달 전에 지연의 통지를 발송한 때에는 그러하지 아니하다. ③ 청약자가 전항의 통지를 하지 아니한 때에는 승낙의 통지는 연착되지 아니한 것으로 본다.

제529조(승낙기간을 정하지 아니한 계약의 청약) 승낙의 기간을 정하지 아니한 계약의 청약은 청약자가 상당한 기간 내에 승낙의 통지를 받지 못한 때에는 그 효력을 잃는다.

제530조(연착된 승낙의 효력) 전2조의 경우에 연착된 승낙은 청약자가 이를 새 청약으로 볼 수 있다.

제531조(격지자간의 계약성립시기) 격지자간의 계약은 승낙의 통지를 발송한 때에 성립한다.

제532조(의사실현에 의한 계약 성립) 청약자의 의사표시나 관습에 의하여 승낙의 통지가 필요하지 아니한 경우에는 계약은 승낙의 의사표시로 인정되는 사실이 있는 때에 성립한다.

제533조(교차청약) 당사자 간에 동일한 내용의 청약이 상호 교차된 경우에는 양청약이 상대방에게 도달한 때에 계약이 성립한다.

제534조(변경을 가한 승낙) 승낙 자가 청약에 대하여 조건을 붙이거나 변경을 가하여 승낙한 때에는 그 청약의 거절과 동시에 새로 청약한 것으로 본다.

제535조(계약체결상의 과실) ① 목적이 불능한 계약을 체결할 때에 그 불능을 알았거나 알 수 있었을 자는 상대방이 그 계약의 유효를 믿었음으로 인하여 받은 손해를 배상하여야 한다. 그러나 그 배상액은 계약이 유효함으로 인하여 생길 이익 액을 넘지 못한다.
② 전항의 규정은 상대방이 그 불능을 알았거나 알 수 있었을 경우에는 적용하지 아니한다.

제2관 계약의 효력

제536조(동시이행의 항변권) ① 쌍무계약의 당사자 일방은 상대방이 그 채무이행을 제공할 때 까지 자기의 채무이행을 거절할 수 있다. 그러나 상대방의 채무가 변제기에 있지 아니하는 때에는 그러하지 아니하다.
② 당사자 일방이 상대방에게 먼저 이행하여야 할 경우에 상대방의 이행이 곤란할 현저한 사유가 있는 때에는 전항 본문과 같다.

제537조(채무자위험부담주의) 쌍무계약의 당사자 일방의 채무가 당사자쌍방의 책임 없는 사유로 이행할 수 없게 된 때에는 채무자는 상대방의 이행을 청구하지 못한다.

제538조(채권자귀책사유로 인한 이행불능) ① 쌍무계약의 당사자 일방의 채무가 채권자의 책임 있는 사유로 이행할 수 없게 된 때에는 채무자는 상대방의 이행을 청구할 수 있다. 채권자의 수령지체 중에 당사자쌍방의 책임 없는 사유로 이행

할 수 없게 된 때에도 같다.

② 전항의 경우에 채무자는 자기의 채무를 면함으로써 이익을 얻은 때에는 이를 채권자에게 상환하여야 한다.

제539조(제삼자를 위한 계약) ① 계약에 의하여 당사자 일방이 제삼자에게 이행할 것을 약정한 때에는 그 제삼자는 채무자에게 직접 그 이행을 청구할 수 있다.

② 전항의 경우에 제삼자의 권리는 그 제삼자가 채무자에 대하여 계약의 이익을 받을 의사를 표시한 때에 생긴다.

제540조(채무자의 제삼자에 대한 최고권) 전조의 경우에 채무자는 상당한 기간을 정하여 계약의 이익의 향수여부의 확답을 제삼자에게 최고할 수 있다. 채무자가 그 기간 내에 확답을 받지 못한 때에는 제삼자가 계약의 이익을 받을 것을 거절한 것으로 본다.

제541조(제삼자의 권리의 확정) 제539조의 규정에 의하여 제삼자의 권리가 생긴 후에는 당사자는 이를 변경 또는 소멸시키지 못한다.

제542조(채무자의 항변권) 채무자는 제539조의 계약에 기한 항변으로 그 계약의 이익을 받을 제삼자에게 대항할 수 있다.

제3관 계약의 해지, 해제

제543조(해지, 해제권) ① 계약 또는 법률의 규정에 의하여 당사자의 일방이나 쌍방이 해지 또는 해제의 권리가 있는 때에는 그 해지 또는 해제는 상대방에 대한 의사표시로 한다.

② 전항의 의사표시는 철회하지 못한다.

제544조(이행지체와 해제) 당사자 일방이 그 채무를 이행하지 아니하는 때에는 상대방은 상당한 기간을 정하여 그 이행을 최고하고 그 기간 내에 이행하지 아니한 때에는 계약을 해제할 수 있다. 그러나 채무자가 미리 이행하지 아니할 의사를 표시한 경우에는 최고를 요하지 아니한다.

제545조(정기행위와 해제) 계약의 성질 또는 당사자의 의사표시에 의하여 일정한 시일 또는 일정한 기간 내에 이행하지 아니하면 계약의 목적을 달성할 수 없을 경우에 당사자 일방이 그 시기에 이행하지 아니한 때에는 상대방은 전조의 최고를 하지 아니하고 계약을 해제할 수 있다.

제546조(이행불능과 해제) 채무자의 책임 있는 사유로 이행이 불능하게 된 때에는 채권자는 계약을 해제할 수 있다.

제547조(해지, 해제권의 불가분성) ① 당사자의 일방 또는 쌍방이 수인인 경우에는 계약의 해지나 해제는 그 전원으로부터 또는 전원에 대하여 하여야 한다.

② 전항의 경우에 해지나 해제의 권리가 당사자 1인에 대하여 소멸한 때에는 다른 당사자에 대하여도 소멸한다.

제548조(해제의 효과, 원상회복의무) ① 당사자 일방이 계약을 해제한 때에는 각 당사자는 그 상대방에 대하여 원상회복의 의무가 있다. 그러나 제삼자의 권리를

해하지 못한다.

② 전항의 경우에 반환할 금전에는 그 받은 날로부터 이자를 가하여야 한다.

제549조(원상회복의무와 동시이행) 제536조의 규정은 전조의 경우에 준용한다.

제550조(해지의 효과) 당사자 일방이 계약을 해지한 때에는 계약은 장래에 대하여 그 효력을 잃는다.

제551조(해지, 해제와 손해배상) 계약의 해지 또는 해제는 손해배상의 청구에 영향을 미치지 아니한다.

제552조(해제권행사여부의 최고권) ① 해제권의 행사의 기간을 정하지 아니한 때에는 상대방은 상당한 기간을 정하여 해제권행사여부의 확답을 해제 권자에게 최고할 수 있다.

② 전항의 기간 내에 해제의 통지를 받지 못한 때에는 해제권은 소멸한다.

제553조(훼손 등으로 인한 해제권의 소멸) 해제권자의 고의나 과실로 인하여 계약의 목적물이 현저히 훼손되거나 이를 반환할 수 없게 된 때 또는 가공이나 개조로 인하여 다른 종류의 물건으로 변경된 때에는 해제권은 소멸한다.

제2절 증여

제554조(증여의 의의) 증여는 당사자 일방이 무상으로 재산을 상대방에 수여하는 의사를 표시하고 상대방이 이를 승낙함으로써 그 효력이 생긴다.

제555조(서면에 의하지 아니한 증여와 해제) 증여의 의사가 서면으로 표시되지 아니한 경우에는 각 당사자는 이를 해제할 수 있다.

제556조(수증자의 행위와 증여의 해제) ① 수증자가 증여자에 대하여 다음 각 호의 사유가 있는 때에는 증여자는 그 증여를 해제할 수 있다.

1. 증여자 또는 그 배우자나 직계혈족에 대한 범죄행위가 있는 때

2. 증여자에 대하여 부양의무 있는 경우에 이를 이행하지 아니하는 때

② 전항의 해제권은 해제원인있음을 안 날로부터 6월을 경과하거나 증여자가 수증 자에 대하여 용서의 의사를 표시한 때에는 소멸한다.

제557조(증여자의 재산상태변경과 증여의 해제) 증여계약 후에 증여자의 재산상태가 현저히 변경되고 그 이행으로 인하여 생계에 중대한 영향을 미칠 경우에는 증여자는 증여를 해제할 수 있다.

제558조(해제와 이행완료부분) 전3조의 규정에 의한 계약의 해제는 이미 이행한 부분에 대하여는 영향을 미치지 아니한다.

제559조(증여자의 담보책임) ① 증여자는 증여의 목적인 물건 또는 권리의 하자나 흠결에 대하여 책임을 지지 아니한다. 그러나 증여자가 그 하자나 흠결을 알고 수증 자에게 고지하지 아니한 때에는 그러하지 아니하다.

② 상대부담 있는 증여에 대하여는 증여자는 그 부담의 한도에서 매도인과 같은 담보의 책임이 있다.

제560조(정기증여와 사망으로 인한 실효) 정기의 급여를 목적으로 한 증여는 증여자

또는 수증자의 사망으로 인하여 그 효력을 잃는다.

제561조(부담부증여) 상대부담 있는 증여에 대하여는 본 절의 규정 외에 쌍무계약에 관한 규정을 적용한다.

제562조(사인증여) 증여자의 사망으로 인하여 효력이 생길 증여에는 유증에 관한 규정을 준용한다.

제3절 매매
제1관 총칙

제563조(매매의 의의) 매매는 당사자 일방이 재산권을 상대방에게 이전할 것을 약정하고 상대방이 그 대금을 지급할 것을 약정함으로써 그 효력이 생긴다.

제564조(매매의 일방예약) ① 매매의 일방예약은 상대방이 매매를 완결할 의사를 표시하는 때에 매매의 효력이 생긴다.

② 전항의 의사표시의 기간을 정하지 아니한 때에는 예약자는 상당한 기간을 정하여 매매완결여부의 확답을 상대방에게 최고할 수 있다.

③ 예약자가 전항의 기간 내에 확답을 받지 못한 때에는 예약은 그 효력을 잃는다.

제565조(해약금) ① 매매의 당사자 일방이 계약당시에 금전 기타 물건을 계약금, 보증금등의 명목으로 상대방에게 교부한 때에는 당사자 간에 다른 약정이 없는 한 당사자의 일방이 이행에 착수할 때까지 교부 자는 이를 포기하고 수령자는 그 배액을 상환하여 매매계약을 해제할 수 있다.

② 제551조의 규정은 전항의 경우에 이를 적용하지 아니한다.

제566조(매매계약의 비용의 부담) 매매계약에 관한 비용은 당사자 쌍방이 균분하여 부담한다.

제567조(유상계약에의 준용) 본 절의 규정은 매매 이외의 유상계약에 준용한다. 그러나 그 계약의 성질이 이를 허용하지 아니하는 때에는 그러하지 아니하다.

제2관 매매의 효력

제568조(매매의 효력) ① 매도인은 매수인에 대하여 매매의 목적이 된 권리를 이전하여야 하며 매수인은 매도인에게 그 대금을 지급하여야 한다.

② 전항의 쌍방의무는 특별한 약정이나 관습이 없으면 동시에 이행하여야 한다.

제569조(타인의 권리의 매매) 매매의 목적이 된 권리가 타인에게 속한 경우에는 매도인은 그 권리를 취득하여 매수인에게 이전하여야 한다.

제570조(동전-매도인의 담보책임) 전조의 경우에 매도인이 그 권리를 취득하여 매수인에게 이전할 수 없는 때에는 매수인은 계약을 해제할 수 있다. 그러나 매수인이 계약당시 그 권리가 매도인에게 속하지 아니함을 안 때에는 손해배상을 청구하지 못한다.

제571조(동전-선의의 매도인의 담보책임) ① 매도인이 계약당시에 매매의 목적이 된

권리가 자기에게 속하지 아니함을 알지 못한 경우에 그 권리를 취득하여 매수인에게 이전할 수 없는 때에는 매도인은 손해를 배상하고 계약을 해제할 수 있다.

② 전항의 경우에 매수인이 계약당시 그 권리가 매도인에게 속하지 아니함을 안 때에는 매도인은 매수인에 대하여 그 권리를 이전할 수 없음을 통지하고 계약을 해제할 수 있다.

제572조(권리의 일부가 타인에게 속한 경우와 매도인의 담보책임) ① 매매의 목적이 된 권리의 일부가 타인에게 속함으로 인하여 매도인이 그 권리를 취득하여 매수인에게 이전할 수 없는 때에는 매수인은 그 부분의 비율로 대금의 감액을 청구할 수 있다.

② 전항의 경우에 잔존한 부분만이면 매수인이 이를 매수하지 아니하였을 때에는 선의의 매수인은 계약전부를 해제할 수 있다.

③ 선의의 매수인은 감액청구 또는 계약해제 외에 손해배상을 청구할 수 있다.

제573조(전조의 권리행사의 기간) 전조의 권리는 매수인이 선의인 경우에는 사실을 안 날로부터, 악의인 경우에는 계약한 날로부터 1년 내에 행사하여야 한다.

제574조(수량부족, 일부멸실에 경우와 매도인의 담보책임) 전2조의 규정은 수량을 지정한 매매의 목적물이 부족 되는 경우와 매매목적물의 일부가 계약당시에 이미 멸실된 경우에 매수인이 그 부족 또는 멸실을 알지 못한 때에 준용한다.

제575조(제한물권있는 경우와 매도인의 담보책임) ① 매매의 목적물이 지상권, 지역권, 전세권, 질권 또는 유치권의 목적이 된 경우에 매수인이 이를 알지 못한 때에는 이로 인하여 계약의 목적을 달성할 수 없는 경우에 한하여 매수인은 계약을 해제할 수 있다. 기타의 경우에는 손해배상만을 청구할 수 있다.

② 전항의 규정은 매매의 목적이 된 부동산을 위하여 존재할 지역권이 없거나 그 부동산에 등기된 임대차계약이 있는 경우에 준용한다.

③ 전2항의 권리는 매수인이 그 사실을 안 날로부터 1년 내에 행사하여야 한다.

제576조(저당권, 전세권의 행사와 매도인의 담보책임) ① 매매의 목적이 된 부동산에 설정된 저당권 또는 전세권의 행사로 인하여 매수인이 그 소유권을 취득할 수 없거나 취득한 소유권을 잃은 때에는 매수인은 계약을 해제할 수 있다.

② 전항의 경우에 매수인의 출재로 그 소유권을 보존한 때에는 매도인에 대하여 그 상환을 청구할 수 있다.

③ 전2항의 경우에 매수인이 손해를 받은 때에는 그 배상을 청구할 수 있다.

제577조(저당권의 목적이 된 지상권, 전세권의 매매와 매도인의 담보책임) 전조의 규정은 저당권의 목적이 된 지상권 또는 전세권이 매매의 목적이 된 경우에 준용한다.

제578조(경매와 매도인의 담보책임) ① 경매의 경우에는 경락인은 전8조의 규정에 의하여 채무자에게 계약의 해제 또는 대금감액의 청구를 할 수 있다.

② 전항의 경우에 채무자가 자력이 없는 때에는 경락인은 대금의 배당을 받은 채권자에 대하여 그 대금전부나 일부의 반환을 청구할 수 있다.

③ 전2항의 경우에 채무자가 물건 또는 권리의 흠결을 알고 고지하지 아니하거나 채권자가 이를 알고 경매를 청구한 때에는 경락인은 그 흠결을 안 채무자나 채권자에 대하여 손해배상을 청구할 수 있다.

제579조(채권매매와 매도인의 담보책임) ① 채권의 매도인이 채무자의 자력을 담보한 때에는 매매계약당시의 자력을 담보한 것으로 추정한다.

② 변제기에 도달하지 아니한 채권의 매도인이 채무자의 자력을 담보한 때에는 변제기의 자력을 담보한 것으로 추정한다.

제580조(매도인의 하자담보책임) ① 매매의 목적물에 하자가 있는 때에는 제575조 제1항의 규정을 준용한다. 그러나 매수인이 하자있는 것을 알았거나 과실로 인하여 이를 알지 못한 때에는 그러하지 아니하다.

② 전항의 규정은 경매의 경우에 적용하지 아니한다.

제581조(종류매매와 매도인의 담보책임) ① 매매의 목적물을 종류로 지정한 경우에도 그 후 특정된 목적물에 하자가 있는 때에는 전조의 규정을 준용한다.

② 전항의 경우에 매수인은 계약의 해제 또는 손해배상의 청구를 하지 아니하고 하자 없는 물건을 청구할 수 있다.

제582조(전2조의 권리행사기간) 전2조에 의한 권리는 매수인이 그 사실을 안 날로부터 6월내에 행사하여야 한다.

제583조(담보책임과 동시이행) 제536조의 규정은 제572조 내지 제575조, 제580조 및 제581조의 경우에 준용한다.

제584조(담보책임면제의 특약) 매도인은 전15조에 의한 담보책임을 면하는 특약을 한 경우에도 매도인이 알고 고지하지 아니한 사실 및 제삼자에게 권리를 설정 또는 양도한 행위에 대하여는 책임을 면하지 못한다.

제585조(동일기한의 추정) 매매의 당사자 일방에 대한 의무이행의 기한이 있는 때에는 상대방의 의무이행에 대하여도 동일한 기한이 있는 것으로 추정한다.

제586조(대금지급장소) 매매의 목적물의 인도와 동시에 대금을 지급할 경우에는 그 인도 장소에서 이를 지급하여야 한다.

제587조(과실의 귀속, 대금의 이자) 매매계약 있은 후에도 인도하지 아니한 목적물로부터 생긴 과실은 매도인에게 속한다. 매수인은 목적물의 인도를 받은 날로부터 대금의 이자를 지급하여야 한다. 그러나 대금의 지급에 대하여 기한이 있는 때에는 그러하지 아니하다.

제588조(권리주장자가 있는 경우와 대금지급거절권) 매매의 목적물에 대하여 권리를 주장하는 자가 있는 경우에 매수인이 매수한 권리의 전부나 일부를 잃을 염려가 있는 때에는 매수인은 그 위험의 한도에서 대금의 전부나 일부의 지급을 거절할 수 있다. 그러나 매도인이 상당한 담보를 제공한 때에는 그러하지 아니하다.

제589조(대금공탁청구권) 전조의 경우에 매도인은 매수인에 대하여 대금의 공탁을 청구할 수 있다.

제3관 환매

제590조(환매의 의의) ① 매도인이 매매계약과 동시에 환매할 권리를 보류한 때에는 그 영수한 대금 및 매수인이 부담한 매매비용을 반환하고 그 목적물을 환매할 수 있다.

② 전항의 환매대금에 관하여 특별한 약정이 있으면 그 약정에 의한다.

③ 전2항의 경우에 목적물의 과실과 대금의 이자는 특별한 약정이 없으면 이를 상계한 것으로 본다.

제591조(환매기간) ① 환매기간은 부동산은 5년, 동산은 3년을 넘지 못한다. 약정기간이 이를 넘는 때에는 부동산은 5년, 동산은 3년으로 단축한다.

② 환매기간을 정한 때에는 다시 이를 연장하지 못한다.

③ 환매기간을 정하지 아니한 때에는 그 기간은 부동산은 5년, 동산은 3년으로 한다.

제592조(환매등기) 매매의 목적물이 부동산인 경우에 매매등기와 동시에 환매권의 보류를 등기한 때에는 제삼자에 대하여 그 효력이 있다.

제593조(환매권의 대위행사와 매수인의 권리) 매도인의 채권자가 매도인을 대위하여 환매하고자 하는 때에는 매수인은 법원이 선정한 감정인의 평가액에서 매도인이 반환할 금액을 공제한 잔액으로 매도인의 채무를 변제하고 잉여 액이 있으면 이를 매도인에게 지급하여 환매권을 소멸시킬 수 있다.

제594조(환매의 실행) ① 매도인은 기간 내에 대금과 매매비용을 매수인에게 제공하지 아니하면 환매할 권리를 잃는다.

② 매수인이나 전득자가 목적물에 대하여 비용을 지출한 때에는 매도인은 제203조의 규정에 의하여 이를 상환하여야 한다. 그러나 유익비에 대하여는 법원은 매도인의 청구에 의하여 상당한 상환기간을 허여할 수 있다.

제595조(공유지분의 환매) 공유자의 1인이 환매할 권리를 보류하고 그 지분을 매도한 후 그 목적물의 분할이나 경매가 있는 때에는 매도인은 매수인이 받은 또는 받을 부분이나 대금에 대하여 환매권을 행사할 수 있다. 그러나 매도인에게 통지하지 아니한 매수인은 그 분할이나 경매로써 매도인에게 대항하지 못한다.

제4절 교환

제596조(교환의 의의) 교환은 당사자 쌍방이 금전 이외의 재산권을 상호 이전할 것을 약정함으로써 그 효력이 생긴다.

제597조(금전의 보충지급의 경우) 당사자 일방이 전조의 재산권이전과 금전의 보충지급을 약정한 때에는 그 금전에 대하여는 매매대금에 관한 규정을 준용한다.

제5절 소비대차

제598조(소비대차의 의의) 소비대차는 당사자 일방이 금전 기타 대체물의 소유권을 상대방에게 이전할 것을 약정하고 상대방은 그와 같은 종류, 품질 및 수량으로

반환할 것을 약정함으로써 그 효력이 생긴다.

제599조(파산과 소비대차의 실효) 대주가 목적물을 차주에게 인도하기 전에 당사자 일방이 파산선고를 받은 때에는 소비대차는 그 효력을 잃는다.

제600조(이자계산의 시기) 이자있는 소비대차는 차주가 목적물의 인도를 받은 때로 부터 이자를 계산하여야 하며 차주가 그 책임 있는 사유로 수령을 지체할 때에 는 대주가 이행을 제공한 때로부터 이자를 계산하여야 한다.

제601조(무이자소비대차와 해제권) 이자 없는 소비대차의 당사자는 목적물의 인도전 에는 언제든지 계약을 해제할 수 있다. 그러나 상대방에게 생긴 손해가 있는 때에는 이를 배상하여야 한다.

제602조(대주의 담보책임) ① 이자있는 소비대차의 목적물에 하자가 있는 경우에는 제580조 내지 제582조의 규정을 준용한다.

② 이자 없는 소비대차의 경우에는 차주는 하자있는 물건의 가액으로 반환할 수 있다. 그러나 대주가 그 하자를 알고 차주에게 고지하지 아니한 때에는 전 항과 같다.

제603조(반환시기) ① 차주는 약정시기에 차용물과 같은 종류, 품질 및 수량의 물건을 반환하여야 한다.

② 반환시기의 약정이 없는 때에는 대주는 상당한 기간을 정하여 반환을 최고 하여야 한다. 그러나 차주는 언제든지 반환할 수 있다.

제604조(반환불능으로 인한 시가상환) 차주가 차용물과 같은 종류, 품질 및 수량의 물건을 반환할 수 없는 때에는 그때의 시가로 상환하여야 한다. 그러나 제376 조 및 제377조 제2항의 경우에는 그러하지 아니하다.

제605조(준소비대차) 당사자 쌍방이 소비대차에 의하지 아니하고 금전 기타의 대체물 을 지급할 의무가 있는 경우에 당사자가 그 목적물을 소비대차의 목적으로 할 것을 약정한 때에는 소비대차의 효력이 생긴다.

제606조(대물대차) 금전대차의 경우에 차주가 금전에 가름하여 유가증권 기타 물건의 인도를 받은 때에는 그 인도시의 가액으로써 차용 액으로 한다.

제607조(대물반환의 예약) 차용물의 반환에 관하여 차주가 차용물에 가름하여 다른 재산권을 이전할 것을 예약한 경우에는 그 재산의 예약당시의 가액이 차용액 및 이에 붙인 이자의 합산 액을 넘지 못한다.

제608조(차주에 불이익한 약정의 금지) 전2조의 규정에 위반한 당사자의 약정으로서 차주에 불리한 것은 환매 기타 여하한 명목이라도 그 효력이 없다.

제6절 사용대차

제609조(사용대차의 의의) 사용대차는 당사자 일방이 상대방에게 무상으로 사용, 수 익하게 하기 위하여 목적물을 인도할 것을 약정하고 상대방은 이를 사용, 수익 한 후 그 물건을 반환할 것을 약정함으로써 그 효력이 생긴다.

제610조(차주의 사용, 수익권) ① 차주는 계약 또는 그 목적물의 성질에 의하여 정하

여진 용법으로 이를 사용, 수익하여야 한다.

② 차주는 대주의 승낙이 없으면 제삼자에게 차용물을 사용, 수익하게 하지 못한다.

③ 차주가 전2항의 규정에 위반한 때에는 대주는 계약을 해지할 수 있다.

제611조(비용의 부담) ① 차주는 차용물의 통상의 필요비를 부담한다.

② 기타의 비용에 대하여는 제594조 제2항의 규정을 준용한다.

제612조(준용규정) 제559조, 제601조의 규정은 사용대차에 준용한다.

제613조(차용물의 반환시기) ① 차주는 약정시기에 차용물을 반환하여야 한다.

② 시기의 약정이 없는 경우에는 차주는 계약 또는 목적물의 성질에 의한 사용, 수익이 종료한 때에 반환하여야 한다. 그러나 사용, 수익에 족한 기간이 경과한 때에는 대주는 언제든지 계약을 해지할 수 있다.

제614조(차주의 사망, 파산과 해지) 차주가 사망하거나 파산선고를 받은 때에는 대주는 계약을 해지할 수 있다.

제615조(차주의 원상회복의무와 철거권) 차주가 차용물을 반환하는 때에는 이를 원상에 회복하여야 한다. 이에 부속시킨 물건은 철거할 수 있다.

제616조(공동차주의 연대의무) 수인이 공동하여 물건을 차용한 때에는 연대하여 그 의무를 부담한다.

제617조(손해배상, 비용 상환청구의 기간) 계약 또는 목적물의 성질에 위반한 사용, 수익으로 인하여 생긴 손해배상의 청구와 차주가 지출한 비용의 상환청구는 대주가 물건의 반환을 받은 날로부터 6월 내에 하여야 한다.

제7절 임대차

제618조(임대차의 의의) 임대차는 당사자 일방이 상대방에게 목적물을 사용, 수익하게 할 것을 약정하고 상대방이 이에 대하여 차임을 지급할 것을 약정함으로써 그 효력이 생긴다.

제619조(처분능력, 권한 없는 자의 할 수 있는 단기임대차) 처분의 능력 또는 권한 없는 자가 임대차를 하는 경우에는 그 임대차는 다음 각 호의 기간을 넘지 못한다.

1. 식목, 채염 또는 석조, 석회조, 연와조 및 이와 유사한 건축을 목적으로 한 토지의 임대차는 10년
2. 기타 토지의 임대차는 5년
3. 건물 기타 공작물의 임대차는 3년
4. 동산의 임대차는 6월

제620조(단기임대차의 갱신) 전조의 기간은 갱신할 수 있다. 그러나 그 기간만료 전 토지에 대하여는 1년, 건물 기타 공작물에 대하여는 3월, 동산에 대하여는 1월 내에 갱신하여야 한다.

제621조(임대차의 등기) ① 부동산임차인은 당사자 간에 반대약정이 없으면 임대인

에 대하여 그 임대차등기절차에 협력할 것을 청구할 수 있다.

② 부동산임대차를 등기한 때에는 그때부터 제삼자에 대하여 효력이 생긴다.

제622조(건물등기있는 차지권의 대항력) ① 건물의 소유를 목적으로 한 토지임대차는 이를 등기하지 아니한 경우에도 임차인이 그 지상건물을 등기한 때에는 제삼자에 대하여 임대차의 효력이 생긴다.

② 건물이 임대차기간만료 전에 멸실 또는 후폐한 때에는 전항의 효력을 잃는다.

제623조(임대인의 의무) 임대인은 목적물을 임차인에게 인도하고 계약존속 중 그 사용, 수익에 필요한 상태를 유지하게 할 의무를 부담한다.

제624조(임대인의 보존행위, 인용의무) 임대인이 임대물의 보존에 필요한 행위를 하는 때에는 임차인은 이를 거절하지 못한다.

제625조(임차인의 의사에 반하는 보존행위와 해지권) 임대인이 임차인의 의사에 반하여 보존행위를 하는 경우에 임차인이 이로 인하여 임차의 목적을 달성할 수 없는 때에는 계약을 해지할 수 있다.

제626조(임차인의 상환청구권) ① 임차인이 임차물의 보존에 관한 필요비를 지출한 때에는 임대인에 대하여 그 상환을 청구할 수 있다.

② 임차인이 유익 비를 지출한 경우에는 임대인은 임대차 종료 시에 그 가액의 증가가 현존한 때에 한하여 임차인의 지출한 금액이나 그 증가액을 상환하여야 한다. 이 경우에 법원은 임대인의 청구에 의하여 상당한 상환기간을 허여할 수 있다.

제627조(일부멸실 등과 감액청구, 해지권) ① 임차물의 일부가 임차인의 과실 없이 멸실 기타 사유로 인하여 사용, 수익할 수 없는 때에는 임차인은 그 부분의 비율에 의한 차임의 감액을 청구할 수 있다.

② 전항의 경우에 그 잔존부분으로 임차의 목적을 달성할 수 없는 때에는 임차인은 계약을 해지할 수 있다.

제628조(차임증감청구권) 임대물에 대한 공과부담의 증감 기타 경제사정의 변동으로 인하여 약정한 차임이 상당하지 아니하게 된 때에는 당사자는 장래에 대한 차임의 증감을 청구할 수 있다.

제629조(임차권의 양도, 전대의 제한) ① 임차인은 임대인의 동의 없이 그 권리를 양도하거나 임차물을 전대하지 못한다.

② 임차인이 전항의 규정에 위반한 때에는 임대인은 계약을 해지할 수 있다.

제630조(전대의 효과) ① 임차인이 임대인의 동의를 얻어 임차물을 전대한 때에는 전차인은 직접 임대인에 대하여 의무를 부담한다. 이 경우에 전차인은 전대인에 대한 차임의 지급으로써 임대인에게 대항하지 못한다.

② 전항의 규정은 임대인의 임차인에 대한 권리행사에 영향을 미치지 아니한다.

제631조(전차인의 권리의 확정) 임차인이 임대인의 동의를 얻어 임차물을 전대한 경우에는 임대인과 임차인의 합의로 계약을 종료한 때에도 전차인의 권리는 소멸하지 아니한다.

제632조(임차건물의 소부분을 타인에게 사용케 하는 경우) 전3조의 규정은 건물의 임차인이 그 건물의 소부분을 타인에게 사용하게 하는 경우에 적용하지 아니한다.

제633조(차임지급의 시기) 차임은 동산, 건물이나 대지에 대하여는 매월 말에, 기타 토지에 대하여는 매년 말에 지급하여야 한다. 그러나 수확기 있는 것에 대하여는 그 수확 후 지체 없이 지급하여야 한다.

제634조(임차인의 통지의무) 임차물의 수리를 요하거나 임차물에 대하여 권리를 주장하는 자가 있는 때에는 임차인은 지체 없이 임대인에게 이를 통지하여야 한다. 그러나 임대인이 이미 이를 안 때에는 그러하지 아니하다.

제635조(기간의 약정 없는 임대차의 해지통고) ① 임대차기간의 약정이 없는 때에는 당사자는 언제든지 계약해지의 통고를 할 수 있다.

② 상대방이 전항의 통고를 받은 날로부터 다음 각 호의 기간이 경과하면 해지의 효력이 생긴다.

1. 토지, 건물 기타 공작물에 대하여는 임대인이 해지를 통고한 경우에는 6월, 임차인이 해지를 통고한 경우에는 1월
2. 동산에 대하여는 5일

제636조(기간의 약정 있는 임대차의 해지통고) 임대차기간의 약정이 있는 경우에도 당사자일방 또는 쌍방이 그 기간 내에 해지할 권리를 보류한 때에는 전조의 규정을 준용한다.

제637조(임차인의 파산과 해지통고) ① 임차인이 파산선고를 받은 경우에는 임대차기간의 약정이 있는 때에도 임대인 또는 파산관재인은 제635조의 규정에 의하여 계약해지의 통고를 할 수 있다.

② 전항의 경우에 각 당사자는 상대방에 대하여 계약해지로 인하여 생긴 손해의 배상을 청구하지 못한다.

제638조(해지통고의 전차인에 대한 통지) ① 임대차계약이 해지의 통고로 인하여 종료된 경우에 그 임대물이 적법하게 전대되었을 때에는 임대인은 전차인에 대하여 그 사유를 통지하지 아니하면 해지로써 전차인에게 대항하지 못한다.

② 전차인이 전항의 통지를 받은 때에는 제635조 제2항의 규정을 준용한다.

제639조(묵시의 갱신) ① 임대차기간이 만료한 후 임차인이 임차물의 사용, 수익을 계속하는 경우에 임대인이 상당한 기간 내에 이의를 하지 아니한 때에는 전임대차와 동일한 조건으로 다시 임대차한 것으로 본다. 그러나 당사자는 제635조의 규정에 의하여 해지의 통고를 할 수 있다.

② 전항의 경우에 전임대차에 대하여 제삼자가 제공한 담보는 기간의 만료로 인하여 소멸한다.

제640조(차임연체와 해지) 건물 기타 공작물의 임대차에는 임차인의 차임연체액이 2기의 차임액에 달하는 때에는 임대인은 계약을 해지할 수 있다.

제641조(동전) 건물 기타 공작물의 소유 또는 식목, 채염, 목축을 목적으로 한 토지임

대차의 경우에도 전조의 규정을 준용한다.

제642조(토지임대차의 해지와 지상건물 등에 대한 담보물권자에의 통지) 전조의 경우에 그 지상에 있는 건물 기타 공작물이 담보물권의 목적이 된 때에는 제288조의 규정을 준용한다.

제643조(임차인의 갱신청구권, 매수청구권) 건물 기타 공작물의 소유 또는 식목, 채염, 목축을 목적으로 한 토지임대차의 기간이 만료한 경우에 건물, 수목 기타 지상시설이 현존한 때에는 제283조의 규정을 준용한다.

제644조(전차인의 임대청구권, 매수청구권) ① 건물 기타 공작물의 소유 또는 식목, 채염, 목축을 목적으로 한 토지임차인이 적법하게 그 토지를 전대한 경우에 임대차 및 전대차의 기간이 동시에 만료되고 건물, 수목 기타 지상시설이 현존한 때에는 전차인은 임대인에 대하여 전전대차와 동일한 조건으로 임대할 것을 청구할 수 있다.

② 전항의 경우에 임대인이 임대할 것을 원하지 아니하는 때에는 제283조 제2항의 규정을 준용한다.

제645조(지상권목적토지의 임차인의 임대청구권, 매수청구권) 전조의 규정은 지상권자가 그 토지를 임대한 경우에 준용한다.

제646조(임차인의 부속물매수청구권) ① 건물 기타 공작물의 임차인이 그 사용의 편익을 위하여 임대인의 동의를 얻어 이에 부속한 물건이 있는 때에는 임대차의 종료 시에 임대인에 대하여 그 부속물의 매수를 청구할 수 있다.

② 임대인으로부터 매수한 부속물에 대하여도 전항과 같다.

제647조(전차인의 부속물매수청구권) ① 건물 기타 공작물의 임차인이 적법하게 전대한 경우에 전차인이 그 사용의 편익을 위하여 임대인의 동의를 얻어 이에 부속한 물건이 있는 때에는 전대차의 종료 시에 임대인에 대하여 그 부속물의 매수를 청구할 수 있다.

② 임대인으로부터 매수하였거나 그 동의를 얻어 임차인으로부터 매수한 부속물에 대하여도 전항과 같다.

제648조(임차지의 부속물, 과실 등에 대한 법정질권) 토지임대인이 임대차에 관한 채권에 의하여 임차지에 부속 또는 그 사용의 편익에 공용한 임차인의 소유동산 및 그 토지의 과실을 압류한 때에는 질권과 동일한 효력이 있다.

제649조(임차지상의 건물에 대한 법정저당권) 토지임대인이 변제기를 경과한 최후 2년의 차임채권에 의하여 그 지상에 있는 임차인소유의 건물을 압류한 때에는 저당권과 동일한 효력이 있다.

제650조(임차건물등의 부속물에 대한 법정질권) 건물 기타 공작물의 임대인이 임대차에 관한 채권에 의하여 그 건물 기타 공작물에 부속한 임차인소유의 동산을 압류한 때에는 질 권과 동일한 효력이 있다.

제651조(임대차존속기간) ① 석조, 석회조, 연와조 또는 이와 유사한 견고한 건물 기타 공작물의 소유를 목적으로 하는 토지임대차나 식목, 채염을 목적으로 하는

토지임대차의 경우를 제한 외에는 임대차의 존속기간은 20년을 넘지 못한다. 당사자의 약정기간이 20년을 넘는 때에는 이를 20년으로 단축한다.

② 전항의 기간은 이를 갱신할 수 있다. 그 기간은 갱신한 날로부터 10년을 넘지 못한다.

[단순위헌, 2011헌바234, 2013.12.16. 민법(1958. 2. 22 법률 제471호로 제정된 것) 제651조 제1항은 헌법에 위반된다.]

제652조(강행규정) 제627조, 제628조, 제631조, 제635조, 제638조, 제640조, 제641조, 제643조 내지 제647조의 규정에 위반하는 약정으로 임차인이나 전차인에게 불리한 것은 그 효력이 없다.

제653조(일시사용을 위한 임대차의 특례) 제628조, 제638조, 제640조, 제646조 내지 제648조, 제650조 및 전조의 규정은 일시사용하기 위한 임대차 또는 전대차인 것이 명백한 경우에는 적용하지 아니한다.

제654조(준용규정) 제610조 제1항, 제615조 내지 제617조의 규정은 임대차에 이를 준용한다.

제8절 고용

제655조(고용의 의의) 고용은 당사자 일방이 상대방에 대하여 노무를 제공할 것을 약정하고 상대방이 이에 대하여 보수를 지급할 것을 약정함으로써 그 효력이 생긴다.

제656조(보수액과 그 지급시기) ① 보수 또는 보수액의 약정이 없는 때에는 관습에 의하여 지급하여야 한다.

② 보수는 약정한 시기에 지급하여야 하며 시기의 약정이 없으면 관습에 의하고 관습이 없으면 약정한 노무를 종료한 후 지체 없이 지급하여야 한다.

제657조(권리의무의 전속성) ① 사용자는 노무자의 동의 없이 그 권리를 제삼자에게 양도하지 못한다.

② 노무자는 사용자의 동의 없이 제삼자로 하여금 자기에 가름하여 노무를 제공하게 하지 못한다.

③ 당사자 일방이 전2항의 규정에 위반한 때에는 상대방은 계약을 해지할 수 있다.

제658조(노무의 내용과 해지권) ① 사용자가 노무자에 대하여 약정하지 아니한 노무의 제공을 요구한 때에는 노무자는 계약을 해지할 수 있다.

② 약정한 노무가 특수한 기능을 요하는 경우에 노무자가 그 기능이 없는 때에는 사용자는 계약을 해지할 수 있다.

제659조(3년 이상의 경과와 해지통고권) ① 고용의 약정기간이 3년을 넘거나 당사자의 일방 또는 제삼자의 종신까지로 된 때에는 각 당사자는 3년을 경과한 후 언제든지 계약해지의 통고를 할 수 있다.

② 전항의 경우에는 상대방이 해지의 통고를 받은 날로부터 3월이 경과하면 해

지의 효력이 생긴다.

제660조(기간의 약정이 없는 고용의 해지통고) ① 고용기간의 약정이 없는 때에는 당사자는 언제든지 계약해지의 통고를 할 수 있다.

② 전항의 경우에는 상대방이 해지의 통고를 받은 날로부터 1월이 경과하면 해지의 효력이 생긴다.

③ 기간으로 보수를 정한 때에는 상대방이 해지의 통고를 받은 당기후의 일기를 경과함으로써 해지의 효력이 생긴다.

제661조(부득이한 사유와 해지권) 고용기간의 약정이 있는 경우에도 부득이한 사유 있는 때에는 각 당사자는 계약을 해지할 수 있다. 그러나 그 사유가 당사자 일방의 과실로 인하여 생긴 때에는 상대방에 대하여 손해를 배상하여야 한다.

제662조(묵시의 갱신) ① 고용기간이 만료한 후 노무자가 계속하여 그 노무를 제공하는 경우에 사용자가 상당한 기간 내에 이의를 하지 아니한 때에는 전고용과 동일한 조건으로 다시 고용한 것으로 본다. 그러나 당사자는 제660조의 규정에 의하여 해지의 통고를 할 수 있다.

② 전항의 경우에는 전고용에 대하여 제삼자가 제공한 담보는 기간의 만료로 인하여 소멸한다.

제663조(사용자파산과 해지통고) ① 사용자가 파산선고를 받은 경우에는 고용기간의 약정이 있는 때에도 노무자 또는 파산관재인은 계약을 해지할 수 있다.

② 전항의 경우에는 각 당사자는 계약해지로 인한 손해의 배상을 청구하지 못한다.

제9절 도급

제664조(도급의 의의) 도급은 당사자 일방이 어느 일을 완성할 것을 약정하고 상대방이 그 일의 결과에 대하여 보수를 지급할 것을 약정함으로써 그 효력이 생긴다.

제665조(보수의 지급시기) ① 보수는 그 완성된 목적물의 인도와 동시에 지급하여야 한다. 그러나 목적물의 인도를 요하지 아니하는 경우에는 그 일을 완성한 후 지체 없이 지급하여야 한다.

② 전항의 보수에 관하여는 제656조 제2항의 규정을 준용한다.

제666조(수급인의 목적부동산에 대한 저당권설정청구권) 부동산공사의 수급인은 전조의 보수에 관한 채권을 담보하기 위하여 그 부동산을 목적으로 한 저당권의 설정을 청구할 수 있다.

제667조(수급인의 담보책임) ① 완성된 목적물 또는 완성전의 성취된 부분에 하자가 있는 때에는 도급인은 수급인에 대하여 상당한 기간을 정하여 그 하자의 보수를 청구할 수 있다. 그러나 하자가 중요하지 아니한 경우에 그 보수에 과다한 비용을 요할 때에는 그러하지 아니하다.

② 도급인은 하자의 보수에 가름하여 또는 보수와 함께 손해배상을 청구할 수 있다.

③ 전항의 경우에는 제536조의 규정을 준용한다.

제668조(동전·도급인의 해제권) 도급인이 완성된 목적물의 하자로 인하여 계약의 목적을 달성할 수 없는 때에는 계약을 해제할 수 있다. 그러나 건물 기타 토지의 공작물에 대하여는 그러하지 아니하다.

제669조(동전·하자가 도급인의 제공한 재료 또는 지시에 기인한 경우의 면책) 전2조의 규정은 목적물의 하자가 도급인이 제공한 재료의 성질 또는 도급인의 지시에 기인한 때에는 적용하지 아니한다. 그러나 수급인이 그 재료 또는 지시의 부적당함을 알고 도급인에게 고지하지 아니한 때에는 그러하지 아니하다.

제670조(담보책임의 존속기간) ① 전조의 규정에 의한 하자의 보수, 손해배상의 청구 및 계약의 해제는 목적물의 인도를 받은 날로부터 1년 내에 하여야 한다.

② 목적물의 인도를 요하지 아니하는 경우에는 전항의 기간은 일의 종료한 날로부터 기산한다.

제671조(수급인의 담보책임-토지, 건물 등에 대한 특칙) ① 토지, 건물 기타 공작물의 수급인은 목적물 또는 지반공사의 하자에 대하여 인도 후 5년간 담보의 책임이 있다. 그러나 목적물이 석조, 석회조, 연와조, 금속 기타 이와 유사한 재료로 조성된 것인 때에는 그 기간을 10년으로 한다.

② 전항의 하자로 인하여 목적물이 멸실 또는 훼손된 때에는 도급인은 그 멸실 또는 훼손된 날로부터 1년 내에 제667조의 권리를 행사하여야 한다.

제672조(담보책임면제의 특약) 수급인은 제667조, 제668조의 담보책임이 없음을 약정한 경우에도 알고 고지하지 아니한 사실에 대하여는 그 책임을 면하지 못한다.

제673조(완성전의 도급인의 해제권) 수급인이 일을 완성하기 전에는 도급인은 손해를 배상하고 계약을 해제할 수 있다.

제674조(도급인의 파산과 해제권) ① 도급인이 파산선고를 받은 때에는 수급인 또는 파산관재인은 계약을 해제할 수 있다. 이 경우에는 수급인은 일의 완성된 부분에 대한 보수 및 보수에 포함되지 아니한 비용에 대하여 파산재단의 배당에 가입할 수 있다.

② 전항의 경우에는 각 당사자는 상대방에 대하여 계약해제로 인한 손해의 배상을 청구하지 못한다.

제10절 현상광고

제675조(현상광고의 의의) 현상광고는 광고자가 어느 행위를 한 자에게 일정한 보수를 지급할 의사를 표시하고 이에 응한 자가 그 광고에 정한 행위를 완료함으로써 그 효력이 생긴다.

제676조(보수수령권자) ① 광고에 정한 행위를 완료한 자가 수인인 경우에는 먼저 그 행위를 완료한 자가 보수를 받을 권리가 있다.

② 수인이 동시에 완료한 경우에는 각각 균등한 비율로 보수를 받을 권리가 있다. 그러나 보수가 그 성질상 분할할 수 없거나 광고에 1인만이 보수를 받을 것

으로 정한 때에는 추첨에 의하여 결정한다.

제677조(광고부지의 행위) 전조의 규정은 광고 있음을 알지 못하고 광고에 정한 행위를 완료한 경우에 준용한다.

제678조(우수현상광고) ① 광고에 정한 행위를 완료한 자가 수인인 경우에 그 우수한 자에 한하여 보수를 지급할 것을 정하는 때에는 그 광고에 응모기간을 정한 때에 한하여 그 효력이 생긴다.

② 전항의 경우에 우수의 판정은 광고 중에 정한 자가 한다. 광고 중에 판정자를 정하지 아니한 때에는 광고자가 판정한다.

③ 우수한 자 없다는 판정은 이를 할 수 없다. 그러나 광고 중에 다른 의사표시가 있거나 광고의 성질상 판정의 표준이 정하여져 있는 때에는 그러하지 아니하다.

④ 응모자는 전2항의 판정에 대하여 이의를 하지 못한다.

⑤ 수인의 행위가 동등으로 판정된 때에는 제676조 제2항의 규정을 준용한다.

제679조(현상광고의 철회) ① 광고에 그 지정한 행위의 완료기간을 정한 때에는 그 기간만료 전에 광고를 철회하지 못한다.

② 광고에 행위의 완료기간을 정하지 아니한 때에는 그 행위를 완료한 자 있기 전에는 그 광고와 동일한 방법으로 광고를 철회할 수 있다.

③ 전광고와 동일한 방법으로 철회할 수 없는 때에는 그와 유사한 방법으로 철회할 수 있다. 이 철회는 철회한 것을 안 자에 대하여만 그 효력이 있다.

제11절 위임

제680조(위임의 의의) 위임은 당사자 일방이 상대방에 대하여 사무의 처리를 위탁하고 상대방이 이를 승낙함으로써 그 효력이 생긴다.

제681조(수임인의 선관의무) 수임인은 위임의 본지에 따라 선량한 관리자의 주의로써 위임사무를 처리하여야 한다.

제682조(복임권의 제한) ① 수임인은 위임인의 승낙이나 부득이한 사유 없이 제삼자로 하여금 자기에 가름하여 위임사무를 처리하게 하지 못한다.

② 수임인이 전항의 규정에 의하여 제삼자에게 위임사무를 처리하게 한 경우에는 제121조, 제123조의 규정을 준용한다.

제683조(수임인의 보고의무) 수임인은 위임인의 청구가 있는 때에는 위임사무의 처리상황을 보고하고 위임이 종료한 때에는 지체 없이 그 전말을 보고하여야 한다.

제684조(수임인의 취득물 등의 인도, 이전의무) ① 수임인은 위임사무의 처리로 인하여 받은 금전 기타의 물건 및 그 수취한 과실을 위임인에게 인도하여야 한다.

② 수임인이 위임인을 위하여 자기의 명의로 취득한 권리는 위임인에게 이전하여야 한다.

제685조(수임인의 금전소비의 책임) 수임인이 위임인에게 인도할 금전 또는 위임인

의 이익을 위하여 사용할 금전을 자기를 위하여 소비한 때에는 소비한 날 이후의 이자를 지급하여야 하며 그 외의 손해가 있으면 배상하여야 한다.

제686조(수임인의 보수청구권) ① 수임인은 특별한 약정이 없으면 위임인에 대하여 보수를 청구하지 못한다.

② 수임인이 보수를 받을 경우에는 위임사무를 완료한 후가 아니면 이를 청구하지 못한다. 그러나 기간으로 보수를 정한 때에는 그 기간이 경과한 후에 이를 청구할 수 있다.

③ 수임인이 위임사무를 처리하는 중에 수임인의 책임 없는 사유로 인하여 위임이 종료된 때에는 수임인은 이미 처리한 사무의 비율에 따른 보수를 청구할 수 있다.

제687조(수임인의 비용선급청구권) 위임사무의 처리에 비용을 요하는 때에는 위임인은 수임인의 청구에 의하여 이를 선급하여야 한다.

제688조(수임인의 비용 상환청구권 등) ① 수임인이 위임사무의 처리에 관하여 필요비를 지출한 때에는 위임인에 대하여 지출한 날 이후의 이자를 청구할 수 있다.

② 수임인이 위임사무의 처리에 필요한 채무를 부담한 때에는 위임인에게 자기에 가름하여 이를 변제하게 할 수 있고 그 채무가 변제기에 있지 아니한 때에는 상당한 담보를 제공하게 할 수 있다.

③ 수임인이 위임사무의 처리를 위하여 과실 없이 손해를 받은 때에는 위임인에 대하여 그 배상을 청구할 수 있다.

제689조(위임의 상호해지의 자유) ① 위임계약은 각 당사자가 언제든지 해지할 수 있다.

② 당사자 일방이 부득이한 사유 없이 상대방의 불리한 시기에 계약을 해지한 때에는 그 손해를 배상하여야 한다.

제690조(사망·파산 등과 위임의 종료) 위임은 당사자 한쪽의 사망이나 파산으로 종료된다. 수임인이 성년후견개시의 심판을 받은 경우에도 이와 같다.

[전문개정 2011.3.7]

제691조(위임종료시의 긴급처리) 위임종료의 경우에 급박한 사정이 있는 때에는 수임인, 그 상속인이나 법정대리인은 위임인, 그 상속인이나 법정대리인이 위임사무를 처리할 수 있을 때까지 그 사무의 처리를 계속하여야 한다. 이 경우에는 위임의 존속과 동일한 효력이 있다.

제692조(위임종료의 대항요건) 위임종료의 사유는 이를 상대방에게 통지하거나 상대방이 이를 안 때가 아니면 이로써 상대방에게 대항하지 못한다.

제12절 임치

제693조(임치의 의의) 임치는 당사자 일방이 상대방에 대하여 금전이나 유가증권 기타 물건의 보관을 위탁하고 상대방이 이를 승낙함으로써 효력이 생긴다.

제694조(수치인의 임치물사용금지) 수치인은 임치인의 동의 없이 임치물을 사용하지

못한다.

제695조(무상수치인의 주의의무) 보수 없이 임치를 받은 자는 임치물을 자기재산과 동일한 주의로 보관하여야 한다.

제696조(수치인의 통지의무) 임치물에 대한 권리를 주장하는 제삼자가 수치인에 대하여 소를 제기하거나 압류한 때에는 수치인은 지체 없이 임차인에게 이를 통지하여야 한다.

제697조(임치물의 성질, 하자로 인한 임치인의 손해배상의무) 임치인은 임치물의 성질 또는 하자로 인하여 생긴 손해를 수치인에게 배상하여야 한다. 그러나 수치인이 그 성질 또는 하자를 안 때에는 그러하지 아니하다.

제698조(기간의 약정 있는 임치의 해지) 임치기간의 약정이 있는 때에는 수치인은 부득이한 사유 없이 그 기간만료 전에 계약을 해지하지 못한다. 그러나 임치인은 언제든지 계약을 해지할 수 있다.

제699조(기간의 약정 없는 임치의 해지) 임치기간의 약정이 없는 때에는 각 당사자는 언제든지 계약을 해지할 수 있다.

제700조(임치물의 반환장소) 임치 물은 그 보관한 장소에서 반환하여야 한다. 그러나 수치인이 정당한 사유로 인하여 그 물건을 전치한 때에는 현존하는 장소에서 반환할 수 있다.

제701조(준용규정) 제682조, 제684조 내지 제687조 및 제688조 제1항, 제2항의 규정은 임치에 준용한다.

제702조(소비임치) 수치인이 계약에 의하여 임치물을 소비할 수 있는 경우에는 소비대차에 관한 규정을 준용한다. 그러나 반환시기의 약정이 없는 때에는 임치인은 언제든지 그 반환을 청구할 수 있다

제13절 조합

제703조(조합의 의의) ① 조합은 2인 이상이 상호 출자하여 공동사업을 경영할 것을 약정함으로써 그 효력이 생긴다.

② 전항의 출자는 금전 기타 재산 또는 노무로 할 수 있다.

제704조(조합재산의 합유) 조합원의 출자 기타 조합재산은 조합원의 합유로 한다.

제705조(금전출자지체의 책임) 금전을 출자의 목적으로 한 조합원이 출자시기를 지체한 때에는 연체이자를 지급하는 외에 손해를 배상하여야 한다.

제706조(사무집행의 방법) ① 조합계약으로 업무집행자를 정하지 아니한 경우에는 조합원의 3분의 2 이상의 찬성으로써 이를 선임한다.

② 조합의 업무집행은 조합원의 과반수로써 결정한다. 업무집행자 수인인 때에는 그 과반수로써 결정한다.

③ 조합의 통상 사무는 전항의 규정에 불구하고 각 조합원 또는 각 업무집행자가 전행할 수 있다. 그러나 그 사무의 완료 전에 다른 조합원 또는 다른 업무집행자의 이의가 있는 때에는 즉시 중지하여야 한다.

제707조(준용규정) 조합업무를 집행하는 조합원에는 제681조 내지 제688조의 규정을 준용한다.

제708조(업무집행자의 사임, 해임) 업무집행자인 조합원은 정당한 사유 없이 사임하지 못하며 다른 조합원의 일치가 아니면 해임하지 못한다.

제709조(업무집행자의 대리권추정) 조합의 업무를 집행하는 조합원은 그 업무집행의 대리권 있는 것으로 추정한다.

제710조(조합원의 업무, 재산상태검사권) 각 조합원은 언제든지 조합의 업무 및 재산상태를 검사할 수 있다.

제711조(손익분배의 비율) ① 당사자가 손익분배의 비율을 정하지 아니한 때에는 각 조합원의 출자가액에 비례하여 이를 정한다.

② 이익 또는 손실에 대하여 분배의 비율을 정한 때에는 그 비율은 이익과 손실에 공통된 것으로 추정한다.

제712조(조합원에 대한 채권자의 권리행사) 조합채권자는 그 채권발생 당시에 조합원의 손실부담의 비율을 알지 못한 때에는 각 조합원에게 균분하여 그 권리를 행사할 수 있다.

제713조(무자력조합원의 채무와 타조합원의 변제책임) 조합원 중에 변제할 자력 없는 자가 있는 때에는 그 변제할 수 없는 부분은 다른 조합원이 균분하여 변제할 책임이 있다.

제714조(지분에 대한 압류의 효력) 조합원의 지분에 대한 압류는 그 조합원의 장래의 이익배당 및 지분의 반환을 받을 권리에 대하여 효력이 있다.

제715조(조합채무자의 상계의 금지) 조합의 채무자는 그 채무와 조합원에 대한 채권으로 상계하지 못한다.

제716조(임의탈퇴) ① 조합계약으로 조합의 존속기간을 정하지 아니하거나 조합원의 종신까지 존속할 것을 정한 때에는 각 조합원은 언제든지 탈퇴할 수 있다. 그러나 부득이한 사유 없이 조합의 불리한 시기에 탈퇴하지 못한다.

② 조합의 존속기간을 정한 때에도 조합원은 부득이한 사유가 있으면 탈퇴할 수 있다.

제717조(비임의 탈퇴) 제716조의 경우 외에 조합원은 다음 각 호의 어느 하나에 해당하는 사유가 있으면 탈퇴된다.

1. 사망
2. 파산
3. 성년후견의 개시
4. 제명(除名)

[전문개정 2011.3.7]

제718조(제명) ① 조합원의 제명은 정당한 사유 있는 때에 한하여 다른 조합원의 일치로써 이를 결정한다.

② 전항의 제명결정은 제명된 조합원에게 통지하지 아니하면 그 조합원에게

대항하지 못한다.

제719조(탈퇴조합원의 지분의 계산) ① 탈퇴한 조합원과 다른 조합원간의 계산은 탈퇴당시의 조합재산상태에 의하여 한다.

② 탈퇴한 조합원의 지분은 그 출자의 종류여하에 불구하고 금전으로 반환할 수 있다.

③ 탈퇴당시에 완결되지 아니한 사항에 대하여는 완결 후에 계산할 수 있다.

제720조(부득이한 사유로 인한 해산청구) 부득이한 사유가 있는 때에는 각 조합원은 조합의 해산을 청구할 수 있다.

제721조(청산인) ① 조합이 해산한 때에는 청산은 총조합원 공동으로 또는 그들이 선임한 자가 그 사무를 집행한다.

② 전항의 청산인의 선임은 조합원의 과반수로써 결정한다.

제722조(청산인의 업무집행방법) 청산인이 수인인 때에는 제706조 제2항 후단의 규정을 준용한다.

제723조(조합원인 청산인의 사임, 해임) 조합원 중에서 청산인을 정한 때에는 제708조의 규정을 준용한다.

제724조(청산인의 직무, 권한과 잔여재산의 분배) ① 청산인의 직무 및 권한에 관하여는 제87조의 규정을 준용한다.

② 잔여재산은 각 조합원의 출자가액에 비례하여 이를 분배한다.

제14절 종신정기금

제725조(종신정기금계약의 의의) 종신정기금계약은 당사자 일방이 자기, 상대방 또는 제삼자의 종신까지 정기로 금전 기타의 물건을 상대방 또는 제삼자에게 지급할 것을 약정함으로써 그 효력이 생긴다.

제726조(종신정기금의 계산) 종신정기금은 일수로 계산한다.

제727조(종신정기금계약의 해제) ① 정기금채무자가 정기금채무의 원본을 받은 경우에 그 정기금채무의 지급을 해태하거나 기타 의무를 이행하지 아니한 때에는 정기금채권자는 원본의 반환을 청구할 수 있다. 그러나 이미 지급을 받은 채무액에서 그 원본의 이자를 공제한 잔액을 정기금채무자에게 반환하여야 한다.

② 전항의 규정은 손해배상의 청구에 영향을 미치지 아니한다.

제728조(해제와 동시이행) 제536조의 규정은 전조의 경우에 준용한다.

제729조(채무자귀책사유로 인한 사망과 채권존속선고) ① 사망이 정기금채무자의 책임 있는 사유로 인한 때에는 법원은 정기금채권자 또는 그 상속인의 청구에 의하여 상당한 기간 채권의 존속을 선고할 수 있다.

② 전항의 경우에도 제727조의 권리를 행사할 수 있다.

제730조(유증에 의한 종신정기금) 본절의 규정은 유증에 의한 종신정기금채권에 준용한다.

제15절 화해

제731조(화해의 의의) 화해는 당사자가 상호 양보하여 당사자 간의 분쟁을 종지할 것을 약정함으로써 그 효력이 생긴다.

제732조(화해의 창설적 효력) 화해계약은 당사자 일방이 양보한 권리가 소멸되고 상대방이 화해로 인하여 그 권리를 취득하는 효력이 있다.

제733조(화해의 효력과 착오) 화해계약은 착오를 이유로 하여 취소하지 못한다. 그러나 화해당사자의 자격 또는 화해의 목적인 분쟁 이외의 사항에 착오가 있는 때에는 그러하지 아니하다.

제3장 사무관리

제734조(사무 관리의 내용) ① 의무 없이 타인을 위하여 사무를 관리하는 자는 그 사무의 성질에 좇아 가장 본인에게 이익 되는 방법으로 이를 관리하여야 한다.

② 관리자가 본인의 의사를 알거나 알 수 있는 때에는 그 의사에 적합하도록 관리하여야 한다.

③ 관리자가 전2항의 규정에 위반하여 사무를 관리한 경우에는 과실 없는 때에도 이로 인한 손해를 배상할 책임이 있다. 그러나 그 관리행위가 공공의 이익에 적합한 때에는 중대한 과실이 없으면 배상할 책임이 없다.

제735조(긴급사무관리) 관리자가 타인의 생명, 신체, 명예 또는 재산에 대한 급박한 위해를 면하게 하기 위하여 그 사무를 관리한 때에는 고의나 중대한 과실이 없으면 이로 인한 손해를 배상할 책임이 없다.

제736조(관리자의 통지의무) 관리자가 관리를 개시한 때에는 지체 없이 본인에게 통지하여야 한다. 그러나 본인이 이미 이를 안 때에는 그러하지 아니하다.

제737조(관리자의 관리계속의무) 관리자는 본인, 그 상속인이나 법정대리인이 그 사무를 관리하는 때까지 관리를 계속하여야 한다. 그러나 관리의 계속이 본인의 의사에 반하거나 본인에게 불리함이 명백한 때에는 그러하지 아니하다.

제738조(준용규정) 제683조 내지 제685조의 규정은 사무 관리에 준용한다.

제739조(관리자의 비용 상환청구권) ① 관리자가 본인을 위하여 필요비 또는 유익 비를 지출한 때에는 본인에 대하여 그 상환을 청구할 수 있다.

② 관리자가 본인을 위하여 필요 또는 유익한 채무를 부담한 때에는 제688조제2항의 규정을 준용한다.

③ 관리자가 본인의 의사에 반하여 관리한 때에는 본인의 현존이익의 한도에서 전2항의 규정을 준용한다.

제740조(관리자의 무과실손해보상청구권) 관리자가 사무 관리를 함에 있어서 과실 없이 손해를 받은 때에는 본인의 현존이익의 한도에서 그 손해의 보상을 청구할 수 있다.

제4장 부당이득

제741조(부당이득의 내용) 법률상 원인 없이 타인의 재산 또는 노무로 인하여 이익을 얻고 이로 인하여 타인에게 손해를 가한 자는 그 이익을 반환하여야 한다.

제742조(비채변제) 채무 없음을 알고 이를 변제한 때에는 그 반환을 청구하지 못한다.

제743조(기한전의 변제) 변제기에 있지 아니한 채무를 변제한 때에는 그 반환을 청구하지 못한다. 그러나 채무자가 착오로 인하여 변제한 때에는 채권자는 이로 인하여 얻은 이익을 반환하여야 한다.

제744조(도의관념에 적합한 비채변제) 채무 없는 자가 착오로 인하여 변제한 경우에 그 변제가 도의관념에 적합한 때에는 그 반환을 청구하지 못한다.

제745조(타인의 채무의 변제) ① 채무자 아닌 자가 착오로 인하여 타인의 채무를 변제한 경우에 채권자가 선의로 증서를 훼멸하거나 담보를 포기하거나 시효로 인하여 그 채권을 잃은 때에는 변제자는 그 반환을 청구하지 못한다.

② 전항의 경우에 변제자는 채무자에 대하여 구상권을 행사할 수 있다.

제746조(불법원인급여) 불법의 원인으로 인하여 재산을 급여하거나 노무를 제공한 때에는 그 이익의 반환을 청구하지 못한다. 그러나 그 불법원인이 수익자에게만 있는 때에는 그러하지 아니하다.

제747조(원물반환불능한 경우와 가액반환, 전득자의 책임) ① 수익자가 그 받은 목적물을 반환할 수 없는 때에는 그 가액을 반환하여야 한다.

② 수익자가 그 이익을 반환할 수 없는 경우에는 수익자로부터 무상으로 그 이익의 목적물을 양수한 악의의 제삼자는 전항의 규정에 의하여 반환할 책임이 있다.

제748조(수익자의 반환범위) ① 선의의 수익자는 그 받은 이익이 현존한 한도에서 전조의 책임이 있다.

② 악의의 수익자는 그 받은 이익에 이자를 붙여 반환하고 손해가 있으면 이를 배상하여야 한다.

제749조(수익자의 악의인정) ① 수익자가 이익을 받은 후 법률상 원인 없음을 안 때에는 그때부터 악의의 수익자로서 이익반환의 책임이 있다.

② 선의의 수익자가 패소한 때에는 그 소를 제기한 때부터 악의의 수익자로 본다.

제5장 불법행위

제750조(불법행위의 내용) 고의 또는 과실로 인한 위법행위로 타인에게 손해를 가한 자는 그 손해를 배상할 책임이 있다.

제751조(재산 이외의 손해의 배상) ① 타인의 신체, 자유 또는 명예를 해하거나 기타 정신상고통을 가한 자는 재산 이외의 손해에 대하여도 배상할 책임이 있다.

② 법원은 전항의 손해배상을 정기금채무로 지급할 것을 명할 수 있고 그 이행을 확보하기 위하여 상당한 담보의 제공을 명할 수 있다.

제752조(생명침해로 인한 위자료) 타인의 생명을 해한 자는 피해자의 직계존속, 직계비속 및 배우자에 대하여는 재산상의 손해 없는 경우에도 손해배상의 책임이 있다.

제753조(미성년자의 책임능력) 미성년자가 타인에게 손해를 가한 경우에 그 행위의 책임을 변식할 지능이 없는 때에는 배상의 책임이 없다.

제754조(심신상실자의 책임능력) 심신상실 중에 타인에게 손해를 가한 자는 배상의 책임이 없다. 그러나 고의 또는 과실로 인하여 심신상실을 초래한 때에는 그러하지 아니하다.

제755조(감독자의 책임) ① 다른 자에게 손해를 가한 사람이 제753조 또는 제754조에 따라 책임이 없는 경우에는 그를 감독할 법정의무가 있는 자가 그 손해를 배상할 책임이 있다. 다만, 감독의무를 게을리 하지 아니한 경우에는 그러하지 아니하다.

② 감독의무자를 갈음하여 제753조 또는 제754조에 따라 책임이 없는 사람을 감독하는 자도 제1항의 책임이 있다.

[전문개정 2011.3.7]

제756조(사용자의 배상책임) ① 타인을 사용하여 어느 사무에 종사하게 한 자는 피용자가 그 사무집행에 관하여 제삼자에게 가한 손해를 배상할 책임이 있다. 그러나 사용자가 피용자의 선임 및 그 사무 감독에 상당한 주의를 한 때 또는 상당한 주의를 하여도 손해가 있을 경우에는 그러하지 아니하다.

② 사용자에 가름하여 그 사무를 감독하는 자도 전항의 책임이 있다.

③ 전2항의 경우에 사용자 또는 감독자는 피용자에 대하여 구상권을 행사할 수 있다.

제757조(도급인의 책임) 도급인은 수급인이 그 일에 관하여 제삼자에게 가한 손해를 배상할 책임이 없다. 그러나 도급 또는 지시에 관하여 도급인에게 중대한 과실이 있는 때에는 그러하지 아니하다.

제758조(공작물 등의 점유자, 소유자의 책임) ① 공작물의 설치 또는 보존의 하자로 인하여 타인에게 손해를 가한 때에는 공작물점유자가 손해를 배상할 책임이 있다. 그러나 점유자가 손해의 방지에 필요한 주의를 해태하지 아니한 때에는 그 소유자가 손해를 배상할 책임이 있다.

② 전항의 규정은 수목의 재식 또는 보존에 하자있는 경우에 준용한다.

③ 전2항의 경우에 점유자 또는 소유자는 그 손해의 원인에 대한 책임 있는 자에 대하여 구상권을 행사할 수 있다.

제759조(동물의 점유자의 책임) ① 동물의 점유자는 그 동물이 타인에게 가한 손해를 배상할 책임이 있다. 그러나 동물의 종류와 성질에 따라 그 보관에 상당한 주의를 해태하지 아니한 때에는 그러하지 아니하다.

② 점유자에 가름하여 동물을 보관한 자도 전항의 책임이 있다.

제760조(공동불법행위자의 책임) ① 수인이 공동의 불법행위로 타인에게 손해를 가한 때에는 연대하여 그 손해를 배상할 책임이 있다.

② 공동 아닌 수인의 행위 중 어느 자의 행위가 그 손해를 가한 것인지를 알 수 없는 때에도 전항과 같다.

③ 교사자나 방조자는 공동행위자로 본다.

제761조(정당방위, 긴급피난) ① 타인의 불법행위에 대하여 자기 또는 제삼자의 이익을 방위하기 위하여 부득이 타인에게 손해를 가한 자는 배상할 책임이 없다. 그러나 피해자는 불법행위에 대하여 손해의 배상을 청구할 수 있다.

② 전항의 규정은 급박한 위난을 피하기 위하여 부득이 타인에게 손해를 가한 경우에 준용한다.

제762조(손해배상청구권에 있어서의 태아의 지위) 태아는 손해배상의 청구권에 관하여는 이미 출생한 것으로 본다.

제763조(준용규정) 제393조, 제394조, 제396조, 제399조의 규정은 불법행위로 인한 손해배상에 준용한다.

제764조(명예훼손의 경우의 특칙) 타인의 명예를 훼손한 자에 대하여는 법원은 피해자의 청구에 의하여 손해배상에 가름하거나 손해배상과 함께 명예회복에 적당한 처분을 명할 수 있다.

[89헌마160 1991.4.1민법 제764조(1958. 2. 22. 법률 제471호)의 "명예회복에 적당한 처분"에 사죄광고를 포함시키는 것은 헌법에 위반된다.]

제765조(배상액의 경감청구) ① 본장의 규정에 의한 배상의무자는 그 손해가 고의 또는 중대한 과실에 의한 것이 아니고 그 배상으로 인하여 배상자의 생계에 중대한 영향을 미치게 될 경우에는 법원에 그 배상액의 경감을 청구할 수 있다.

② 법원은 전항의 청구가 있는 때에는 채권자 및 채무자의 경제 상태와 손해의 원인 등을 참작하여 배상액을 경감할 수 있다.

제766조(손해배상청구권의 소멸시효) ① 불법행위로 인한 손해배상의 청구권은 피해자나 그 법정대리인이 그 손해 및 가해자를 안 날로부터 3년간 이를 행사하지 아니하면 시효로 인하여 소멸한다.

② 불법행위를 한 날로부터 10년을 경과한 때에도 전항과 같다.

제4편 친족

제1장 총칙

제767조(친족의 정의) 배우자, 혈족 및 인척을 친족으로 한다.

제768조(혈족의 정의) 자기의 직계존속과 직계비속을 직계혈족이라 하고 자기의 형제자매와 형제자매의 직계비속, 직계존속의 형제자매 및 그 형제자매의 직계비속을 방계혈족이라 한다. 〈개정 1990.1.13〉

제769조(인척의 계원) 혈족의 배우자, 배우자의 혈족, 배우자의 혈족의 배우자를 인척으로 한다. 〈개정 1990.1.13〉

제770조(혈족의 촌수의 계산) ① 직계혈족은 자기로부터 직계존속에 이르고 자기로부터 직계비속에 이르러 그 세수를 정한다.

② 방계혈족은 자기로부터 동원의 직계존속에 이르는 세수와 그 동원의 직계존속으로부터 그 직계비속에 이르는 세수를 통산하여 그 촌수를 정한다.

제771조(인척의 촌수의 계산) 인척은 배우자의 혈족에 대하여는 배우자의 그 혈족에 대한 촌수에 따르고, 혈족의 배우자에 대하여는 그 혈족에 대한 촌수에 따른다. [전문개정 1990.1.13]

제772조(양자와의 친계와 촌수) ① 양자와 양부모 및 그 혈족, 인척사이의 친계와 촌수는 입양한 때로부터 혼인 중의 출생자와 동일한 것으로 본다.

② 양자의 배우자, 직계비속과 그 배우자는 전항의 양자의 친계를 기준으로 하여 촌수를 정한다.

제773조 삭제 〈1990.1.13〉

제774조 삭제 〈1990.1.13〉

제775조(인척관계 등의 소멸) ① 인척관계는 혼인의 취소 또는 이혼으로 인하여 종료한다. 〈개정 1990.1.13〉

② 부부의 일방이 사망한 경우 생존 배우자가 재혼한 때에도 제1항과 같다. 〈개정 1990.1.13〉

제776조(입양으로 인한 친족관계의 소멸) 입양으로 인한 친족관계는 입양의 취소 또는 파양으로 인하여 종료한다.

제777조(친족의 범위) 친족관계로 인한 법률상 효력은 이 법 또는 다른 법률에 특별한 규정이 없는 한 다음 각 호에 해당하는 자에 미친다.

1. 8촌 이내의 혈족
2. 4촌 이내의 인척
3. 배우자

[전문개정 1990.1.13]

제2장 가족의 범위와 자의 성과 본 〈개정 2005.3.31〉 생략

제3장 혼인 〈일부생략〉

제827조(부부간의 가사 대리권) ① 부부는 일상의 가사에 관하여 서로 대리권이 있다.

② 전항의 대리권에 가한 제한은 선의의 제삼자에게 대항하지 못한다.

제828조 삭제 〈2012.2.10〉생략

제4장 부모와 자 〈일부생략〉

제921조(친권자와 그 자간 또는 수인의 자간의 이해상반행위) ① 법정대리인인 친권
자와 그 자 사이에 이해 상반되는 행위를 함에는 친권자는 법원에 그 자의 특
별대리인의 선임을 청구하여야 한다.

② 법정대리인인 친권자가 그 친권에 따르는 수인의 자 사이에 이해 상반되는
행위를 함에는 법원에 그 자 일방의 특별대리인의 선임을 청구하여야 한다.
〈개정 2005.3.31〉

〈생략〉

제5장 후견

제1절 미성년후견과 성년후견 〈개정 2011.3.7〉

제1관 후견인 〈신설 2011.3.7〉

제928조(미성년자에 대한 후견의 개시) 미성년자에게 친권자가 없거나 친권자가 법
률행위의 대리권과 재산관리권을 행사할 수 없는 경우에는 미성년후견인을 두
어야 한다.

[전문개정 2011.3.7]

조문 체계도 버튼연혁 **제929조(성년후견심판에 의한 후견의 개시)** 가정법원의
성년후견개시심판이 있는 경우에는 그 심판을 받은 사람의 성년후견인을 두어
야 한다.

[전문개정 2011.3.7]

제930조(후견인의 수와 자격) ① 미성년후견인의 수(數)는 한 명으로 한다.

② 성년후견인은 피성년 후견인의 신상과 재산에 관한 모든 사정을 고려하여
여러 명을 둘 수 있다.

③ 법인도 성년후견인이 될 수 있다.

[전문개정 2011.3.7]

제931조(유언에 의한 미성년후견인의 지정 등) ① 미성년자에게 친권을 행사하는 부
모는 유언으로 미성년후견인을 지정할 수 있다. 다만, 법률행위의 대리권과 재
산관리권이 없는 친권자는 그러하지 아니하다.

② 가정법원은 제1항에 따라 미성년후견인이 지정된 경우라도 미성년자의 복
리를 위하여 필요하면 생존하는 부 또는 모, 미성년자의 청구에 의하여 후견을
종료하고 생존하는 부 또는 모를 친권자로 지정할 수 있다.

[전문개정 2011.5.19]

제932조(미성년후견인의 선임) ① 가정법원은 제931조에 따라 지정된 미성년후견인
이 없는 경우에는 직권으로 또는 미성년자, 친족, 이해관계인, 검사, 지방자치
단체의 장의 청구에 의하여 미성년후견인을 선임한다. 미성년후견인이 없게 된

경우에도 또한 같다.

② 가정법원은 친권상실의 선고나 대리권 및 재산관리권 상실의 선고에 따라 미성년후견인을 선임할 필요가 있는 경우에는 직권으로 미성년후견인을 선임한다.

③ 친권자가 대리권 및 재산관리권을 사퇴한 경우에는 지체 없이 가정법원에 미성년후견인의 선임을 청구하여야 한다.

〈생략〉

제950조(후견감독인의 동의를 필요로 하는 행위) ① 후견인이 피후견인을 대리하여 다음 각 호의 어느 하나에 해당하는 행위를 하거나 미성년자의 다음 각 호의 어느 하나에 해당하는 행위에 동의를 할 때는 후견 감독인이 있으면 그의 동의를 받아야 한다.

1. 영업에 관한 행위
2. 금전을 빌리는 행위
3. 의무만을 부담하는 행위
4. 부동산 또는 중요한 재산에 관한 권리의 득실변경을 목적으로 하는 행위
5. 소송행위
6. 상속의 승인, 한정승인 또는 포기 및 상속재산의 분할에 관한 협의

② 후견감독인의 동의가 필요한 행위에 대하여 후견감독인이 피후견인의 이익이 침해될 우려가 있음에도 동의를 하지 아니하는 경우에는 가정법원은 후견인의 청구에 의하여 후견감독인의 동의를 갈음하는 허가를 할 수 있다.

③ 후견감독인의 동의가 필요한 법률행위를 후견인이 후견감독인의 동의 없이 하였을 때에는 피후견인 또는 후견감독인이 그 행위를 취소할 수 있다.

[전문개정 2011.3.7]

제951조(피후견인의 재산 등의 양수에 대한 취소) ① 후견인이 피후견인에 대한 제3자의 권리를 양수(讓受)하는 경우에는 피후견인은 이를 취소할 수 있다.

② 제1항에 따른 권리의 양수의 경우 후견감독인이 있으면 후견인은 후견감독인의 동의를 받아야 하고, 후견감독인의 동의가 없는 경우에는 피후견인 또는 후견감독인이 이를 취소할 수 있다.

[전문개정 2011.3.7]

〈생략〉

제5편 상속 〈개정 1990.1.13〉

제1장 상속 〈신설 1990.1.13〉

제1절 총칙

제997조(상속개시의 원인) 상속은 사망으로 인하여 개시된다. 〈개정 1990.1.13〉

[제목개정 1990.1.13]

제998조(상속개시의 장소) 상속은 피상속인의 주소지에서 개시한다.

　　[전문개정 1990.1.13]

제998조의2(상속비용) 상속에 관한 비용은 상속재산 중에서 지급한다.

　　[본조신설 1990.1.13]

제999조(상속회복청구권) ① 상속권이 참칭상속권자로 인하여 침해된 때에는 상속권
　　자 또는 그 법정대리인은 상속회복의 소를 제기할 수 있다.

　　② 제1항의 상속회복청구권은 그 침해를 안 날부터 3년, 상속권의 침해행위가
　　있은 날부터 10년을 경과하면 소멸된다. 〈개정 2002.1.14〉

　　[전문개정 1990.1.13]

제2절 상속인 〈개정 1990.1.13〉

제1000조(상속의 순위) ① 상속에 있어서는 다음 순위로 상속인이 된다. 〈개정
　　1990.1.13〉

　　1. 피상속인의 직계비속

　　2. 피상속인의 직계존속

　　3. 피상속인의 형제자매

　　4. 피상속인의 4촌 이내의 방계혈족

　　② 전항의 경우에 동순위의 상속인이 수인인 때에는 최근친을 선순위로 하고
　　동친 등의 상속인이 수인인 때에는 공동상속인이 된다.

　　③ 태아는 상속순위에 관하여는 이미 출생한 것으로 본다. 〈개정 1990.1.13〉

　　[제목개정 1990.1.13]

제1001조(대습상속) 전 조제1항 제1호와 제3호의 규정에 의하여 상속인이 될 직계비
　　속 또는 형제자매가 상속개시전에 사망하거나 결격자가 된 경우에 그 직계비
　　속이 있는 때에는 그 직계비속이 사망하거나 결격된 자의 순위에 가름하여 상
　　속인이 된다.

제1002조 삭제 〈1990.1.13〉

제1003조(배우자의 상속순위) ① 피상속인의 배우자는 제1000조제1항 제1호와 제2호
　　의 규정에 의한 상속인이 있는 경우에는 그 상속인과 동순위로 공동상속인이
　　되고 그 상속인이 없는 때에는 단독상속인 이 된다. 〈개정 1990.1.13〉

　　② 제1001조의 경우에 상속개시전에 사망 또는 결격된 자의 배우자는 동조의
　　규정에 의한 상속인과 동순위로 공동상속인이 되고 그 상속인이 없는 때에는
　　단독상속인 이 된다. 〈개정 1990.1.13〉

　　[제목개정 1990.1.13]

제1004조(상속인의 결격사유) 다음 각 호의 어느 하나에 해당한 자는 상속인이 되지
　　못한다. 〈개정 1990.1.13, 2005.3.31〉

　　1. 고의로 직계존속, 피상속인, 그 배우자 또는 상속의 선순위나 동순위에 있는

자를 살해하거나 살해하려한 자
2. 고의로 직계존속, 피상속인과 그 배우자에게 상해를 가하여 사망에 이르게 한 자
3. 사기 또는 강박으로 피상속인의 상속에 관한 유언 또는 유언의 철회를 방해한 자
4. 사기 또는 강박으로 피상속인의 상속에 관한 유언을 하게 한 자
5. 피상속인의 상속에 관한 유언서를 위조·변조·파기 또는 은닉한 자

제3절 상속의 효력 〈개정 1990.1.13〉

제1관 일반적 효력

제1005조(상속과 포괄적 권리의무의 승계) 상속인은 상속 개시된 때로부터 피상속인의 재산에 관한 포괄적 권리의무를 승계한다. 그러나 피상속인의 일신에 전속한 것은 그러하지 아니하다. 〈개정 1990.1.13〉

〈생략〉

제4절 상속의 승인 및 포기 〈개정 1990.1.13〉〈생략〉

제2장 유언

제1절 총칙

제1060조(유언의 요식성) 유언은 본법의 정한 방식에 의하지 아니하면 효력이 생기지 아니한다.

〈생략〉

제2절 유언의 방식

제1065조(유언의 보통방식) 유언의 방식은 자필증서, 녹음, 공정증서, 비밀증서와 구수증서의 5종으로 한다.〈생략〉

제3절 유언의 효력

제1073조(유언의 효력발생시기) ① 유언은 유언자가 사망한 때로부터 그 효력이 생긴다.
② 유언에 정지조건이 있는 경우에 그 조건이 유언자의 사망 후에 성취한 때에는 그 조건성취한 때로부터 유언의 효력이 생긴다.

〈생략〉

제1078조(포괄적 수증자의 권리의무) 포괄적 유증을 받은 자는 상속인과 동일한 권리의무가 있다. 〈개정 1990.1.13〉

제 16장

부 록

【경매개시결정의 이의신청서】

경매개시결정에 대한 이의신청서

신 청 인(채무자 겸 소유자) :

         (주 소) :

피신청인(채　　권　　자) :

         (주 소) :

위 당사자 간 귀원 ○○○○타경 제○○○○호 부동산 임의경매사건에 관하여 20 ． ． ． 한 임의경매 개시결정에 대하여 신청인은 다음과 같이 이의신청을 합니다.

신 청 취 지

위 사건에 관하여 　 년 　 월 　 일 귀원이 한 강제경매개시결정은 이를 취소한다. 피신청인의 이 사건 강제경매신청은 이를 각하한다는 재판을 구함.

신 청 이 유

1.

2.

첨 부 서 류

1. 경매개시결정　　　　1통
2. 등기부등본　　　　　1통
3. 영수증　　　　　　　1통

20 ． ．

위 신청인(채무자)　　　(날인 또는 서명)

○ ○ ○ ○ 법원 ○○지원 귀중

[집행문 부여에 대한 이의신청서]

집행문 부여에 대한 이의신청서

신 청 인(채무자 겸 소유자):

　　　　　(주 소):

피신 청 인(채 　　 권 　　 자):

　　　　　(주 소):

신 청 취 지

　신청인과 상대방간의 ○ ○ 지방법원 ○ ○ ○ 가 ○ ○ ○
호 사건의 판결에 대하여 같은 법원 사무관 ○ ○ ○가 20　.
.　. 부여한 집행문은 이를 취소한다.
　위 집행력 있는 판결에 기한 강제집행은 이를 불허한다. 라는
재판을 구합니다.

신 청 이 유

1.
2.
3.

첨 부 서 류

1. 경매개시결정　　　　1통
2. 등기부등본　　　　　1통
3. 영수증　　　　　　　1통

　　　　　　　　20　.　.　.
　　　위 신청인(채무자)　　　(날인 또는 서명)
　　　　　　　○○○○법원 ○○지원 귀중

【부동산임의(강제) 경매 연기 신청서】

부동산임의(강제) 경매 연기 신청서

채권자 :

채무자 :

소유자 :

    귀원 ○○○○타경 제○○○○호 부동산 경매사건에 관하여○○지방법원○○ 호 법정에서 20 . . .시에 매각기일이 정해졌다는 통지서를 받았으나 채무자가 목적 경매부동산의 채무액의 상환을 의사표시 하는 바 매각기일을 연기 신청합니다.

20 년 월 일

경매신청채권자 :

주민등록번호 :

주 소 :

○○○○법원 ○○지원 귀중

【공유자의 지분우선 매수신고서】

공유자의 지분우선 매수신고서

사건번호 :　　　타경　　부동산임의(강제) 경매

채 권 자 :

소유자(공유자) :

　위 사건에 관하여 공유자는 다음과 같이 민사집행법 제140조에 따라서 공유자 지분우선매수권 행사 신고를 합니다.

다 음

1. 우선매수신고대상 매각목적물

　　○○지방법원　타경　　호　부동산강제(임의)경매사건의　목적물

　　　번호　　제　　번토지　　시　　구　　동　　번지

대　　㎡위 토지에 대한 지분

2. 위 항 목적물에 대하여 공유자○○○ 은 위 목적물에 대한(지분　　%의) 공유자 인 바, 최고 매수신고가격과 동일한 가격으로 우선 매수할 것을 신고합니다.

3. 보증의 선 제공에 관하여 최고매수신고가격을 금　　원으로 예상하고 민사집행법에 따라서 보증금으로 그 가격의　　분의　　에 해당하는 금　　원 의 현금 또는 자기앞수표를 집행관에게 20 년　　월 일 보관하였습니다.

첨부서류

1. 집행관보증금보관영수증　　　　1통

1. 등기부등본　　　　　　　　　　1통

1. 주민등록등본　　　　　　　　　　1통

20 년　　월　　일

우선매수신고인 공유자　　　(인)

연락처(☎)

지 방 법 원　　　　귀 중

【매각 허가 결정문】

○ ○ 지방법원   지원

매 각 허 가 결 정

사 건 :   타경   호 부동산 임의(강제)경매
매수인:
(주 소)
최고가 입찰가격 : 금   원정

별지기재 부동산에 대하여 최고가로 매수 신고한 위 사람에게 매각을 허가한다.

20   년   월   일

판   사   (인)

○ ○ 지방법원   지원

【매각 불허가 신청서】

매각 불허가 신청서

채 권 자 :
채 무 자 :

위 당사자 간의 귀원   타경   호 부동산임의
(강제) 경매사건에 관하여   년 월 일의 매각기일에서 신
청인은 최고가의 매수신고를 하고, 아직 매각결정기일 전이나
별지목록의 건물이 천재지변으로 인하여 현저히 훼손되었으므
로 매각을 불허하여 주시기를 신청합니다.

20   년   월   일

위 신청인(매수인)   (인)

○ ○ 지방법원   귀중

【매각허가에 대한 이의 신청서】

<h2 style="text-align:center;">매각허가에 대한 이의 신청서</h2>

채 권 자:
채 무 자:

　위　당사자 간의 귀원　　　타경　　　호
부동산임의경매사건에 매각허가에 관하여 다음과 같이
이의신청을 합니다.

<h2 style="text-align:center;">신 청 취 지</h2>

별지목록 기재 부동산에 대한 매각은 이를 불허한다.
라는 재판을 구함

<h2 style="text-align:center;">신 청 이 유</h2>

　본건 임의경매사건에서 최고가 매수인의 대리인이 본인의 위임장을
첨부해야 함에도 불구하고 매각을 허가한 것은 민사집행법 제121조에
요건을 결한 것으로 불허되어야 한다.

20 년　　월　　일
채무자:　　　　（인）

○ ○ 지방법원　　　　귀중

【항고이유서】

항고이유서

  본 항고인은 본건 부동산을 낙찰 받은 자로 매각물건명세서에 기재되지 않은 주택임대차보호법 제3조 제1항에 의거한 대항력 있는 임차인이 있는 것으로 확인된바 본건 매각을 허가할 것이 아니므로 이 항고에 이르게 되었습니다.

20 년   월   일

위 항고인   (인)

○ ○ 지방법원   귀중

【재항고장】

재항고장

재항고인:
주   소:

　재항고인은 ○ ○ 지방법원　　　타경　　　호 매각허가결정에 대한 즉시 항고사건에 관한 동　원위 20　　년　　월　　일자 즉시항고기각결정에 대하여 불복이므로 재항고합니다.

원결정의 표시

항고를 기각한다.

재항고 취지

원결정은 취소하고 다시 상당한 재판을 구함.

재항고 이유

구체적으로 기재.

20 년　　월　　일

재항고인　　　　　　（인）

대법원　　　　　귀중

【경매취하동의서】

경매취하 동의서

신청채권자 :

채 무 자 :

소 유 주 :

매 수 인 :

　당사자 간 귀원　　　타경　　　호 부동산경매사건에 관하여 매수인은 부동산 경매 신청채권자의 경매 취하함에 대하여 동의합니다.

20 　년　　월　　일

매수인 :

주　소 :

○　○ 지방법원　　　　　　귀중

【대금완납증명원】

매각대금 완납증명원

사건번호 :   타경   호
채 권 자:
채 무 자:
소 유 자:
매 수 인:
매각대금 :   원정

　　위　　　사건에 관하여 별지기재 부동산을 20　　년　　월
일자로 매각대금을 전액 완납하였음을 증명하여 주시기 바랍니
다.

20 년　　월　　일

신청인(매수인) :　　　　(인)
주　　소:

○ ○ 지방법원　　　　　　　귀중

【공유자 우선매수신고서】

공유자 우선매수신고서

사 건   20○○타경○○○○○ 부동산강제(임의)경매

채 권 자

채무자(소유자)

공 유 자

■ 매각기일 20○○. ○. ○. ○○:○○

부동산의 표시 : 별지와 같음

 공유자는 민사집행법 제140조 제1항의 규정에 의하여 매각기일까지(집행관이 민사집행법 제115조 제1항에 따라 최고가매수신고인의 성명과 가격을 부르고 매각기일을 종결한다고 고지하기 전까지) **민사집행법 제113조에 따른 매수신청보증을 제공하고** 최고매수신고가격과 같은 가격으로 채무자의 지분을 우선 매수하겠다는 신고를 합니다.

첨부서류

1. 공유자의 주민등록표 등본 또는 초본 1통
2. 기타(   )

20 . . .

        우선매수신고인(공유자)   ⑩

        (연락처 :   )

               ○○지방법원 경매○계 귀중

【부동산인도명령 신청서】

부동산인도명령신청

사건번호
신청인(매수인)

피신청인(임차인)

　위 사건에 관하여 매수인은　　　．　　．　　．에 낙찰대금을 완납한 후 채무자(소유자, 부동산점유자)에게 별지 매수부동산의 인도를 청구하였으나 채무자가 불응하고 있으므로, 귀원 소속 집행관으로 하여금 채무자의 위 부동산에 대한 점유를 풀고 이를 매수인에게 인도하도록 하는 명령을 발령하여 주시기 바랍니다.

20　　　년　　　　월　　　　일
매 수 인　　　　　　（인）
연락처(☎)
○○지방법원　　　　　　귀중

☞유의사항
1) 낙찰인은 대금완납 후 6개월 내에 채무자, 소유자 또는 부동산 점유자에 대하여 부동산을 매수인에게 인도할 것을 법원에 신청할 수 있습니다.
2) 신청서에는 1,000원의 인지를 붙이고 1통을 집행법원에 제출하며 인도명령정본 송달료(2회분)를 납부하셔야 합니다.

【대금 납입 신청서】

매각 대금 납입 신청서

사건번호 :　　　　타경　　　　호

채 권 자 :

채 무 자 :

소 유 자 :

매 수 인 :

　위 사건에 관하여 매수인은　　년　월　일에 대금지급기일 지정을 받았으나 사정에 의하여 지정일에 납입하지 못하였으므로, 다음과 같이 매수 잔대금, 지연이자 및 진행된 경매절차의 비용을 합산하여 대급납입을 신청합니다.

매수금액 :

보 증 금 :

잔 대 금 :

지연이자 : (잔대금×경과일수/365×25%)

20　년　　월　　　일

매수인　　　　　(인)

연락처(☎　)

○ ○ 지방법원　　　　귀중

【명도확인서】

명 도 확 인 서

사건번호 :

이　　름 :

주　　소 :
　위 사건에서 위 임차인은 임차보증금에 따른 배당금을 받기
위해 매수인에게 목적부동산을 명도 하였음을 확인합니다.
첨부서류 : 매수인 명도확인용 인감증명서 1통

　　　　　　　　　20　　　년　　　월　　　일

　　　　　　　　　매 수 인　　　　　　(인)

　　　　　　　　　연락처(☎)

　　　　　지방법원　　　　　　　귀중

☞유의사항
1) 주소는 경매기록에 기재된 주소와 같아야 하며, 이는 주민등
록상 주소이어야 합니다.
2) 임차인이 배당금을 찾기 전에 이사를 하기 어려운 실정이므
로, 매수인과 임차인간에 이사날짜를 미리 정하고 이를 신뢰할
수 있다면 임차인이 이사하기 전에 매수인은 명도확인서를 해줄
수도 있습니다.

【소유권이전등기 촉탁 신청서】

사건번호   타경   부동산강제(임의)경매

채 권 자:

채 무 자(소유자):

매 수 인:

　위 사건에 관하여 매수인 ○○○ 는(은) 귀원으로부터 매각허가결정을 받고　년　월　일 대금전액을 완납하였으므로 별지목록기재 부동산에 대하여 소유권이전 및 말소등기를 촉탁하여 주시기 바랍니다.

첨부서류

1. 부동산목록　　　　　　　4통
1. 부동산등기사항전부증명서　1통
1. 토지대장등본　　　　　　1통
1. 건축물대장등본　　　　　1통
1. 주민등록등본　　　　　　1통
1. 취득세 영수증(이전)
1. 등록면허세 영수증(말소)
1. 대법원수입증지-이전 15,000원,　말소 1건당 3,000원(토지, 건물 각각임)
1. 말소할 사항(말소할 각 등기를 특정할 수 있도록 접수일자와 접수번호) 4부

20 　년　　　월　　　일

신청인(매수인)　　　　　　(인)

연락처(☎)

지방법원　　　　귀중

【재송달 신청서】

타경   호

재송달 신청서

채 권 자 :

  주 소 :

채 무 자 :

  주 소 :

소 유 자 :

  주 소 :

  위 당사자 간 귀원   타경   호 부동산 경매신청 사건에 관하여 채권자는 채무자 ○ ○ ○ 에 대하여 재송 달을 신청합니다.

1. 채무자의 주소

2. 재송달 신청 이유

  채무자는 위 주소지에 주민등록이 되어 있고 그 가족과 함께 위 주소지에서 거주하고 있는데, 최종송달이 되지 않아 위 주소지에서 재송달하여 주시기를 바랍니다.

  첨 부 서 류

1.

2.

  20   년   월   일

  채권자   (인)

  ○ ○ 지방법원   귀중

【야간 특별송달신청서】

타경   호

야간 특별송달신청서

채 권 자 :

　주 　소 :

채 무 자 :

　주 　소 :

소 유 자 :

　주 　소 :

　위 당사자 간 귀원   타경   호 부동산 경매신청 사건에 관하여 채권자는 채무자 ○ ○ ○ 에 대하여 집행관에 의한 야간 특별송달을 신청합니다.

1. 채무자의 주소

2. 재송달 신청 이유

　채무자는 위 주소지에 주민등록이 되어 있고 그 가족과 함께 위 주소지에서 거주하고 있는데, 주간에는 송달이 되지 않아 위 주소지로 야간에 집행관에 의하여 송달하여 주시기를 바랍니다.

첨 　부 　서 　류

1. 주민등록등본 1통
2. 집행관 출장비 납부서 1통

20   년   월   일

채권자   (인)

○ ○ 지방법원   귀중

【공시송달신청서 1】

공 시 송 달 신 청 서

소 유 자 :

주   소 :

  위 사건에 귀원 타경 호 부동산임의(강제)경매사건에 관해서, 신청서에 기재된 주소지에 소유자는 실제 거주하지 않으므로 주소, 거소, 기타 송달할 장소를 알 수 없어 통상절차에 의하여 송달할 수 없으므로, 공시송달방법에 의하여 송달해 주시기를 신청합니다.

첨 부 서 류

1. 주민등록등본   1통
2. 현지조사보고서   1통

20   년   월   일

신청인(매수인) :   (인)

○ ○ 지방법원   귀중

【공시송달신청서 2 】

공시송달 신청서

채 권 자 :
채무자 겸
소 유 자 :
주　　소 :

　위 사건에 귀원　　타경　　　호 부동산임의(강제)경매사건에 관해서, 채무자 겸 소유자 ○ ○ ○ 는 신청서에 기재된 주소지에 주민등록이 되어 있는체 현재 동소에 거주치 않고 있어 행방을 백방으로 문의하였으나 끝내 찾을 길이 없으니 인도명령결정정본, 기타 신청서류 일체를 공시 송달하여 주시기 바랍니다.

첨 부 서 류

1. 주민등록등본　　1통
2. 현지조사보고서　1통

20　　년　　월　　일

신청인(매수인) :　　　　　(인)

○　○ 지방법원　　　　귀중

【불거주확인서】

불거주확인서

채무자 겸
소 유 자 :
 주 소 :

  위자는 위 주소지에 주민등록신고를 하고 거주하던 자인 바, 현재 그 본인은 물론 그 가족 또한 위 주소지에 거주치 않고 그 행방을 알 수 없음을 확인함.

1. 통장 :   (인)
   주소 :
2. 반장 :   (인)
   주소 :

20   년   월   일

○ ○ 지방법원   귀중

【부동산임의경매신청서】

부동산임의경매신청서

채 권 자:　(이름)　　　　(주민등록번호　　　　-　　　　)
　　　　　　(주소)
　　　　　　(연락처)

채 무 자:　(이름)　(주민등록번호 또는 사업자등록번호　　　-　　　　)
　　　　　　(주소)

청구금액　　금　　　　　　원 및 이에 대한 20　.　.　.부터 20　.　.
.까지 연　　%의 비율에 의한 지연손해금

신 청 취 지

별지 목록 기재 부동산에 대하여 경매절차를 개시하고 채권자를 위하여 이를
압류한다 라는 재판을 구합니다.

신 청 이 유

채권자는 채무자에게 20　.　.　.금　　　　　　원을, 이자는 연　　%, 변
제기는 20　　.　.　. 로 정하여 대여하였고, 위 채무의 담보로 채무자 소유
의 별지 기재 부동산에 대하여　　　　지방법원 20　.　.　. 접수 제
호로 근저당권설정등기를 마쳤는데, 채무자는 변제기가 경과하여도 변제하지
아니하므로, 위 청구금액의 변제에 충당하기 위하여 위 부동산에 대하여 담보
권실행을 위한 경매절차를 개시하여 주시기 바랍니다.

첨 부 서 류

1. 부동산등기사항전부증명서　　1통
2. 부동산 목록　　　　　　　　　10통

20　.　.　.

채권자　　　　　　　　(날인 또는 서명)

○○지방법원 귀중

【부동산강제경매신청서】

채 권 자　　　（이름）　　　　　　（주민등록번호　　　　-　　　　）
　　　　　　　（주소）
　　　　　　　（연락처）

채 무 자　　　（이름）　　　（주민등록번호 또는 사업자등록번호　　　-　　　）
　　　　　　　（주소）

청구금액　　금　　원 및 이에 대한 20 ． ． ．부터 20 ． ． ．
까지 연% 의 비율에 의한 지연손해금
집행권원의 표시　채권자의 채무자에 대한　　지방법원 20 ． ． ．
선고 20 가단(합)　　대여금 청구사건의 집행력 있는 판결정본

신 청 취 지

별지 목록 기재 부동산에 대하여 경매절차를 개시하고 채권자를 위하여 이를 압류한다. 라는 재판을 구합니다.

신 청 이 유

채무자는 채권자에게 위 집행권원에 따라 위 청구금액을 변제하여야 하는데, 이를 이행하지 아니하므로 채무자 소유의 위 부동산에 대하여 강제경매를 신청합니다.

첨 부 서 류

1. 집행력 있는 정본　　　　1통
2. 집행권원의 송달증명원　　1통
3. 부동산등기사항전부증명서 1통
4. 부동산 목록　　　　　　10통

20 ． ． ．

　　　채권자　　　　　　（날인 또는 서명）

　　　　　　　　　　○○지방법원 귀중

【경매개시결정에 대한 이의신청】

사건번호

신청인(채무자)

피신청인(채권자)

신　청　취　지

　위 사건에 관하여　　년　　월　　일 귀원이 행한 강제경매개시결정은 이를 취소한다.　피신청인의 본건 강제경매신청은 이를 기각한다. 라는 재판을 구함.

신　청　이　유

1. 채권자인 피신청인은 채무자인 신청인과의 사이의 ○ ○지방법원 ○ 호 ○ ○ 청구사건의 집행력 있는 판결정본에 기하여 ○○○○ 년 ○월 ○일 귀원에 강제경매신청을 하여, ○○○○년 ○월 ○일 위 개시결정이 되어, 이 결정이 ○○○○년 ○월 ○일 채무자인 신청인에게 송달되었습니다.

2. 그런데 위 강제집행의 전제인 위 채무명의는 신청인에게는 송달되지 않은 것으로서 그 송달 전에 위 개시결정을 한 것은 집행개시 요건의 흠결이 있음에도 불구하고 행한 위법한 것이므로 본건 이의를 신청하는 바입니다.

20 　　년　　　　월　　　　일

위 신청인(채무자)　　　　（인）

연락처(☎)

지방법원　　　　　귀중

【배당기일 소환장】

사 건 :   타경   호 부동산강제(임의)경매
채권자 :
채무자 :
소유자 :
배당기일 : 20 . . .

　위와 같이 대금지급기일이 지정되었으니 이 법원에 출석하시기 바랍니다.

20 . . .

법원사무관   (인)(직인생략)

주의 : 1. 채권자는 채권증서를 제출하시기 바랍니다.
　　　2. 채권액이 종전의 채권액보다 감축된 경우에는 채권자는채권계산서를 배당기일 전까지 제출하시기 바랍니다.
　　　3. 대리인이 출석할 때에는 위임장 인감증명서, 기타 자격증명서 면을 제출 하셔야 합니다.
　　　4. 배당기일소환장을 받은 이해관계인일지라도 법정배당순위 에 따라서는 배당금이 업는 경우도 있습니다.
　　　5. 채권자가 배당액을 입금할 예금계좌를 신고하면 그 예금계좌에 입금하여 드릴 수 있습니다. 이 경우 입금에 소요되는 수수료는 채권자 부담입니다.

법 원 소재지		담 당	제 단독	전 화	대표전화 구 내

【대금지급기일 및 배당기일 소환장】

사 건 :　　　　타경　　　호　부동산강제(임의)경매
채 권 자 :
채 무 자 :
매 수 인 :
차순위매수신고인
대금지급기일 및 배당기일 : 20 ． ． ．

　위와 같이 대금지급기일 및 배당기일이 지정되었으니 이 법원
에 출석하시기 바랍니다.

　　　　　　　　　20 ． ． ．

　　　　　법원사무관　　　　　(인)(직인생략)

주의 : 1. 채권자는 채권증서 및 원리금계산서를 제출하시기 바랍니다.
　　　　다만, 원리금계산서는 배당기일 3일 전까지 제출하여야 합니다.
　　2. 대리인이 출석할 때에는 위임장 인감증명서, 기타 자격증 명
　　　　서면을 제출 하셔야 합니다.
　　3. 배당기일소환장을 받은 이해관계인일지라도 법정배당순위에
　　　　따라서는 배당금이 없는 경우도 있습니다.
　　4. 채권자가 배당액을 입금할 예금계좌를 신고하면 그 예금 계좌
　　　　에 입금하여 드릴 수 있습니다. 이 경우 입금에 소요되는 수수
　　　　료는 채권자 부담입니다.

법 원 소재지		담 당	제　단독	전 화	대표전화 구　내

【배당표】

배당할 금액		금		원
명세	매각대금	금		원
	지연이자	금		원
	전 매수인의 매수 보증금	금		원
	항고보증금	금		원
	보증금이자	금		원
집행비용		금		원
실제 배당할 금액		금		원
매각부동산		대전시 ○ ○구 ○ ○ 동 134 연립 304호		
채권자		○ ○ 은행	김갑돌	○ ○ 구청
채권금액	원금	원	원	원
	이자	원	원	원
	비용	원	원	원
	계	원	원	원
배당순위				
이유				
채권최고액				
배당액				
잔 여액				
배당비율				
공탁번호(공탁일)				
채권자				
채권금액	원금	원	원	원
	이자	원	원	원
	비용	원	원	원
	계	원	원	원
배당순위				
이유				
채권최고액		원	원	원
배당액		원	원	원
잔 여액		원	원	원
배당비율		원	원	원
공탁번호(공탁일)		년금제 호 (. . .)	년금제 호 (. . .)	년금제 호 (. . .)

20 ． ． ．

판　사　　　　　　(인)

【배당이의 안내문】

배당에 대한 이의를 제기하신 분께

귀하는 오늘 실시한 배당에 관하여 이의를 하셨습니다.
귀하가 하신 이의가 효력을 발휘하기 위해서는 다음의 절차를 꼭 밟아야 합니다.
1. 귀하는 오늘부터 1주일 내에 오늘 배당받은 다른 채권자들 중 귀하가 의뢰를 제기하신 채권자를 상대로 배당이의소송을 제기하셔야 합니다. 그리고 그 소송을 제기하였다는 증명서(소장을 제출하신 곳에서 발부받을 수 있습니다.)와 소장의 사본을 경매계의 담당계장에게 제출하셔야 합니다.
2. 귀하가 1주일 내에 위 서류를 제출하시면 법원에서는 소송의 대상이 된 배당금을 공탁하여 놓습니다.
3. 귀하가 제기하신 배당이의소송에서 배당표를 변경하는 판결을 받으신 경우에는 그 판결에 확정증명서를 첨부하여 경매 계에 제출하십시오. 그러면 그 판결 내용대로 다시 배당을 실시합니다.

배당에 대한 이의를 받으신 분께

귀하는 오늘 실시한 배당에 관하여 다른 채권자로부터 이의를 받으셨습니다.
귀하가 확정적으로 배당을 받기 위해서는 다음의 점을 유념하시기 바랍니다.
1. 귀하에 대한 배당금 중 이의의 대상이 아닌 나머지 부분은 바로 지급됩니다.
2. 이의를 제기한 채권자가 오늘부터 1주일이 다 지나도록 귀하를 상대로 배당이의소송을 제기하지 아니하면 경매 계에 오셔서 이의의 대상이었던 배당금을 청구하실 수 있습니다.
3. 귀하를 상대로 1주일 내에 위 소송이 제기되면 귀하에게 배당하려고 하였던 배당금은 공탁하여 놓습니다.
4. 배당이의소송에서 귀하가 승소판결을 받으시거나 배당표의 내용을 일부 변경하는 판결을 받으신 경우에는 확정증명서를 첨부하여 경매 계에 제출하십시오. 그러면 그 판결 내용대로 다시 배당을 실시합니다.

농지 취득 시 필요한 서류

1) 매각사실증명서

매 각 사 실 증 명 서

채권자:
채무자:
소유자:

　위 당사자 간　　　　지방법원　　　타경 제　　　호 부동산 (1.임의, 2. 강제)경매 사건에 관하여 별지목록기재 부동산을 다음과 같이 매각하였음을 증명합니다.

다　　　　음

1. 매각일시
2. 매각대금
3. 최고가 매수신고인
4. 매수인의 주소

20 . . .

집행관　　　　　（관인）

○○　　지방법원

2) 농지취득자격증명신청 　　　　　　　　　　(앞　쪽)

<table>
<tr><td colspan="8" align="center">농지취득자격증명신청서</td></tr>
<tr><td colspan="2">접　수 *</td><td colspan="3">.　.　.　제　　　호</td><td colspan="3">처리기간</td></tr>
<tr><td colspan="2">처　리 *</td><td colspan="3">.　.　.　제　　　호</td><td colspan="3">4일
(농업경영계획서를 작성하지 아니
하는 경우에는 2일)</td></tr>
<tr><td rowspan="4">농　지
취득자
(신청인)</td><td>①성명
(명칭)</td><td colspan="2">②주민등록
번호
(법인등록번
호)</td><td colspan="4">⑥취득자의 구분</td></tr>
<tr><td rowspan="2">③주소</td><td colspan="2">시　　구　　동
도　　시·군　읍·면　리
번지</td><td>농업
인</td><td>신 규
영농</td><td>주 말 ·
체 험 영
농</td><td>법인 등</td></tr>
<tr><td colspan="2"></td><td></td><td></td><td></td><td></td></tr>
<tr><td>④연락처</td><td colspan="2">⑤전화번호</td><td></td><td></td><td></td><td></td></tr>
<tr><td rowspan="6">취 득
농 　지
의
표 시</td><td colspan="7">⑦소 재 지　　　　　　　　　　⑪농지구분</td></tr>
<tr><td>시·군</td><td>구·읍·
면</td><td>리·동</td><td>⑧지번　⑨지목　⑩면적
(㎡)</td><td>진흥
구역</td><td>보호
구역</td><td>진흥
지역 밖</td></tr>
<tr><td></td><td></td><td></td><td></td><td></td><td></td><td></td></tr>
<tr><td></td><td></td><td></td><td></td><td></td><td></td><td></td></tr>
<tr><td></td><td></td><td></td><td></td><td></td><td></td><td></td></tr>
<tr><td></td><td></td><td></td><td></td><td></td><td></td><td></td></tr>
<tr><td colspan="2">⑫ 취 득 원
인</td><td colspan="6"></td></tr>
<tr><td colspan="2">⑬ 취 득 목
적</td><td>농업경
영</td><td colspan="2">주 말 ·
체 험 영
농</td><td colspan="2">농지전
용</td><td>시험 ·
연구 ·
실습용
등</td></tr>
</table>

　「농지법」 제8조제2항 및 같은 법 시행령 제7조제1항에 따라 위와 같이 농지취득자격증명의 발급을 신청합니다.

년　　　월　　　일

농지취득자(신청인)　　　　　　　　　　(서명 또는 인)

시장 · 구청장 · 읍장 · 면장 귀하

<table>
<tr><td rowspan="5">구비
서류</td><td>신청인(대표자) 제출서류</td><td>담당 공무원
확인사항</td><td>수수료</td></tr>
<tr><td>1. 별지 제2호서식의 농지취득인정서(법 제6조제2항 제
　　2호에 해당하는 경우에 한합니다)</td><td>법인등기부등본</td><td>「농지법 시행령」
제74조에 따름</td></tr>
<tr><td>2. 별지 제4호서식의 농업경영계획서(농지를 농업경영
　　목적으로 취득하는 경우에 한합니다)</td><td></td><td></td></tr>
<tr><td>3. 농지임대차계약서 또는 농지사용대차계약서(농업경
　　영을 하지 아니하는 자가 취득하려는 농지의 면적
　　이 영 제7조 제2항 제5호 각 목의 어느 하나에 해
　　당하지 아니하는 경우에　한합니다)</td><td></td><td></td></tr>
<tr><td>4. 농지전용허가(다른 법률에 따라 농지전용허가가 의
　　제되는 인가 또는 승인 등을 포함합니다)를 받거나
　　농지전용신고를 한 사실을 입증하는 서류(농지를
　　전용목적으로 취득하는 경우에 한합니다)</td><td></td><td></td></tr>
</table>

（뒤　쪽）

※ 기재상 주의사항

＊ 란은 신청인이 쓰지 아니합니다.

①란은 법인에 있어서는 그 명칭 및 대표자의 성명을 씁니다.

②란은 개인은 주민등록번호, 법인은 법인등록번호를 씁니다.

⑥란은 다음 구분에 따라 농지취득자가 해당되는 난에 ○표를 합니다.

　가. 신청당시 농업경영에 종사하고 있는 개인은 "농업인"
　나. 신청당시 농업경영에 종사하지 아니하지만 앞으로 농업경영을 하려는 개인은 "신규영농"
　다. 신청당시 농업경영에 종사하지 아니하지만 앞으로 주말·체험영농을 하려는 개인은 "주
　　　말체험·영농"
　라. 농업회사법인·영농조합법인, 그 밖의 법인은 "법인 등"

[취득농지의 표시]란은 취득대상 농지의 지번에 따라 매 필지별로 씁니다.

⑨란은 공부상의 지목에 따라 전·답·과수원 등으로 구분하여 씁니다.

⑪란은 매 필지별로 진흥구역·보호구역·진흥지역 밖으로 구분하여 해당란에 ○표를 합니다.

⑫란은 매매·교환·경락·수증 등 취득원인의 구분에 따라 씁니다.

⑬란은 농업경영 / 주말·체험영농 / 농지전용 / 시험·연구·실습용 등 취득 후 이용목적
　의 구분에 따라 해당란에 ○표를 합니다.
※ 농지취득 후 농지이용목적대로 이용하지 아니할 경우 처분명령 / 이행강제금 부과 / 징역
　·벌금 등의 대상이 될 수 있으므로 정확하게 기록하여야 합니다.

※ 이 신청서는 무료로 배부되며 아래와 같이 처리됩니다.

신청인	처리기관(시·구·읍·면)
신청서 작성	접 수
	확인·조사
	검 토
교 부	증명발급 또는 신청서의 반려

3) 농지관리위원회의 확인기준(농업경영계획서)

[별지 제4호서식]   (앞 쪽)

농 업 경 영 계 획 서

취득 대상 농지에 관한 사항	①소재지			②지번	③지목	④면적 (㎡)	⑤영농 거리	⑥주재 배 예정 작목	⑦영농 착수 시기
	시·군	구·읍·면	리·동						
			계						

농업 경영 노동력 의 확보 방안	⑧취득자 및 세대원의 농업경영능력						
	취득자와 관계	성별	연령	직업	영농경력(년)	향후 영농여부	
	⑨취득농지의 농업경영에 필요한 노동력확보방안						
	자기노동력	일부고용		일부위탁		전부위탁(임대)	

농업 기계· 장비의 확보 방안	⑩농업기계·장비의 보유현황					
	기계·장비명	규격	보유현황	기계·장비명	규격	보유현황
	⑪농업기계장비의 보유 계획					
	기계·장비명	규격	보유계획	기계·장비명	규격	보유계획

⑫연고자에 관한 사항	연고자 성명		관계	

「농지법」 제8조제2항에 따라 위와 같이 본인이 취득하려는
농지에 대한 농업경영계획서를 작성·제출합니다.

년   월   일

제출자   (서명 또는 인)

(뒤 쪽)

⑬소유농지의 이용현황								
소 재 지				지번	지목	면적 (㎡)	주재배 작 목	자 경 여 부
시·도	시·군	읍·면	리·동					

⑭임차(예정)농지현황								
소 재 지				지번	지목	면적 (㎡)	주재배 (예정) 작 목	임 차 (예정) 여 부
시·도	시·군	읍·면	리·동					

⑮ 특 기 사 항	

※ 기재상 주의사항

⑤란은 거주지로부터 농지소재지까지 일상적인 통행에 이용하는 도로에 따라 측정한 거리를 씁니다.

⑥란은 그 농지에 주로 재배·식재하려는 작목을 씁니다.

⑦란은 취득농지의 실제 경작예정시기를 씁니다.

⑧란은 같은 세대의 세대원 중 영농한 경력이 있는 세대원과 앞으로 영농하려는 세대원에 대하여 영농경력과 앞으로 영농 여부를 개인별로 씁니다.

⑨란은 취득하려는 농지의 농업경영에 필요한 노동력을 확보하는 방안을 다음 구분에 따라 해당되는 난에 표시합니다.

　가. 같은 세대의 세대원의 노동력만으로 영농하려는 경우에는 자기 노동력 란에 ○표

　나. 자기노동력만으로 부족하여 농작업의 일부를 고용 인력에 의하려는 경우에는 일부 고용 란에 ○표

　다. 자기노동력만으로 부족하여 농작업의 일부를 남에게 위탁하려는 경우에는 일부 위탁 란에 위탁하려는 작업의 종류와 그 비율을 씁니다. [예 : 모내기(10%), 약제 살포(20%) 등]

　라. 자기노동력에 의하지 아니하고 농작업의 전부를 남에게 맡기거나 임대하려는 경우에는 전부위탁(임대)란에 ○표

⑩란과 ⑪란은 농업경영에 필요한 농업기계와 장비의 보유현황과 앞으로의 보유계획을 씁니다.

⑫란은 취득농지의 소재지에 거주하고 있는 연고자의 성명 및 관계를 씁니다.

⑬란과 ⑭란은 현재 소유농지 또는 임차(예정)농지에서의 영농상황(계획)을 씁니다.

⑮란은 취득농지가 농지로의 복구가 필요한 경우 복구계획 등 특기사항을 씁니다.

경매박사와 함께하는 부동산 경매

경매박사와 함께하는 부동산 경매

경매박사와 함께하는 부동산 경매

경매박사와 함께하는 부동산 경매